U0540043

六四日誌
從 4 月 15 到 6 月 4 日

天安門運動 35 週年王丹口述回憶
王丹 口述　Baoyang Li、Jiacheng Li 整理

目錄

序

第一階段：悼胡（4月15日—4月22日）

第二階段：請願／罷課（ 4月23日—4月27日）

第三階段：對話（4月28日—5月4 日）

第四階段：對話（5月5日—5月12日）

第五階段：絕食（5月13日—5月19日）

第六階段：戒嚴（5月20日—5月24日）

第七階段：抗爭（5月25日—6月2日）

第八階段：屠殺（6月3日—6月4日）

後記

序

今天是 4 月 15 日。

35 年前的今天，中共前總書記胡耀邦去世，引發了中國當代歷史上最大規模的一場人民民主運動。這場運動，最後因中共血腥鎮壓而成為中國的一道「歷史的傷口」。

作為當年那場運動的參與者和見證者，我有責任、有義務把當年發生的事情講出來，作為歷史記憶，讓世人不要忘記那段中國人的高光時刻，也不要放棄當年的國人用生命去追求自由的那種精神和那一次努力。

為此，我決定從今天開始，每天發布一部短視頻，同步介紹 35 年前的每一天，我自己看到了什麼，做了什麼；或者根據可靠記載，介紹當時在北京和全國發生了什麼。總題目是《說說 1989 年的那些事兒》。我希望用這樣的行動，作為我個人對六四 35 周年紀念的一部分努力。

如果你想了解 1989 年到底發生了什麼事，歡迎收看《王丹學堂》YouTube 頻道。我的見證或許不能全景式地呈現當年那場運動的全貌，但我會盡量帶大家回到現場，重建我們的歷史記憶，作為對中共掩蓋歷史真相的抵抗。

我這樣做，也是為了我那些死去的兄弟姐妹們。作為倖存者，讓他們的事蹟令後人知道，令後人記住，就是我的義務！

It's my duty！

王丹

第一階段：悼念胡耀邦（4月15日-4月22日）

四月十五日

大家好，我是王丹。現在是北京時間4月15號。

35年前，1989年的今天，那時我還在北京大學念書，我當時是北大歷史系一年級的學生。平時都住校，因為我家在新街口，離北大比較遠，所以平時我都住宿舍，有時候也回家。

我記得很清楚，4月15號這天我在家裏，中午的時候我聽到中國人民廣播電台播出哀樂。通常哀樂響起，代表國家重要的領導人去世，這時廣播裡便宣布了胡耀邦去世的消息。胡耀邦是原中共中央總書記。1987年，他被以半政變的方式強迫辭職。但中共當局還是給他保留了一定的地位。中央電視台和中央廣播電台下午5點多開始播放悼詞，悼詞的內容是：

「久經考驗的、忠誠的共產主義戰士，偉大的無產階級革命家、政治家，我軍傑出的政治工作者，長期擔任黨的重要領導職務的卓越領導人胡耀邦同志，1989年4月8號在出席中央政治局會議的時候，突發大面積急性心肌梗塞，經全力治療未能挽救，於1989年4月15日清晨7時53分逝世，享年73歲。」

這一悼詞宣布了胡耀邦去世的消息。

在這之前，不僅是北大校園，幾乎整個中國，在一些知識分子聚集的地方，比如媒體、報社、大學校園，關於政治改革的呼聲越來越高，整個社會氣氛非常活躍，同時某種程度上也是非常緊繃的。當時這樣的背景，以後我還會提到。因此，我在聽到這個消息後，就有一種預感：胡耀邦的去世，很可能會引發某些事情發生。因為在這之前的1976年

六四日誌：從 4 月 15 到 6 月 4 日

時，周恩來逝世就引發過「四・五」天安門運動，那是一場非常大的政治大地震。那場運動間接地推動了「文革」的結束和「四人幫」的垮臺。因此我的直覺是：胡耀邦去世，也會引發大規模的運動。所以聽到這個訃告以後，我馬上騎自行車從新街口回到北大。

回到北大大約是下午，我先去了大家都熟知的北大最有名的三角地，那裡是北大的一個信息集散地，經常有大字報貼在那裏。我到了三角地，那邊已經有一些橫幅貼出來了。我已經忘記看到了哪些內容，但有些歷史記錄記載了當時的情況：「4 月 15 號當天，北京大學三角地和其他地方已經貼出了輓聯、標語、大小字報一共有 80 多份。」輓聯、悼詞大致是說：「耀邦同志永垂不朽」等等，這樣的內容非常多。可是也有一些橫幅和標語，已經具有了政治含義。

比如說一個很有名的橫幅，4 月 15 號在北大貼了出來，內容是：「不該死的死了，該死的卻沒有死。」這個指向就很明確了，究竟是誰貼的，我們到現在也不知道。我想，「該死的不死」，指的應該是包括像鄧小平和李鵬這樣的人，「不該死的死了」說的則是胡耀邦。

還有一個橫幅，寫的是：「耀邦一死，左派又榮。提醒國人，勿忘抗爭。」這個橫幅非常具有代表性，它代表了為什麼胡耀邦去世，那麼多的學生開始心情激盪，大家擔心的就是前八個字：「耀邦一死，左派又榮。」左派指的就是中共黨內的保守派。對於胡耀邦的去世，至少在北大校園裡，當天就激起了極大的迴響。

從 4 月 15 號開始一直到 4 月 22 號，我稱之為「悼胡階段」。這個階段，大字報和學生的訴求核心就是──如何悼念胡耀邦。在北大三角地貼出的一份名為〈呼籲〉的大字報很直接的提出三點要求：

〈呼籲〉

第一、希望按照最高規格處理胡耀邦同志的喪事。

第一階段：悼念胡耀邦（4月15日—4月22日）

第二、盡快出版胡耀邦同志著作。
第三、公開澄清加在胡耀邦同志身上的不實之詞。

北大部分師生及校友

另外還有一幅對聯，這幅對聯非常有名，我相信當初在北大的人，應該都還記得這幅對聯：

小平八十四健在，耀邦七十三先死，問政壇沉浮，何無保命；
民主七十未全，中華四十不興，看天下興衰，北大亦衰。

從對聯中可看出，雖然名義上是悼念胡耀邦，但其實矛頭已指向了中國的政治發展。另外，我從另外一篇材料上也看到，有一份小字報已經在北大的三角地貼了出來，當時出版的《八九中國民運資料冊》收錄了這些橫幅、標語等，其中有個標題非常醒目，叫〈救世，我們！〉。這個標語是4月15號在北京大學出現的，其政治傾向就非常明顯了，內容是：

〈救世，我們！〉

該醒了我的同胞，不在沉默中爆發，就在沉默中滅亡，別無他擇。
該醒了我的中華，不明鳳凰涅槃之威烈，豈有就烈火而求生之輝煌。
同情失敗者是我們的善良，然而善良又值幾何？
失去了才是如此珍惜，沒有偉人的民族啊。
我的同胞，眼淚與悲哀是廉價的，
親切的同時表明了我們的軟弱，長眠者是不會安息的。
舉起來有價值的一面吧，勇敢的抱著。
勇敢的磅礡於中華，這是命，不是眼淚與悲哀所能奏效的，
我可敬的北大學子們，該醒了，說的已經夠多了。

北大一人

我覺得這是其中非常具代表性的一則。

胡耀邦的逝世對很多北大學生來說，包括我在內——衝擊非常大，因為我們都覺得胡耀邦是為學生受過，所以心情鬱悶才去世的。另外，當時的整個大環境，大家都呼籲要政治改革，所以一方面悼念胡耀邦，一方面也發出了要求政治改革的呼聲。

當天我回到北大之後，就是到三角地去看這些橫幅、海報、小字報等等。晚上回來，在我當時住的男生宿舍和其他學生宿舍，都有非常多這種討論。那時候我在學校比較活躍，有很多同學來找我討論局勢會怎麼發展。當天晚上，在北大三角地就開始出現同學三三兩兩的聚集。其實大家就是沒什麼地方去，習慣性地到三角地，然後就有三五成群的人相互討論，討論中國的局勢、討論悼念胡耀邦。

4月15號這天，因為胡耀邦的去世掀起了整個中國當代史上最重要的一段人民抗爭的歷史——八九民運。

以上就是我自己在4月15號經歷的大概情況。局勢一天天都有變化，但是從4月15號開始，中國當代歷史上影響最大的政治事件就此開始了。4月16號的情況，明天我再跟大家聊。

四月十六日

大家好！歡迎跟我一起，我們繼續聊一聊1989年發生的那些事。

昨天我講過，自15號胡耀邦逝世，4月16號，中國國內的所有報紙都在頭版頭條位置刊登了中共中央的訃告和治喪公告。同時，也刊登了帶黑框的胡耀邦遺像，這還是給了胡一定規格的待遇。這個消息在國際社會引起非常高的關注，西方的四大通訊社《美聯社》、《路透社》、《法新社》和《共同社》，從15號下午開始便以大量的篇幅報導相關的消息和評論。

第一階段：悼念胡耀邦（4月15日—4月22日）

胡耀邦的逝世，日本尤其重視。日本電視臺和兩大通信社都是在4月15號的下午1點多就搶先播出了胡耀邦去世的新聞，然後又不斷的播發號外。到了15號晚上7點，日本《共同社》和《時事社》的消息評論，已多達30多條。日本的六大報紙都在4月15號晚上的頭版刊登了此一消息。日本當時的首相竹下登，還有前首相中曾根，以及日本自民黨總務長伊東正義和當時的幹事長安倍，都紛紛向報界發表談話，表示對胡耀邦逝世的關切。

日本對胡耀邦的評價非常高，經歷過八〇年代的人都知道，胡耀邦擔任總書記時，曾積極推動日中友好交流，組織日本年輕人到中國來、中國年輕人到日本去，因此得罪了黨內的一些高層。日本人稱胡耀邦是中國的頂樑柱，建立中日友好政策的核心基石。自民黨經過協商，還決定要派特使訪中參加胡耀邦的葬禮。

這個時候誰恰巧正在日本呢？李鵬。當時的國務院總理李鵬是胡耀邦的政敵，這時正在日本訪問，他也要求《新華社》東京分社把胡耀邦逝世相關的消息向他匯報。就算他人在東京，也已經開始關心此事。西方的通訊社也紛紛對胡耀邦的逝世給予評論，他們一致認為：「胡耀邦在確立中國走現代化道路方面功勞卓著，他的逝世使人們——尤其是青年學者和知識分子——感到痛心。」這一點西方媒體已經敏銳地察覺到。

《共同社》說：「五四青年節即將到來，以胡耀邦逝世為導火線，要求民主化的呼聲可能會重新高漲。」西方媒體在胡耀邦逝世的時候，就已經察覺到了這個風向，知道將有事情發生。而且當時的分析一般也都認為，這個曾為中國改革開放先鋒的胡耀邦的逝世，對於改革派在某種程度上是一種打擊——這正是當時我們在校園裡的感受。

這時候到了4月16號。我在校園裡看到的各種輓聯、大字報已經是鋪天蓋地。我昨天講過，15號下午，當我回到北大時，標語、大字報還只有80幾個，現在已經數不過來了，到處都是，已經鋪滿了。校

六四日誌：從4月15到6月4日

園裡的反應非常快，比如有張大字報寫著：「您不應該死，知識分子熱愛您！」還有校外人士到北大來張貼大字報，有一個署名「北京市民」的大字報寫著：「我深感悲痛，他是一位為人民做了好事的領導人，他敢於直言……」等等。連蘇聯的《塔斯社》、《消息報》等，也已經報導了胡耀邦逝世的消息。

這一天，我自己的重點是在校園裡。我講過，當時我已在北大辦過民主沙龍一年時間，所以在北大算是小有名氣。我記得當時我住在北大32樓宿舍，如果沒記錯的話，我的宿舍房間應該是210。4月16號這一天，我的房間就算不能說是車水馬龍，那也是人流不息了。各個系我認識的很多朋友都來找我，討論目前的局勢。我們討論到要怎麼把握住這個局勢、我們能做些什麼事兒。但16號的時候，大家其實都還沒有太多的主意，只是開始紛紛進行各種串聯、互相聯繫。我的宿舍一直沒停過，不斷地有人來。

而北大校園裡就更熱鬧了，更多的這種橫幅貼出來了。有一幅輓聯寫著：「英雄胡不長壽，後輩誰來耀邦。」我覺得這是一幅非常高水平的輓聯。英雄胡不長壽，把「胡」字嵌進去了，後輩誰來耀邦，把「耀邦」也嵌進去了。而且「耀邦」是個動詞，是「誰來光耀中華」的意思。

還有一些小字報也貼了出來，它們就相當具有政治意涵。比如北大有個小字報寫著：「一九八七年中國風雲慘淡的日子，您默默地走出議事大廳，成為中國政壇上的又一犧牲。一切申辯也成為多餘。在中國這片土壤，幹事的總是無理，不幹事的總有指責幹事的特權（這聽起來跟今天有點像）。從此中國的舞台上，不再見你活躍的身影、見不到你瀟灑的手臂，耿直的一生終結，長歌當哭……」基本上都是悼念。

據我所知，在16號這天，不僅是北大，其他各個高校也都開始了悼念活動，至少有10多所高校開始出現了標語、輓聯、大小字報，據統計有幾百份。北大有一份挺有名的大字報，題目叫《猛回頭》，這聽起來有點像清朝末年陳天華寫的一本書。這個大字報就明確地說：「耀

第一階段：悼念胡耀邦（4月15日—4月22日）

邦，是時候了，不在沉默中爆發，就在沉默中滅亡。」

我想我們八九一代經歷過那場運動的人，都非常熟悉這句口號，這後來成為這場運動中常常被人喊出的口號——「不在沉默中爆發，就在沉默中滅亡。」引用的是魯迅的詩句，但到底誰喊出的就不知道了……聽說可能是熊焱寫的。如有機會見到熊焱，可向他求證一下。清華大學的一份大字報已經提出了「朽翁聽政，獨裁集權，蠻橫腐朽」，並且說中央有一個搜刮民脂民膏的四大家族。這些大字報、小字報已經都寫了出來，政治意涵非常明確。

尤其需要指出的是，4月16號這一天，不僅是北京，各個高校已開始醞釀大規模的學生運動，其他各省市也開始做動作，比較近的就是天津。包括余茂春的母校南開大學和天津大學，這些高校都也出現了標語和輓聯。根據後來的報導，16號晚上，在天津南開、天大兩校，聚集了上千名學生，他們在校園裡高唱《國際歌》，高呼口號：「沉痛悼念胡耀邦」、「要民主」、「反獨裁」等，在學校周圍的街道上開始遊行。這應該是目前我看到有史記載的最早之校內遊行。15號胡耀邦去世，16號晚上南開和天大的學生上千人已經在校園內遊行。

這時候在上海復旦大學、同濟大學等高校，也出現了這些標語、輓聯、大小字報，而且16號晚上，復旦、同濟兩校也有數百學生在學校周圍的街道遊行，喊出了「要民主，要自由」這樣的口號。另外，西安、南京、合肥、湖南各地的高校也行動起來，出現了輓聯、標語的，像西安交大有一份大字報，寫著「天昏地暗人悲，嘆壯志難酬；淚盡血枯聲竭，哭忠傑又亡」。大家可以看出，那個時候的大學生對胡耀邦真的非常有感情。

4月16號這天，就我自己的見證來說，基本上是各個高校都在醞釀情緒的階段。所謂醞釀情緒，就是各種新的輓聯、大字報、小字報不斷地出現，整個校園的情緒在發酵。以北大為例，各宿舍、各社會團體、學生團體之間，都開始在相互串聯打探。儘管大家尚未想好行動的具體

方案,可是心裡都有一股火,而且都有一種隱隱約約的直覺,知道要有大事發生了。

我要再補充一句:為什麼胡耀邦逝世,一下子這麼快就引發全國高校的這種反應?那是因為在這之前,各個高校實際上都已經有了很多的這種運動,從87年學潮開始,到88年,到89年上半年,已經積累了很強的校園民主氣氛。我剛到美國的時候,現在人在洛杉磯的張伯笠送給我這本畫冊《獻給自由》(不知道伯笠有沒有看這個節目),上面的題辭說道:

王丹,我們永遠不能忘卻的回憶。

98年5月於洛杉磯

我是98年4月到美國的,5月到洛杉磯,一到洛杉磯伯笠見了我,便將這本名為《獻給自由》的紀念畫冊送了給我。在這我給大家看一張這本畫冊中的照片,翻開的第一頁就是我,大家可以看一下照片。我這個照片照得真是難看,不知道哪個記者照的,我準備跟他提出精神索賠(開玩笑的);這張照片大家可以看看,照片攝於4月5號的北大。這是胡耀邦逝世前我原在北大舉辦的最新一期民主沙龍。

照片中大家可以看到一位女士,是當時北大物理系的老師,著名科學家方勵之的夫人,我們北大物理系的李淑嫻老師。李淑嫻當時不僅是老師,她還有另一個身份:海淀區人大代表。照片中年輕時的我真瘦,戴了個大眼鏡,閉著眼睛張牙舞爪,我覺得照片沒拍好。我應該是在那裡發表講話。

我記得,當時北大的民主沙龍已遭到校方打壓,比如我們在塞萬提斯草坪舉辦沙龍,校方便開水龍頭把草地弄濕,讓我們沒辦法坐在草地上討論。我們當然很生氣,遂從草地一直走到勺園,就是北大留學生樓

第一階段：悼念胡耀邦（4月15日—4月22日）

旁邊的走廊那裡，從那邊走過來，我改在勺園講。不管北大校方採取什麼手段，我們民主沙龍是會一定堅持舉行的。而且那時我等於是在「告御狀」，因為李淑嫻老師是海淀區人大代表。其實大家都知道，李老師是代表方勵之老師來參加我們民主沙龍的，為了表示支持我們。

因為校方找我談話，要我停止沙龍活動，我們特別在三角地發表了大字報，言明我們不會停止。李淑嫻老師的出現，對我們而言是非常大的鼓舞。那次民主沙龍大概有100多人參加，李淑嫻作為當時的區人大代表，也參加了。早在胡耀邦逝世以前，北京學生早已經相當熱烈地開始討論中國的民主前途。如今依然健在的李老師已經89歲了，住在亞利桑那，這張照片是當時的一個歷史畫面。

我舉這個照片為例，意在說明事實上，早在胡耀邦逝世之前，各高校政治討論的氣氛已充分醞釀，就等著一件事「咔」的一響，啟動整個開關，而胡的逝世正是這個開關。

4月16號，整個中國各個高校都在醞釀氣氛，到17號就出事情了，17號的事情我們17號再跟大家繼續介紹，歡迎大家繼續追蹤收看《談談1989年那些事》，我會每天把我的見證和我搜集到的資料，跟大家分享，要是你要有興趣，讓我們在六四35週年之際，重新回顧經歷那段驚心動魄的50天。謝謝大家！

四月十七日

1989年4月17號，這天發生了相當多的事情。

經過一天多的醞釀，北京高校的學生開始行動。以前在北京發生的學生運動，基本上都是北京大學走在最前頭，比如1987年的元旦學潮就是北大走在前頭；而這一次是政法大學第一個走上了街頭。這一天的下午1點多，中國政法大學大概有600多名師生從學校出發，用三輪車

六四日誌：從 4 月 15 到 6 月 4 日

載著 2 米多高的一個花圈，大概是下午 4 點多到了人民大會堂的東門。這是當時全國第一個走出校門悼念胡耀邦的行動。

現在大家耳熟能詳的《美國之音》主持人陳小平、著名的六四研究權威吳仁華老師，還有在中國國內辦書店的劉蘇里老師，還包括浦志強，都在這個隊伍裡頭。他們之中有的是老師，有的是學生；像浦志強，當時還是學生。他們到了天安門廣場，在一個手持麥克風的學生帶領下，高呼口號，包括「自由萬歲」、「民主萬歲」、「法治萬歲」等等。獻了花圈後，引起了非常多人圍觀，一直到 5 點多才結束。

當天下午，北京大學的學生也採取了行動，這是我親身經歷的事情。其實 4 月 16 號我們就已經有一定的討論，即當初的民主沙龍正討論能開展什麼樣的行動。當時我們已經聽說政法大學的人準備第二天要去天安門廣場，所以我們認為北大人不能落後。到了 4 月 17 號下午，我們民主沙龍的一些骨幹由我帶領，在北大三角地擺了一排桌子和椅子，貼出了小字報，內容是我們要去天安門廣場給胡耀邦送花圈悼念他，並在現場籌款；因為要買花圈、租車去天安門廣場等等。我們都是窮學生，根本沒有錢。

我們中午開始在三角地擺攤，當時很多學生上下課或去學三食堂吃飯都要經過三角地，捐款非常踴躍。我現在記不清具體數目了，大概 2、3 個小時，就募捐到人民幣大概一、兩千元。李淑嫻老師也到了現場支持，她也捐了錢。

當天我們北大的隊伍人數沒有政法大學那麼多，政法大學 600 多人，北大大概是幾十個。我也去了，在我帶領下，我們幾十個人，有騎自行車去、騎三輪車去，還有坐公車去的；到了天安門廣場，已經快傍晚了。我記得還有丁小平等人。

傍晚，我們就把花圈放在天安門廣場，回來的路上順便還去了胡耀邦家。當時胡耀邦家裡根本沒有什麼戒備森嚴的情況，一位我不確定是

第一階段：悼念胡耀邦（4月15日—4月22日）

胡德平或者胡德平弟弟的胡耀邦家人出來接待了我們，把我們帶到了他們家裡，他們家佈置了一個靈堂，我們給胡耀邦的遺像鞠了躬，然後返回北大。

這是4月17號發生的事情，政法大學與北京大學兩個學校的學生都已經到了天安門廣場，走出了校園。這次行動雖不能說是遊行，但它已是一個走出校園的街頭行動。胡耀邦4月15日逝世，4月17號街頭行動已經展開。

我一直講，整個八九民主運動包括兩個板塊：一個板塊是民間學生、市民等等；另一個板塊是中共黨內。根據我們後來了解的情況，當時在中共黨內有很多的內部鬥爭，比如4月17號這天《人民日報》頭版的中間位置刊登了一張照片，並配文說：「4月16號，北京人民來到人民英雄紀念碑前獻上花圈，沉痛悼念胡耀邦同志。」

這指的是4月16號的非集體悼念，當時已經有零星的人獻花圈到天安門廣場，但不是有組織的行動。這種事情按理說在當時是相當敏感的，但當天《人民日報》社長仍把它放到頭版中間位置，以照片的呈現方式給報導了出來。在當時中共黨內對胡耀邦悼念活動的規格還有爭議的情況下，《人民日報》的這個動作無疑是相當大膽的；由此也可以看出，《人民日報》屬於改革派這一邊。

4月17號這天，各個高校還出現了各種各樣的橫幅等。據當時在《新華社》工作的張萬舒回憶，這天下午，中共中央政治局常委喬石主持召開了為胡耀邦治喪的辦公會議，討論怎麼給胡耀邦治喪的問題。當時胡啟立這些常委也參加了討論，但趙紫陽沒有參加。

在這個討論中喬石和胡啟立決定：「第一、21號在人民大會堂舉行十萬人向胡耀邦遺體告別儀式。」這就是後來我們十萬學生去參加追悼會的起因，因為我們聽說中共本來就有這個打算，21號開放人民大會堂，允許民眾十萬人向胡耀邦的遺體告別，22號在人民大會堂召開

4000人的正式追悼大會。

　　決議還允許媒體對群眾性的悼念活動給予適當報導。第四條是說：「駐外使領館除了追悼會那天降半旗以外，還要設靈堂，胡耀邦的照片要掛黑紗、設簽名冊，讓外國人前來悼念、簽名。第五、不要阻攔到天安門廣場紀念碑送花圈的群眾。」這是喬石主持的胡耀邦治喪辦公會議上決定的事情。

　　這個會議是下午召開的，然而《新華社》張萬舒表示，他們《新華社》晚上9點多就收到了通知說21號十萬人向遺體告別的儀式決定取消了。張萬舒說，應該是黨內一些對胡耀邦不滿的保守派否決了這一條，尤其是一些對胡耀邦不滿的老人，像胡喬木等人。因為這些保守派老人的反對，所以政治局常委會議通過了這個決定，取消了十萬人向胡耀邦遺體告別這一決議。由此可見，胡耀邦才剛去世，中共黨內的改革派與保守派之間圍繞著悼念胡耀邦的規格問題，已展開相當尖銳的鬥爭。

　　我們從北大回來時已經5、6點了，這時事情的發展越來越激動人心。和15號與16號一樣，當天晚上，開始有很多同學在北大三角地聚集。當時的聚集是沒有組織的，大家三五成群地散步、討論等等。

　　這裏我稍微話題扯遠一點⋯⋯常有人問，這個學潮到底是怎麼發生的？究竟是不是有同學刻意組織的一項統一行動？就我自己作為親身經歷的見證者來看，我能肯定，至少在北大不是。當時我們大家都是人心惶惶，覺得有事情要發生，但包括我自己在內，都沒有策劃或組織什麼事情。

　　但當下因為整體氣氛已經相當繃緊，所以任何一點小事都可能引發大規模的反應和動作，歷史上很多事件都是偶然性組成的。當然，它有個大的必然性背景，就是那種氣氛的醞釀，這叫做自我實現的預期。因為北大當時氣氛已經非常非常緊繃，根據我自己的記憶（也可能記憶

第一階段：悼念胡耀邦（4月15日—4月22日）

不準，有別的北大同學可以糾正我），大概到了晚上11點多的時候，因為很多朋友同學都來宿舍找我，所以我們都還沒睡，各個宿舍燈火通明，大家討論熱烈，氣氛非常緊張。

這時，不知怎麼回事，我們在32樓宿舍裏突然聽見外面很大一聲哐噹的聲響。據後來詢問一些同學，他們說是另一間男生宿舍的不知道誰不小心把吃飯的一個大鐵盆從樓上給掉到了地上，產生了巨大的聲響。這一聲可不得了，當時的學生宿舍各樓棟是聚集在一起的，這一聲響，尤其在外頭已經安靜的半夜11點多，使所有宿舍的同學都聽見了，當時大家都預期有事情要發生，因此猜想這一聲響是不是有人敲鑼主張集合？於是各樓層的學生都紛紛蜂擁下樓，三角地擠滿了人。

諾大一場八九學運就是這麼開始的——至少在北大是如此。到現在我仍不知究竟是誰失手把那個鐵盆掉到地上，還是有人有意摔盆為號，這些都不清楚，但至少不是從學生這刻意發動這場學生運動。

晚上11點多，大批學生因為聽見了聲響聚集到三角地，到了那裡，大家互相你看我、我看你，都不知道發生了什麼事。這時，三角地旁約莫是生物系的宿舍樓，就是沈彤與張炳九等青年教師當時所住的那棟樓，掛出了很大一面非常長的條幅，這個名為「民族魂」的條幅是北大的青年教師製作的，後來在八九民運中非常有名，本來打算在北大開胡耀邦追悼會的時候掛出來；但在這個突發情況出現之後，不知是誰，把這個條幅從生物系的男生宿舍樓上給掛了出來，且傳到了學生手中。

在這種上千人聚集的緊張時刻，突然有這麼大的一個條幅出現，自然把大家給聚集在一起。因為我當時在北大辦民主沙龍，小有名氣，遂有人推我說幾句話，幾個人把我連推帶揉推到了三角地布告欄，我便爬上那個布告欄講了話。（其實那個布告欄還挺危險的，我有點兒恐高……）我所講的大意是：「既然我們大家都已經出來了，也就別回宿舍了，乾脆出去吧！」因為我下午才剛從天安門廣場回來，看到那裏有很多花圈，我便說：「我們可以去天安門廣場，在那裏表達我們對胡耀

邦的悼念。」

　　這時時間已經是半夜快 12 點了，是 4 月 17 號深夜。於是有人把這個條幅給拉了起來，成了隊伍的最前面，很多人跟著條幅走，我走在條幅前面。北大的隊伍大概聚集了上千人，從 4 月 17 號深夜開始走出校園。雖然 4 月 17 號下午政法大學首先走出校園遊行，但那基本上還是送花圈的悼念性質，送完就回學校。可北大最終還是走在了運動的最前列，因為北大這次的遊行是具有抗議性質的，從深夜開始進駐天安門廣場，朝天安門廣場進發，隨後提出了政治訴求。

　　從歷史角度綜觀，4 月 17 日深夜北大的遊行，拉開了學生運動的序幕。那麼接下來我們走出校門到了廣場發生了什麼事，這都是 4 月 18 號的事了，我們明天再向大家介紹。

4月18日

　　【摘要】：學潮序幕拉開。北大千名學生深夜開始 1989 年六四學生運動的第一次大遊行。學生的七點訴求內容是在遊行路上所擬訂的。當場我在廣場打電話給李淑嫻老師請求增援，並與郭海峰等人進入人民大會堂遞交請願書。

　　大家好，今天我給大家介紹的是 1989 年 4 月 18 號學潮的發展情況，這天的活動我全程參與了事發經過。

　　首先講講我個人看到的事情。4 月 17 號深夜，上千名北大學生集結在三角地，準備走出校園。後來從三角地旁邊的樓上掛起了一個 10 米長、4 米寬的條幅，上面寫著「中國魂」三個大字。我昨天講「民族魂」是我記錯了，應該是「中國魂」。這個條幅後來被證實是北大老師張炳九和一些青年教師製做的，本來準備用於胡耀邦追悼會，但他們看到了當晚的情況，就臨時掛了出來。後來上千名學生在這個條幅的引領下走

第一階段：悼念胡耀邦（4月15日—4月22日）

出校園，那時大概已是4月18號的凌晨12點——正式揭開了整個4月18號這天學生運動的序幕。

我記得那個時候的學生也很有創意，還有十多個人高舉著不知從哪找來的火把。其實所謂的火把就是我們宿舍裡的掃帚，不知是誰從宿舍裡拿出來點著了，十幾隻火把還真的非常明亮，走在長十米中國魂條幅的兩側。你可以想像，幾十名學生高舉著那個條幅，兩旁是十幾個學生高舉著火把，後面有上千個學生跟著，在大約18號凌晨走出了校園。

這時，與北大相鄰的清華學生得知了北大的動靜，也很快地動員起來（清華的情況鋒鎖、恒青他們可能比我更瞭解一點）。清華的學生來到北大的校門口跟我們會合，這個時學生隊伍的人數有1000多人了，遂浩浩蕩蕩地向天安門廣場進發。當然，可能因為時間是凌晨，且事發突然，路上完全沒有任何阻擋，也沒什麼行人，無人知曉。

但一路上消息當然很快地就傳了出去。學生從北大走出了海淀，朝著白石橋方向走，那麼接下來路過的是哪個大學呢？人民大學。當我們走到人大的時候，人大的校門居然被大鐵鎖給鎖上了，可見在我們抵達之前，校方已得到消息，怕學生衝出來。

那個時候人大男生宿舍的窗戶都是靠牆、對著大街的。所以我們看到整個人民大學的男生宿舍窗戶上趴滿了人，然後有大批的人大學生衝到校門口，大概有上百個學生一起用人力去撞那個大鐵門。你可以想像那是多麼大的力量！因為都是年輕人，他們真是有勁，很快就把大門的鐵鎖給撞斷了。幾百個學生當下一聲歡呼，便從校門裡湧了出來，人大也加入了學生隊伍；這時時間已經是凌晨大概1、2點鐘了。北大、清華、人大，加上零零散散其他一些學校的學生陸陸續續加入，我估計大概有2000多個學生繼續朝天安門廣場進發。

當我們走到天安門廣場時大概是凌晨4點多，在去的路上，我還記

得我跟當時數學系的學生邵江（現在倫敦，後來也是流亡出來），我們一邊走、一邊聊天，還有當時臺灣《自立晚報》的記者黃德北跟我們走在一起。我跟邵江討論著，我說：「這次到了廣場，我們不能白去一趟，總要有點訴求……」期間也有其他同學七嘴八舌地參與討論。我們在路上決定，要提出幾條具體的訴求來。這就是後來非常著名的〈學生的七點要求〉——整個學生運動最早提出的行動綱領。

這個七點我要先說，是我們一路走的時候有同學拿著紙和筆，將我跟邵江與其他一些同學一邊討論、參與意見所速記的，後來再經過文字潤色，變成了正式的七條；後續的學生運動圍繞著的就是這個核心綱領，即七點要求。全文我給大家念一遍。

第一、重新評價胡耀邦同志的是非功過，肯定其民主、自由、寬鬆、和諧的主張。

第二、徹底否定「清除污染」和「反對資產階級自由化運動」，對蒙受不白之冤的知識分子給予平反。

第三、國家領導人及其家屬年薪及一切形式的收入，要向人民公布，反對貪官污吏。

第四、允許民間辦報，解除報禁，實行言論自由。

第五、增加教育經費，提高知識分子待遇。

第六、取消北京市政府制定的關於遊行示威的十條規定。

第七、要求政府領導人就政策失誤向全國人民做出公開檢討，並透過民主形式對部分領導實行改選。

這就是後來著名的所謂〈學生七條〉。跟後來的絕食不一樣，絕食只提出了兩條訴求，我們甚至可以說，整個八九民運的前半部分，從胡耀邦逝世到絕食抗議期間——原則上我們就是圍繞這七條訴求，包括

第一階段：悼念胡耀邦（4月15日—4月22日）

跟政府對話、請願、遊行、示威，為的都是要求政府接受這七條主張。這七條主張最早就是從4月18號早上北大的遊行隊伍走往天安門廣場的路上，我跟一些同學所共同討論出來的。

到我們抵達廣場大概是凌晨4點多 我還記得天氣非常非常的冷——在北京待過你就知道，北京的4月份還是非常冷的，尤其是晝夜溫差很大，我記得凍得哆里哆縮的。一行人從北大出來的時候有上千個同學，約1000多人，但一路上慢慢的，有走得快的、走得慢的，有的實在走不動、中途回去的，最後堅持凌晨4點半到了廣場的人數可能就不到1000人了，大概就幾百個學生，這幾百人還是堅持走到了，其中當然也包括我。

我們到了廣場後，因為天還沒亮，大家就原地坐下，分組討論剛才我講的七條。包括我和其他同學，我們大家圍坐在一起，當時北大法律系的郭海峰同學也在，我們就逐條宣讀後讓大家喊「同意」或「不同意」，同意的直接喊「同意」，這條便視為通過；不同意的，經人發表修改意見修改之後再喊「同意」。就這樣，遂把這七條訴求提了出來。

慢慢地，天逐漸亮了，到早上6、7點鐘的時候，我已經跟在場的郭海峰與陳小平及前文提到原本在北大就比較熟悉的邵江等其他人商量，要向全國人大提出請願。於是我們將剩餘幾百人的隊伍從人民紀念碑轉到了人民大會堂門口，在那裡繼續靜坐。這個時候天快亮了，有很多人準備上班，一看見熱鬧，周圍很快有上千人把我們幾百個學生給圍住了。

我印象非常深刻的是，那一大早，很多人往我們隊伍中間送牛奶、豆漿，還有人直接往人群裡扔麵包，想讓我們吃早餐，非常支持學生們的行動。等時間到了快上班的時候，現場只剩下幾百個同學，我看了覺得人數太少，且居然在當時的天安門廣場燈柱下發現公用電話！我馬上撥了通電話到方勵之老師家。

當時電話是由海淀區人大代表李淑嫻老師接的，我隨即跟李淑嫻老師說：「我們學生現在到了天安門廣場提出了我們的訴求，希望廣大的北大同學能知道我們的行動，能有更多同學來現場支持我們的行動。」李淑嫻老師答：「好，我把你的這個意見告知北大的學生。」便掛了電話。這就是後來眾所周知我跟方勵之、李淑嫻聯繫的經過。

　　事實上傳聞說的並不正確，我曾經講過，我跟李淑嫻老師早有聯繫，過去半年多以來，我經常去方老師家，所以跟方勵之、李淑嫻很熟。我們後來得知，當下李老師馬上騎車前往北大校園，很快寫了一個小字報，其內容大致是：「現在有部分學生在天安門廣場悼念胡耀邦，並提出了政治訴求，希望北大的學生能前往支援。」

　　於是不斷地有同學，包括後來在紐約執業、幾年前遇刺的律師李進進等這些年長一些的同學也陸陸續續的加入我們，使廣場中靜坐的人數越來越多。在這種情況下，我和郭海峰，還有另一個同學張智勇跟其他幾個同學，向人民大會堂的守門人表達了我們有幾個代表同學想提出一些訴求，然後便進到了設在人民大會堂裡的信訪局。

　　我們見到了一個不知道他是誰、自稱是信訪局的負責人，把這七條要求念給他聽，也留下了這個字條，以表達我們有這些訴求。

　　他口頭上說：「好，好，我們會向領導反映。你們要保重身體，我們會盡量反映……」一副官僚口吻，看來實際上不會有任何回覆；後來我第二次再進去，他們還是推說正在反應我們的訴求。我感到無奈，這時時間已來到18號上午的10點鐘。

　　後來有張照片，紀錄了我跟信訪局代表見面提交七條出來後向靜坐的北大學生說明交涉大致經過的當下。當時學生周圍站滿圍觀的北京市民群眾，蹲著的、坐著的都是已經疲憊至極的北大學生。我自己根本都忘了當時手裡拿著什麼，看到照片才想起當時我有做筆記，記的就是這個信訪局的人說了什麼。那是一張很珍貴的歷史照片。

第一階段：悼念胡耀邦（4月15日—4月22日）

那是4月18號上午大約10點多左右，我只穿了件襯衣跟一件薄薄的藍外套，很冷啊！到了10點鐘，我真是受不了了，實在太累，前一天幾乎都沒睡覺，從11點多就開始遊行，遊行到這已折騰了一天，連續30多個小時完全沒睡。我記得到10點多，我完全撐不住了，已發不出聲音，整個人處於半昏迷狀態。

我跟周圍的朋友說：「我不行了。」

這個時在我身旁的前任北大研究生會主席李進進對我說：「你走吧，你回去休息，現場交給我。」

他隨即站了出來，說道：「我叫李進進，是原本北大研究生會的主席。從現在開始，由我來負責組織大家跟政府請願。」

我記得當時還有一些別的年輕教師也來了，包括現在人在加拿大的陳育國老師、我們國政系的老師等等。現場的學生越來越多，大概快超過500、600人，細節我已記不清楚，連後來自己是坐出租車還是怎麼返回北大的我都忘了。

一到北大大概是上午11點左右，一回宿舍我倒頭就睡。由於連續30幾個小時沒睡覺，等我醒來的時候已經是18號晚上5、6點了。醒來之後我馬上問同學：「現在情況怎麼樣？」

同宿舍的同學跟我說：「現在天安門廣場人已經非常多了，北大、人大、理工大學等很多高校已經集聚，有上萬人集聚在廣場。同時還有好幾千名學生開始向新華門進發，準備向中共中央提出請願。」

我休息夠了，遂帶了幾個同學騎著腳踏車離開校園，大概晚上5、6點到了新華門前。我看見新華門前已經是人山人海。那時我遠遠的第一次看見吾爾開希，當時我還不知道他的名字，只看見一個人站得很高，在那講話。因為人實在太多，我根本擠不進去，我也沒想擠到前面，所以就站在人群外頭看著，大概看了半個多小時至一小時，仍覺得非常

疲倦，便又回了北大。

　　一回北大我便跟很多同學聊天，討論局勢的進一步發展。那時，整個校園都在沸騰。我們後來得知，當時北京市的各高校負責人已經開始開會討論如何應付局勢，而上萬個學生已經團團圍住中南海，堵在中南海的前頭，並派出學生代表進中南海遞交這七條請願，要求中央政府作出答覆。我臨走時聽說的狀況是：「當時說好，到了一定時間，如果這個學生代表不出來，我們現場群眾就要求政府把人交出來。因為我們擔心人進去會被扣住，擔心代表的安全。」我大概聽到這個程度就離開了。

　　這便是4月18號這一天，這天我有一半的時間在昏睡；但我沒錯過4月18號凌晨的第一次大遊行，經歷了整個運動揭幕的關鍵時刻，從北大走到天安門廣場，並提出了主要的七條訴求；同時親自走進人民大會堂見到信訪局幹部，遞交了這重要的七條。

　　聽說18號下午，當時著名的人大代表（叫什麼名字我現在忘了）還有劉延東出來接見了李進進等學生代表，表面上說：「我們接受了學生的七點要求，會向領導反應。」他們是北京市人大代表還是全國人大代表，我已經忘了。在這種情況下，人民大會堂前的學生也去了新華門，跟新華門的學生會合，所以新華門成了新的熱點。

　　這些學生到場的時候已經是晚上了，當天夜裡發生了著名的「新華門流血事件」。政府悍然出動軍警，毆打了新華門前的學生。這已經是18號夜裡大約10、11點多的事情。我剛才講，我大概是6、7點鐘就已經離開，所以18號夜裡到底發生了什麼事，以及19號具體狀況如何，我們明天再向大家介紹。

　　我剛才講的是18號這天我個人的經歷。其實這天在其他各個地方，比如南開大學，也出現了很長的「新五四綱領」，也貼出了大字報。另外在官方內部，比如《新華社》，也寫了〈胡耀邦同志的最後七天〉長文，但文章卻被中宣部或相關的保守派領導給槍斃了⋯⋯還有各方面的

第一階段：悼念胡耀邦（4月15日—4月22日）

活動等等。

我曾說過，自己無法交代整個運動的全貌，但我能盡量說明自己的親眼見證、自己做了哪些，及我看到了哪些事。在這我要特別強調的是，那天早上我跟李淑嫻老師的那通電話，成了我之後被捕判刑最重要的罪證之一，也成了李淑嫻老師受我的牽連獲罪的罪證之一。當局一直認定這整場學生運動方勵之、李淑嫻老師是背後的幕後黑手，其基本的、唯一的一個證據，就是4月18號早上我跟李淑嫻老師的這通電話。

我要在此以見證人的身分大聲疾呼：這怎能算是黑手？只因為李老師本人是海淀區的人大代表，而我們也需要北大學生支援，況且當時哪像現在人手一個手機？我手上也沒有別人的電話，只有方勵之老師家電話，所以理所當然地打給李淑嫻，李淑嫻不過是應我的要求去三角地貼了個小報，就因為這樣說整個運動是方勵之、李淑嫻所操縱推動？這根本是歪曲事實。整個過程，我是直接的當事人，特別要在這裡公開做真實的歷史見證。

至於18號深夜與後續的19號一整天，究竟學潮在經過18號深夜的天安門衝突及新華門流血事件後，會怎麼繼續發展，19號我再給大家介紹。

四月十九日

大家好，我繼續為大家還原八九民運和六四鎮壓的歷史過程。我會以逐日介紹的方式，每天介紹一段，歡迎大家每天收看，相關內容也會發布在我的X（原Twitter推特）社交平台上。

昨天講到4月18號，已有大批學生圍繞在新華門前遞交學生的七條請願要求。由於我當晚6點多就返回北大，後來聽說留下來的學生大概在19號早晨即被武警部隊驅散。第一次驅散，情況還算和平，現場

沒有動武，基本上就是連推帶勸；各個學校也派出了大客車來把學生載回去。可是從19號早晨開始，各個學校的學生又紛紛重新來到新華門前，現場人數最多的時候據說已經有2萬多人聚集，這是19號白天的狀況。

1989年的4月19號是禮拜三，每週三晚上正是我一年來舉行民主沙龍的日子。我跟一起舉辦沙龍的同學討論決定不改期，這回的主題當然以悼念胡耀邦為主。白天仍疲憊的我，忙著跟同學一起籌備晚上的沙龍，寫了很多小字報貼到學三食堂以及各個學生宿舍的門口通知，有好幾個同學幫忙協助。

到了晚上大概7點多，上千名北大師生聚集在三角地，把三角地圍得水洩不通。我因為是沙龍的主持人，所以當時站在最前排。從小有慢性咽喉炎的我，嗓子本來就不好，所以大家聽我現在容易啞的嗓音，其實還真不是89年喊壞的。當時，我記得自己疲勞至極，處於半失聲狀態，幾乎說不出話，即使說出話，聲音也非常非常低沉，已無法大聲講話。我坐在前排，裡三層、外三層，共上千個北大學生聚集在三角地召開北大的民主沙龍。

這大概是第19次民主沙龍（究竟是第18還19次，我已經記不清楚），在這之前，我們每周一次，已辦了多次，可是過去每場沙龍大概都是幾十人參與，最多的一次是李淑嫻老師參加的那次，有上百人參加，然而19日這晚竟有上千人！這就證明，其實這種校園民主活動、社會運動，只要肯堅持，就會有成果。像我們之前的十幾次沙龍，都只有十幾人參加，但若因此而放棄了，就不會有這次千人參加的盛況。

這次沙龍上有好幾位同學主動站起來發言悼念胡耀邦。我記得有當時挺有名的丁小平，他那時是北大唯一一個雙碩士；法律系的熊焱，大家耳熟能詳的紐約牧師，去年參選美國聯邦眾議員沒選上，在那時也有發言；還有沙龍的骨幹楊濤，我的同班同學，後來當過高自聯主席，我們坐在前頭，一個個發言。

第一階段：悼念胡耀邦（4月15日—4月22日）

　　丁小平提出，八〇年代歷次的學生運動、學潮之所以沒什麼成果，是因為我們沒有組織，所以他提議這次我們的學生運動應成立自己的組織，至少我們北大要成立自己獨立的學生會，以取代北大官方的學生會。成立學生自己的組織，得到了大家的支持。

　　我因為當時實在是講不出話來，本來沒準備發言，可是很多人認識我，過來跟我說：「成立這個組織你要參加、你要站出來」、「你一直辦沙龍⋯⋯」等等。我後來在幾個同學的推推揉揉之下站了出來，我自己也下了決心；畢竟在這之前我已做了那麼多的事情。我的同宿舍同學孟昭強扶我站上那個講台，由於我的嗓音嘶啞、聲音很小，而他嗓門大；因此我幾乎是扒在他的耳邊，我說一句，他就大聲吼一句，這樣講話。我講得很簡單，我同意丁小平成立學生組織的提議，而且我本人也願意參加這個組織，跟大家一起爭取自由民主。

　　就在這種情況下，北大學生自治籌委會正式成立，當時我們叫北大籌委會，所謂籌備委員會就是準備選舉獨立學生會，為了選舉，先成立籌備委員會，這個籌備委員會的成員一共7人：第一個丁小平、第二個楊濤（我們同班，他的名字後來也在通緝令上，六四學運的21個通緝令名單上，我們北大歷史系一班就有兩個）、第三個我、第四個楊丹濤（好像年紀更輕一點，後來成了中國挺有名的一個歌手），第五個就是熊焱，熊焱講話一口湖南口音很有意思，他的「一個飽鬼上臺，一個餓鬼下臺」是他流傳很廣一句的名言；第六個就是封從德，大家也知道，後來也是一個通緝令上的。還有常勁，現在好像搬去西雅圖還是哪裡，反正現在從商，不怎麼參加海外的民運活動了。

　　那麼丁小平、楊濤、王丹、楊丹濤、熊焱、封從德、常勁，我們7個人組成了籌委會，這7個人都站了出來，公開表示願意參加籌委會。大家也許會問這7個人的代表性和合法性在哪？沒有。因為當時也來不及舉行選舉，可是在當下那種氣氛下，敢於公開站出來的，即使在北大，也還不多；所以第一屆北大籌委會的成員，完全是因為勇氣而被大家認

定為成員的,當場就我們7個人站出來說我們願意,也沒更多選擇,如果還有更多的可能,早也就加入了。可見那個時候氣氛還是比較緊張,還沒完全放開。當時我們宣布成立北大籌委會,這應該是整個八九民運中第一個成立的學生自治組織。

成立以後,我們還推選了丁小平等年紀大一點的同學作召集人,我們也發布了基本綱領等,一直忙到第二天凌晨。我記得清華大學那邊也派了代表,大概有一、兩百人來參加我們的民主沙龍,他們也旁聽了我們這個會議。清華的同學後來回去也成立了學生會,但他們那邊的情況我就不太清楚了。我自己親身經歷和見證的,就是在4月19號晚上成立了北大籌委會,在我們宣布成立之後,沙龍就解散了。

我們7個常委和其他一些比較活躍的同學繼續留下來開會,同時還設立了宣傳部、工農部、糾察部、聯絡部、理論部、後勤部等等,作了一些分工。除了我們7個常委外還有幾十個同學,雖然當時不敢公開地站出來,但事後留下來表示願意跟我們一起工作,還有包括清華的朋友,大家一起討論了籌委會的基本綱領,並重新評價胡耀邦的功過,徹底否定當局的作法等等,跟那七條大致上差不多,大概忙到凌晨3、4點,我就回宿舍休息了。這是4月19號我經歷的事情,主要是發生在晚上。

但與此同時,我所沒經歷的,還是要跟大家介紹一下。那就是4月19號白天在天安門廣場,局勢發展得非常的熱烈。大家可以看一張照片:新華門前的學生越來越多,我們可以看到,這就是當時的狀況。那個場景,你看他們倒是沒有持武器,但警衛戰士一排一排的,據說新華門裡頭更多,堵得滿滿的,外面就是學生,最多的時候有兩萬多名學生在新華門前靜坐,要求政府接受學生提出的7點要求。

據說在當天晚上中共中央負責安全工作的喬石召集了會議,會中北京市委發表了意見,市委書記李錫銘與市長陳希同等人認為,必須對學生作出反制,學生已經圍堵了新華門兩天,不能再容忍。所以到4月

第一階段：悼念胡耀邦（4月15日—4月22日）

19號深夜、4月20號凌晨時，大批武警揮動著銅頭皮帶（當然那時還沒動槍），開始使用暴力驅散學生，導致了流血事件。這就是後來所稱的「四二〇慘案」。事情發生在4月20號，不是4月19號。

4月19號深夜，最主要的大事就是北大成立了籌委會。在我們成立籌委會的同時，新華門前發生了流血慘案，所以接下來很快地，學潮就圍繞著新華門慘案，跟政府的矛盾和對立越來越嚴峻。整個學潮進一步升級，後續如何發展？4月20號出了哪些事情？學潮怎麼繼續推動？請容我4月20號再向大家介紹。

四月二十日

回想1989年的事情，反思改變社會的力量，我得出的結論是——要想改變社會，最需要的就是兩個字：勇氣！

當年第一屆北大籌委會的7名成員，有人質疑是怎麼選出來的？當然沒有選舉。運動剛剛開始，絕大多數人還在觀望，少數7個人站上台公開身分，願意領導學運，這7個人就被學生認可為籌委會集體。他們的出現，靠的就是勇氣。

當年是什麼感動了百萬北京市民？學生不惜以生命槓上政府，明知會被秋後算帳，但仍義無反顧地走上廣場，是這樣的勇氣打動了很多原本觀望的人。這裡，靠的還是勇氣。

改變歷史，改變社會，靠的從來都是勇氣。不僅八九如此。

大家好，我們來繼續說一說1989年發生的那些事。

昨天講的19號晚上開始，北大舉辦民主沙龍，在這個沙龍上成立

六四日誌：從 4 月 15 到 6 月 4 日

了整個學運第一個學生自治組織。這個我很驕傲地說，北大從來都是中國學生運動的領頭羊，這次仍然如此，北大籌委會是成立的第一個學生自治組織。

我後來找到了當年我們籌委會成立的時候發布的公告，就是昨天我們留下來開會討論的結果，在北大提出了籌委會的第一份公告，我給大家念一遍：

4 月 19 日 22 時左右，在校內三角地，有幾位同學倡導兩千多名師生舉行了集會，同學們紛紛登臺演講，悼念胡耀邦同志，分析中國的形勢和政治改革，尤其痛斥本次以及歷次學生運動的成敗得失和經驗教訓。此後，在場集會的同學一致形成了以下決議：

一、 拒絕承認現屆學生會、研究生會。

二、 成立籌委會，由當場集會的同學授權籌委會，負責主持北大同學選舉大家信任的新的學生組織，並負責宣告成立北京市高校統一的學生領導組織或聯絡組織。

三、 新學生組織在近期內選舉。在新的學生領導機構成立之前，北大的學生運動由籌委會統一組織，公開領導。中國應該儘快辦起人民自己的民主的公正的報紙。我們北大學生立即辦起自己相應的報紙，任何政黨、政府組織及個人不得干涉。

四、 由在場集會的一千多名同學一致通過組成的籌委會成員如下：丁小平、楊濤、王丹、楊丹濤、熊焱、封從德、常勁……（就是我們那個七個人落款簽名）

這份公告 4 月 20 號在整個北大到處都張貼出來，從這一天起，北大原來官方的學生會、研究生會基本上就被廢掉了。那個時候的學生會主席好像是肖建華，後來成了鄧家的白手套，現在監獄裡判了重刑。但不管怎麼樣，他們官方學生會被廢掉了。北大籌委會成為正式領導北大

第一階段：悼念胡耀邦（4月15日—4月22日）

學生的組織。這一天，我們籌委會開始找地方辦公，我們在北大生物系的男生宿舍找了一間房間，同學們把整個宿舍貢獻出來，我們在裡頭設立了辦公室。

柴玲因為封從德的關係（兩人自1988年曾有一段婚姻關係），也參加了北大籌委會的工作。當時我們在屋子裡辦公，我們在辦公室的門外擺了一張桌子，一把椅子，有點類似於前台秘書，我們每班有兩個同學輪流在那值班，柴玲是值班的同學之一。這是柴玲最早開始介入八九民運的時刻。那時我對她的印象不深，她主要就是以家屬的身分參加北大籌委會。

4月20號上午8、9點時，我們在北大宿舍就已收到消息，得知當天凌晨發生了新華門流血事件，我們後來稱之為「四二〇慘案」、「新華門血案」。這個所謂的血案主要就是因為4月19號晚上，大概有兩萬多名學生在新華門前靜坐請願，要求當局答應這七條訴願。雖然當時官方對此暫時作出忍耐，但到了20號凌晨，他們決定不再容忍。

因為我自己的記憶有限，為了讓大家對當時發生的狀況有更權威的認知，我援引記者報導來還原當時的事實。當時有很多香港記者在場，我認識一個名叫羅綺萍的記者，她曾寫了一篇報導〈衝擊新華門〉刊登在香港的刊物上，其中大概介紹了當時所發生的狀況，我依據她的這個報導跟大家介紹一下：

「大約19號晚上到20號凌晨的時候，在新華門前已經聚集了兩萬多人，這一次當局動員了大概上千名的公安警察把長安街封鎖了，然後用廣播車反覆警告，要求圍觀群眾必須離開。到了20號凌晨2：30的時候，官方發動了第一次攻擊，這回出動的不再是警察，而是武警，但武警手裡沒有拿槍。」

根據羅綺萍的報導，她當時就在現場——「武警衝到人群之中，用警棍、銅頭腰帶、大頭皮鞋等，以暴力驅趕群眾。在這種驅趕之下，還

是有數百名學生堅持，不管你怎麼打，他們抱著頭靜坐在新華門前，打死也不退。更多的學生被打散了，但這些學生被打離新華門之後，也沒有離開，他們在新華門以東大概一公里以外的地方繼續靜坐，兩批學生中間被數百名武警公安給分割開了。這是第一波。」

「第二波，到了將近凌晨3：00時，警方的廣播車又發出警告，說什麼少數人搞事，衝擊新華門，命令群眾和在場記者離開，持續了大概半個多小時。」據羅綺萍報導，學生仍不為所動。「到了凌晨4：50分將近5點的時候，大批武警再次出動，數百名公安與原先戒備的武警配合圍攻學生。」羅綺萍說她自己親眼見到公安對學生拳打腳踢，用警棍、用銅頭皮帶毆打學生。個別學生被追打的時候，甚至氣憤得喊出了「打倒共產黨」的口號。學生就這樣被打離了新華門。

我們在北大大概是7、8點的時候收到消息，說發生了新華門血案，政府出動武警，用暴力驅趕在新華門前靜坐的學生。有些北大的學生被強行送上大客車送回北大，但是相當多的學生，大概有幾百個學生，一路從新華門走回來。我記得那天早上好像下雨，所以到了學校的時候，隊伍已經非常非常狼狽，我們還去校門口迎接。迎接的當下看到每個回來的學生都痛哭流涕地說起在當時被暴力毆打的狀況。

比如當時念政法大學，後來也參加了高自聯的王志勇，被打得頭破血流，在我們後來還召開記者會時，他還拿了那件血衣出來展示。這大概是整個八〇年代中國大學生第一次面對政府的群體動粗。當然比起六四來，這還算是文明多了，沒動槍。但這在整個八〇年代幾乎每年都有的那麼多次學潮中，是從來沒有見過的事。

據事後報導，當時主導這件事的，就是北京市委書記李錫銘、市長陳希同。他們特別在19號晚上於北京市委召開了緊急會議，認定是別有用心的人在操縱這場運動，想藉題發揮，衝擊中南海。

在這我要特別說明，北京市委於會議上說有學生19號凌晨意圖衝

第一階段：悼念胡耀邦（4月15日—4月22日）

擊中南海，這完全是造謠。我原先講過，當時因為有學生代表進到新華門裡頭，學生們在進去之前就已經說好，如果到了一定的時間人沒出來，那麼現場群眾就要找當局要人。這是我後來聽在場學生的講法。所以，當到了約定的時間，學生代表卻沒有出來，群聚的學生們自然變得激動，從原來坐著的狀態站了起來，大家可以看這個照片，這是當時的情景，正是所謂的衝擊新華門。

你看有見過坐著衝擊的嗎？有見過用膝蓋衝擊的嗎？哪有用膝蓋走著衝擊的？武警都是站著的，學生都是坐著的。但是因為有學生代表沒有出來，所以有些學生就情緒激動，便從坐著變成站起來。你要知道，在那個上萬人一起的場合，只要有一些人站起來一動，很容易就形成人群的推擠；第一排的同學當然就被推擠到武警身上去了，使得單純的人多推擠現象卻被北京市委說成是發生了學生衝擊新華門。

聽說當時喬石親自坐鎮，裡頭已經開始緊急布置了包括機槍等重型武器，還說如果學生真的衝擊新華門，武警就直接開槍。但這純粹只是我們聽說，沒有確鑿的證據。然而北京市委緊急會議當下確實決定了要進行鎮壓，並發布通告制止違法行為，採取戒嚴措施防止事態擴大，要緊急召開區縣、局、大學、總公司和大型企業負責人會議等等。

北京市委在整個學潮發生之後，反應是非常激進的，在他們的指揮下，發生了學生跟政府之間的第一次流血衝突，這便是所謂的衝擊新華門，我們稱之為「四二〇慘案」。當學生回校園之後控訴，北大籌委會立刻決定抗議四二〇血案，自21日起整個北大宣布罷課。當天下午，我們籌委會就正式貼出了公告，宣布在政府沒有釐清責任、懲辦兇手之前，北大學生永不復課。

北大是第一個罷課的學校，據說很快地，清華、人大、政法等學校也都宣布了罷課。全北京的高校罷課，就是因為四二〇血案。為了抗議這次血案，從4月21號開始，從北大、人大、清華、政法這些學校先開始，全市的很多高校都迅速的開始跟進罷課。北大罷課非常堅決，我

當時在第二天看到教室都是空的,甚至還有媒體報導,那都是21號以後的事了。

我們還是說說20號這天的局勢吧!我們學生仍持續緊鑼密鼓的討論學運後續該如何進行,直到20號晚上我還跟劉剛他們討論,是不是該成立北京市高校自治聯合會(就是後來的高自聯)。同時在20號這天,學運開始蔓延到全國各地。根據後來的報導顯示,20號下午在西安市中心的新城廣場前,也聚集了上萬名學生和圍觀群眾,後來他們更湧入了省政府大院,衝擊了省政府的辦公大樓。

在武漢,晚上7:40的時候,武漢水利電力學院的200多名學生抬著胡耀邦的遺像,打著3米多長的橫幅,上面寫著「民主科學,自由平等。反對專制,打倒官僚。」晚上9點遊行到紅山禮堂門口,在武漢舉行了近半個小時的胡耀邦追悼會。晚上8:30的時候,武漢大學300多名學生再次舉著花圈走上街頭。

在南京,南京大學兩千多名學生晚上6點半走出校門,經過鼓樓廣場、北京西路,到河海大學,匯聚了河大的部分學生3、4千人到省委高呼口號,有人領著口號喊:「獨裁要不要打?」

眾人喊:「打。」

「官僚要不要打?」

眾人喊:「打。」都是萬人齊呼口號。

當然也有人說要衝省政府,但是學生沒有動。

南京的學界還發布了〈南京學界四二〇宣言〉,提出了8項要求,我就不具體念了。當然也是要求政府公布胡耀邦辭職內幕,公布鄧小平長子鄧樸方創立的康華公司之詳細帳目等等,提出了8個要求。

在四川成都,晚上7點,川大、成都科技大學、華西醫科大學等校

第一階段：悼念胡耀邦（4月15日—4月22日）

的數百名學生走上街頭。在杭州，晚上8點多，浙大、杭大為主的4、5千大學生上街遊行。在天津，下午5點多，南開大學、天津大學、天津師大等學校的學生，在南開大學聚會，成立了臨時學生會，叫新覺悟社，開始領導組織這次學運，提出了臨時綱要要求，甚至都提出了要求重新制訂憲法，要求鄧小平停止垂簾聽政，釋放魏京生，要求為方勵之、劉賓雁、王若望平反等等。此外像遼寧、山西、安徽等地也已經出現了類似的運動。

可以說，4月20號這一天，是很有標誌性的一天，這一天以北京為中心，悼胡為口號的學生運動開始蔓延到全國。胡耀邦15號去世，經過15、16、17、18、19這5天的醞釀，到了4月20號這天學運已蔓延全國，可說是處處烽火。大家可以看看當時北京天安廣場人民英雄紀念碑下當天的情形。當時有人掛出了巨幅的胡耀邦遺像，上面是中央美院的人貼上去的「何處招魂」，還有人舉著「民主之光耀邦」的橫幅，這些學生我都不知道他們是怎麼爬上去的，紀念碑底下貼滿了各種各樣的標語。

天安門廣場從這一天開始（其實從18號就已經是……）就沒有空著的時候，到處是人山人海。可以想像，從4月18、19號起，天安門廣場隨時都有大批的人潮在那演講、發表悼念、貼小標語；這景象看似「四五運動」那時，使政府也非常緊張。從這張照片大家可以看到，35年前的4月20號，因為要抗議新華門血案，北京大學、清華大學、人民大學的學生冒著一早就開始下的大雨生走出去，嚴正抗議新華門血案，學生們的衣服完全都濕透了，但他們仍堅持一路從北大、清華、人大校門出發，冒雨走到天安門廣場。

這一天的一個主軸是抗議新華門血案，另一個主軸是開始向全國呼籲罷課。有時候有人會問，當時你們各個學校之間是怎麼串聯的？那個時候哪像現在這樣有手機？沒有。我記得我和絕大多數同學都是跑到附近的郵局，通過自己過去的高中同學和外地其他大學認識的朋友等人脈

關係，發電報（那時候還有電報這種東西，現在都沒人在用電報了）給各個大學認識的人：「我們北京大學已經宣布罷課，希望全國所有高校響應北京大學的呼籲，發起全國性的罷課，悼念胡耀邦、抗議新華門血案。」

這就是4月20號發生的事情，4月21號整個運動繼續發酵，21號經過醞釀之後，22號十萬學生佔領天安門廣場，這個過程我們明天再向大家介紹。

四月二十一日

現在喜歡評論事件的人多，認真了解事件本身的人少。用逐日記錄的方式還原事件本身，就是我今年六四紀念的主要方式。希望給那些想了解事件本身的人，提供力所能及的第一手見證。

大家好，我們繼續來聊1989年發生的事情。現在是2024年的4月21號，35年前的今天，整個學潮在第一個階段已達到了一個高峰。這一天的主題就是罷課，因為在此之前發生了新華門血案，學生們在新華門前被毆打流血，這引起了全北京高校師生的憤怒。我盡量給大家還原當時的情況，而不僅是憑我個人的見證。當時的第一手檔案，有些人說不一定有，但我可以念給大家聽。

當時在政法大學貼出來的大字報，就是有關這場血案——四二〇事件的真相。我簡單給大家介紹一下。這張大字報說：

4月19日晚，我校王志勇等三名同學到天安門廣場參加悼念胡耀邦逝世活動。20日凌晨4時許，他們為了乘坐地鐵，走在大會堂南側街道上。剛走一半，迎面來了兩排警察，20多人。帶隊警察一聲令下，幾十名武警就迅速分散包抄上來，不問青紅皂白，蜂擁而上，用帶鐵扣的皮帶，抽打某某某的頭部，並附以拳打腳踢，致使某某某頭顱破裂，

第一階段：悼念胡耀邦（4月15日—4月22日）

縫三針，多處淤血、兩眼發烏、左眼無法睜開，當時無法做任何醫學鑒定，情況慘不忍睹。某某某被打後拼命奔跑，昏迷在地鐵口，被兩名魯迅文學院的學生送到醫院。據悉，凌晨時其他學校學生也遭到了毆打。

我們不禁要問，是什麼使這些武警喪失起碼的道德和人性，難道是共和國法律允許他們幹的嗎？難道他們沒有自己的兄弟姐妹嗎？難道這是黨紀、軍紀允許的嗎？我想全體師生對此事件的發生無不憤慨萬分，校學生會、研究生會及各系學生會聯合決定，於21日、22日實行罷課，抗議警察暴行，堅決要求嚴懲原凶，有關方面應公開道歉，新聞媒體披露該事件的全部真相，司法機關依法嚴懲兇手。

中國政法大學全體同學

這一天政法大學立即宣布罷課，而北大早已宣布罷課了。4月21號，吾爾開希因為在新華門前起了組織作用，已經成了北師大的學生負責人，他在北師大提出通告，宣布北師大全校罷課，同時廢除學生會、研究生會的一切權利，要重新選舉學生會。

另外，整個社會輿論也因為新華門的事情而開始動起來了，比如從臺灣來的北大著名教授陳鼓應，領銜包括老教授們等143名北大教師，發表了〈致全國與人大和政協的緊急呼籲書〉，要求政府堅持協商對話原則，恢復與發展寬鬆、寬容、寬厚的精神，不要對學生施加暴力。同時，另外47名作家、學者聯名發表了一封致黨中央國務院人大常委的公開信，其中包括當時社科院歷史學家包遵信先生，還有我們大家現在都很熟的蘇曉康，以及著名的詩人北島等47人。

這封聯名信呼應學生的七條要求，要求：「繼承耀邦遺志，加快中國民主化進程和政治改革，要求採取切實有力的措施，清除各級權力機構中日趨嚴重的腐敗現象，解決嚴重的社會不公問題，要求切實解決當前各級政府普遍存在的軟弱低效狀態，實行從中央到地方的各級政府目標責任制，不能以集體負責等任何藉口推卸個人責任；並要求實行憲法

規定的言論自由、新聞自由、出版自由，確保大眾傳播媒介的輿論監督功能。」

與此同時，罷課的浪潮也已席捲到了其他地方，像上海的大學、武漢大學的學生都提出了罷課，上海復旦大學還提出了行動方案，建議4月22號上午在人民大會堂悼念胡耀邦的時候，學生要同時走出校園，參加悼念活動。

此外，安徽教育學院也動起來了。在安徽，有1000多名學生上街遊行。西安交大貼出一份題為《真理報》的大字報，內容寫道：「交大氣象臺發現中國上空有一團烏雲，似魔鬼狀，近年來已使中國年日照量漸趨下降，預計年內將有一場雷暴，年底可見天日。」

西安是一個重點，20號晚上，新城廣場就匯聚了上萬人，幾千人衝倒鐵柵進入了省政府大院，到深夜，已達2、3萬人，但是學生比較少，很多都是社會人士。

就連廣西桂北山區的融水苗族自治縣的縣城，也出現了兩條標語，一條寫：「民主未得身先死，神州無處不悲歌。」另一條寫：「肥了貪官，閒了庸官，醉了昏官，少了清官。」連我沒聽說過的廣西融水苗族自治縣縣城都出現了這種標語，可見整個學潮到21號在全國的蔓延程度。

當人們講起八九民運，常誤認為事件僅集中在北京的天安門廣場，但它其實是一場全國範圍的民主運動，而且不僅是全國的一線、二線、三線城市，包括像融水自治縣這樣的五、六線城市，也都已經出現了反抗運動的標語。到這個程度，全國已沸騰了起來，這是1989年4月21號的狀況。

這一天也是我第一次見到吾爾開希。在這之前，經過劉剛的撮合，第一次北京高校自治聯合會籌備會在圓明園附近，由劉剛主持召開，學生們決定成立高自聯。那次的會議我沒出席，但是聽說主持人在會上表示將為無人出席的北大空出一個代表的席位，後來便是我被補進去了，

第一階段：悼念胡耀邦（4月15日—4月22日）

代表北大擔任高自聯的常委。高自聯由幾個著名的大學，如北大、清華、人大、政法等院校，還有八大院校作為一個所組成，其他還有哪幾個學校我已記不起來了。

劉剛是整個八九民運在第一個階段的一個靈魂人物，他非常具有組織能力，最早由他在各個學校之間串聯，找尋各校的活躍分子，建議成立北京高校自治聯合會，所以高自聯其實是在劉剛的推動下成立的。因為劉剛跟陳子明、王軍濤關係很好，所以後來陳子明、王軍濤被污衊是這場運動的黑手，說什麼指派劉剛等等。在21個六四事件通緝令的名單上，我排第一，開希排第二，排第三的甚至不是柴玲，而是劉剛。這就說明了至少在當局的判斷中，劉剛在運動中起了很大的作用。劉剛現在紐約。

高自聯在21號的時候作了一個重要決定——學生群起到天安門廣場靜坐，以此悼念胡耀邦的逝世。原來中共中央已經正式宣布4月22號要在人民大會堂為胡耀邦舉行追悼會。為了舉行追悼會，政府大概也是擔心學潮進一步蔓延，所以已宣布自4月21號深夜12點開始，天安門廣場實施戒嚴，不再讓人進入，他們打的名義是要停車什麼的。但是我其實在前幾次節目中已經講過，如果大家有興趣，可以回頭從4月15號開始聽。原來胡耀邦剛剛去世的第二天、第三天，在喬石主持中央內部會議討論悼念活動時提出過，原本預計在4月21號組織十萬人民群眾到人民大會堂瞻仰胡耀邦的遺容，但後來這個提議早被黨內保守派的一批老人給否決，這個消息早就傳出來了。

那時黨內有我們的人，使我們的消息非常靈通，所以高自聯知道中共原來有這個想法，但卻被黨內老人否決；為此高自聯當時便決定無論政府怎麼安排、變卦，我們都會自發悼念，既然當局要在21號深夜把天安門廣場戒嚴，我們更要趕在戒嚴之前進佔廣場，以在人民大會堂旁邊靜坐的方式來參與胡耀邦追悼會，雖然我們不能進到人民大會堂裡頭，但至少希望能在最近的地方參與悼念活動。

所以剛剛成立一天的高自聯，便通過渠道向各校發出了通知，要求4月21號晚上各校學生集合，於12點之前在天安門廣場匯聚起來，準備等待第二天的追悼會。整個21號，各個高校都在做這方面的動員準備，我記得21號時我在學校裡閒轉，見各個宿舍都在做橫幅、標語、寫大小字報，都忙起來了，真的跟大的運動是一模一樣，如果人在現場，你就會感到那種熱血沸騰。我到各個男生宿舍去，看到幾乎每個宿舍都在忙這些事情，為21號晚上作準備。

21號晚上，我們北大的學生隊伍出發。當時高自聯決定，整個北京市高校分兩大集合地點，在城西海淀區這邊，到北師大集合；城東那邊有經濟貿易學院、八大藝術院校等，我忘了他們是另外在哪兒集合。我們這邊有北大、農業大學、清華、政法、人大，所有的學生大概下午6、7點鐘就進到了北師大。

有去過當時北師大的人都知道，北師大校園不大，它不像我們北大占地廣闊，所以整個北師大的操場上密密麻麻全擠滿了人，大概有上萬名學生集結。這麼多學生聚在一起怎麼組織？因為每個學校都帶著自己的校旗，像北大有面非常大的「北京大學」旗幟，各個系都還有自己的系旗，所以各校隊伍以校旗與系旗為單位，每個系的同學聚集在系旗下面，所有的系聚集在校旗下面；陸陸續續有人進入到北師大，經過了好一番整編，直到整個北師大校園都擠滿了人，大概花了3、4個小時學生才正式出發。

也就是在那一次，我見到開希。我記得開希當時站在一個雙槓上聲嘶力竭地指揮著北師大的隊伍。在這之前，我聽說過有個叫吾爾開希的，是北師大的活躍分子，他參加了新華門前的請願，但這次算是我們倆正式的第一次見面。後來我們回憶，從那次第一次正式見面後，我們便展開了後續無數的親密合作。

到了晚上8、9點時，學生隊伍大致組織得差不多了，上萬人便從北師大出發，朝天安門廣場走。究竟我們是第幾次徒步前往天安門廣

第一階段：悼念胡耀邦（4月15日—4月22日）

場，我自己都數不過來了。如果沒記錯，我們在4月17號晚上，就從北大走到了天安門廣場，過了7天，4月24日凌晨（那次我沒去）北大也有上千學生又走到天安門廣場抗議；21號晚上，我們又走，難怪我那時候很瘦呢！原來天天這麼個走法。從海淀北大走到天安門是多遠？我現在肯定走不動。但那時我們都熱血激昂，反正也年輕，真的沒有覺得特別累，而且那麼多人一起走，沿路高呼口號、唱歌，氣氛非常熱烈，一路上不斷有人騎腳踏車追上來，追上來的這些學生也加入隊伍，使學生隊伍越來越龐大。

到了晚上12點前，兩支隊伍會合在天安門廣場大會師，滿滿的人潮把整個天安門廣場從人民英雄紀念碑到金水河這一帶的空間全部佔滿。當時有媒體報導說當晚估計現場有十萬人，我覺得事實上沒有外界所說的十萬人那麼多，但至少可以肯定的是，根據後來各校回報的人數統計，大概有4萬多人參與了這場活動。由於整個北京高校的4萬多名學生，在21號晚上12點前提前進入了天安門廣場，使得當局沒能來得及把天安門廣場給關閉。

當然，當局事先必然也已知情知，但當時他們也沒真的要跟學生對著幹，所以並未提早關閉廣場。我記得我們到了現場以後，聽說有學生代表（不是我）跟天安門廣場管理處取得了聯繫，表示既然學生已佔據廣場，希望管理處能給學生提供一些方便，包含臨時給天安門廣場的一些燈柱綁上麥克風，讓學生第二天能聽見人民大會堂裡追悼會的實況。沒想到天安門廣場管理處的人居然也答應了，真的給我們連了線，綁上了很多大喇叭，所以我們第二天真的當場聽到了人民大會堂裡追悼會的實況。當時確實有這麼一個機構是專門管理天安門廣場的。

由這個細節，可以想見當時整個的朝野互動其實是相當良好的，那時候政府內部的很多人被學生所感動，願積極配合，雖不能說是鼓勵，但也非常支持學生的這次運動，包括悼念活動、愛國的民主訴求等等。在天安門廣場管理處做了這些安排後，21號就結束了，接下來大家便

躺在地上休息。學生們躺在天安門廣場的地上，等著22號的到來。

4月21日的天安門悼胡，使得整個運動進入了一個轉折點。在我的分類中，從4月15號胡耀邦逝世到4月22號胡耀邦追悼會這7天，屬於第一階段。這一階段的主軸以悼胡為主，本階段最終的高潮就是4月22號全北京集體的悼念活動，這個情況我們22號再向大家介紹。

四月二十二日

剛剛錄完4月22日和23日的八九民運每日大事記。在錄前準備資料的過程中，我又重新看了很多當年的報導、大字報、照片和回憶資料。雖然35年過去了，這些資料已看過無數遍，但再次打開那段歷史，我的眼睛還是濕潤了！

這並不是因為每個人都更珍惜自己的青春時代，而是因為1989年的學運是那樣的波瀾壯闊，那樣的義無反顧，那樣的熱情飛揚，這的確是1949年後中國歷史上最為壯麗的一幅歷史畫面，每次看到，都不能不令人熱淚盈眶！

現在很多「有智慧」的人批評我們當年如何如何不成熟，但我要為我們那一代辯護一句：「是的，我們有很多需要反思的地方，但是，我們那一代畢竟為這個國家、這個社會，我們自己的未來，曾不惜一切傾城一戰！我們做的雖不完美，但絕不後悔，因為我們至少曾經努力過！我們這一代，對得起自己的良知和青春！」

歡迎大家繼續跟我一起，每日回顧那驚心動魄的50天，那中國當代歷史上的高光時刻！

大家好，我們繼續回顧1989年六四期間每天發生的事情，當然主

第一階段：悼念胡耀邦（4月15日—4月22日）

要以我個人的見證為主，再加上一些歷史材料。

上次我們介紹到4月21號深夜，4萬名北京的高校學生（據我們事後統計，大約有40多所高校的學生共4萬多人參與深夜搶佔天安門廣場）準備參加4月22號的胡耀邦追悼會。4月21號這夜，學生們從深夜12點坐到早上10點，度過了漫長的一夜，不但非常疲倦，且非常冷。10點胡耀邦追悼會召開，由當時的中共中央總書記趙紫陽致悼詞主持，連原本大家以為不會出席的鄧小平也出席了。

我們後來聽到的消息是，當鄧小平出席追悼會要跟胡耀邦的夫人李昭握手的時候，李昭好像還不願意（當時似乎有這麼個傳聞，但無法證實）。在人民大會堂內部舉行追悼會的同時，人民大會堂外面的天安門廣場，有4萬名大學生，有的戴著白色的小花、有的戴著黑紗，同步經由廣場上的大喇叭，聆聽人民大會堂內追悼會的實況。

關於四·二二的4萬大學生參與追悼會的情況，當時的《科技日報》曾做了一篇報導。我為什麼要特別提到這個報導呢？第一、有記者在，更能忠實客觀地記錄當時所發生的情況；第二、這是官方報紙首次比較正面地報導學生自發的悼念活動，也是學生運動第一次的官方報導。而且《科技日報》的這篇報導相當轟動，報紙在4月23號刊出後馬上賣空，後來聽說好像還有加印，這篇文章的題目是〈風一程，雨一程，壯歌送君行〉。報導中是這樣寫的：

〈風一程，雨一程，壯歌送君行〉

早在22日零時，在幾天來放滿花籃的人民英雄紀念碑周圍，在天安門廣場，群眾用掌聲迎來了自動的、有秩序的，前來悼念耀邦的第一支大學生隊伍。白布橫幅上署名北京科技大學。學生們步履沉重，情緒平穩，隊伍兩側學生糾察隊員牽手成列，綿綿不絕，護衛著學生隊伍，以防外人進入。緊接著是專程進京參加悼念活動的天津南開大學學生，隨後是清華大學、北京航空航天大學、北京郵電大學、北京農業工程大

學、中國地質大學、中國政法大學、北京師範大學、北京大學、中國人民大學等。各校學生隊伍首尾相連，緩緩前進，隊首已進入廣場，隊尾還遠在幾公里以外的西單。記者回首西望，沿街徐徐向前的紅旗、輓聯一望無際，悲壯的《國際歌》聲低迴於春夜。

《科技日報》的領導林自新社長、副總編輯孫長江先生，當年曾參與「實踐是檢測真理的唯一標準」大討論，所以這個報紙想必是比較傾向於改革派。與此同時，在22號同一天，以李鐵映為教委主任的國家教委特別發布了一則通知，表示像北大籌委會這樣的學生自發組織並不合法，這些組織的存在分裂了學生群眾，嚴重干擾破壞了學校的穩定和社會的安定團結，必須依法予以制止。由此你可看出中共高層在處理學生運動上已開始出現意見分歧。當改革派在媒體上為學生發聲的同時，保守派國家教委的這些建制派卻是在打壓新成立的學生組織。

回過頭來，還是談4萬學生靜坐參加追悼會這件事情。當時我人在現場的北大隊伍裡，整個天安門廣場都被學生坐滿了；學生分成不同的方隊，每個方隊都集合在自己學校的校旗下，我們北大的方隊未列第一線，因此我也不知道第一線上是哪些學生。當時不斷地有學生代表試圖進人民大會堂，但也沒能進到人民大會堂的臺階，因為當時人民大會堂下密密麻麻地坐了十幾排武警戰士，他們手裡雖然沒有拿槍，但十幾排人擋住學生，就怕學生衝進人民大會堂。

有學生代表越過了武警戰士，跟接待方遞交了學生的請願十條，希望在人民大會堂參加追悼會的鄧小平、李鵬、趙紫陽等人能接受學生的訴求。這是4萬大學生前來參加追悼會的主要目的之一，希望再次利用這種大規模靜坐的方式，請求政府能聽聽學生所提出的其他要求。可是，儘管我們幾次向人民大會堂裡反應，卻完全沒有得到回應。

大概在中午左右，我們北大法律系的郭海鋒、北大的張志勇（知道張志勇的人不多，他當時也挺活躍），還有後來成立了高自聯的第一屆主席，政法大學的周勇軍，他們三位學生代表在12點左右時遞交了一

第一階段：悼念胡耀邦（4月15日—4月22日）

份寫成類似卷軸一樣很長的一卷請願書，希望大會堂裡有人出來接受他們的請願。請願書主要的內容是七條，我聽前面的同學回來反饋表示，當時有工作人員說李鵬已知道此事，他人就在大會堂裡，之後會出來面見學生。得到這一訊息我們一開始也都挺高興的，便耐心地繼續等，從12：10左右等到12：30，沒有人出來，又等到12：50，還是沒有人出來。

這時，郭海鋒他們3人做出了一個令人非常驚訝的動作，是後來很著名的一個歷史景象定格：3個人突然就跪下了！周勇軍是單膝跪下（最後我記得是雙膝），然後郭海峰，或者說他們三人都是單膝跪下，高舉著這份請願書表達抗議。

我想這三個人在人民大會堂臺階上事先大概有一定的討論，因為他們3人與廣場上的學生中間還隔著武警戰士，因此我們實在不知道他們3個人是怎麼討論的，但顯然這3人是經過了一番的討論。

事情發生在人民大會堂臺階上，這個舉動整個天安門廣場上的學生都看到了，這使學生一下子便群情激奮起來。學生們凌晨就來到了廣場，在又冷又餓又累的情況下，只不過是要求你政府出來個人把這份請願書拿進去，卻連這件事政府都不肯做？當時我們明明看到大會堂裡頭高級轎車一輛一輛進去，各級領導人都在裡頭，但就是沒有人出來，沒人肯出來見學生，沒人出來收這個請願書，以至於學生被迫用下跪這樣的方式來請願……當下整個廣場的情緒瞬間沸騰。

當然，話說回來，很多人對下跪這事一直有意見，縱使時間過了10年、20年，甚至30年，仍有非常非常多的「諸葛亮」們，或者「正義之士」、「聰明人」們，說學生的這個動作是不對的，不應該下跪，這反映了中國人的奴性什麼的。如果當時是我在現場，我肯定是不會下跪的，也不贊成用下跪這樣的方式，因為我覺得下跪太像中國封建社會時期向皇帝請命。

但我覺得有兩點我們必須清醒地意識到：我們回顧一個歷史事件，

還是得將自己放在當時那個情境下,事後放這種馬後炮真的很沒意思。郭海鋒是個性情中人,他在那裏等了那麼久,在饑寒交迫的那種情緒景況下,是事後諸葛和這些「睿智」的人們坐在屋裏端著杯、喝著茶的冷靜評論完全不可比擬的。如果你在現場,我可以肯定,你也一定也會因非常憤怒而情緒激動,在這種情況下甚至做出一些激憤的舉動——例如下跪。

後來也聽周勇軍說,他們不是真的要向政府下跪求情,只是要用一個更激烈的動作來表達他們內心的憤怒,做什麼激烈的動作呢?當時連火柴都沒有帶的他們也不可能自焚,所以在情緒激動下他們選擇了下跪這樣的方式。我覺得以當時學生的心情在那個環境下,加上那時學生也還沒跟政府徹底撕破臉,覺得我們還是在向一個走向改革、推行改革的政府請願,在這種情況下,選擇下跪的方式,從歷史評價看來,沒必要那麼苛責。

如果人不在現場,就無法體會當時的那種情緒。當然,我還是要反過來說,如果是我,我個人是不會下跪的。這是個人選擇,他們3個人選擇了這樣做,我覺得至少達到了一個效果——他們的下跪成功使原本情緒緊繃的學生瞬間激動了起來,包括我在內;我們一激動,便都站了起來,尤其是隊伍前排的人一站起來,整個群體就顯得有點往人民大會堂台階的方面逼近。

這時間已到了中午,追悼活動已經結束,胡耀邦的靈車已離開人民大會堂,向八寶山行進。當時還有學生提議要不要分一支部隊衝出去攔靈車,攔下靈車告御狀;但這個提議馬上就被否決了,學生還是相當理性的,不願意做這些事情。在這種情況下,學生仍想遞交請願書,便有學生站起來,希望步上台階,幫助周勇軍他們3人前去遞交請願書。

然而這時,原本坐著的那十幾排大規模的武警,黑壓壓的也全站了起來,而且直接就從台階上衝了下來,很多武警用腳踢、用手推,甚至有人用皮帶抽打學生,跟學生發生了一次肢體衝突,這大概發生在4月

第一階段：悼念胡耀邦（4月15日—4月22日）

22號中午的廣場。一整片學生衝上前後，武警便衝了過來，把學生給壓制回來，才來回這麼衝撞了幾步，很多女同學瞬間被擠倒在地、放聲大哭，整個場面不僅混亂，還非常悲壯。

很多人，包括男同學都在流眼淚，說：「為什麼我們學生一片熱忱，提出七點要求，我們等了這麼久，從凌晨等了整整12個小時，你大會堂內就沒有一個官員出來，把學生的請願書接進去？」我記得當時是《新觀察》雜誌主編的戈揚老太太也參加了追悼會，她不顧一切地從人民大會堂衝出來，也跪下來抱住學生代表，抱頭痛哭。

當時在我身旁的國政系陳育國老師，後來也遭受到很多迫害。陳育國老師非常憤怒，我印象很深，他跟我講：「在這之前，我都只是準備盡老師的責任，我來現場是不希望我的學生出事，打算來安撫學生的。」結果連他都忍不住開始罵道：「他媽的，看到武警動手毆打我的學生，從今天開始我不再是老師了，我加入你們，今天我成為你們抗議者的一員。」我覺得陳育國老師的這段話非常有代表性。大概在2點左右時，學生開始慢慢撤出廣場，各回各的學校。

但在撤出之前，各校代表集會決定，因為從胡耀邦去世至今，我們提出七條訴求，接著靜坐，然後遊行，再到這次四‧二二參加追悼會請願被拒，長達7天的時間，學生的情緒最終被激憤了。當時，整個廣場全是一片「李鵬出來！」的吶喊聲，現場幾萬人一起高呼：「李鵬出來！」我相信李鵬在裡面一定聽得見，我們也看見人民大會堂頂樓有很多人正拿著望遠鏡在觀望廣場上的情況，相信一定會有人把情況告訴李鵬。

學生對李鵬的反感和對立，就是從這個時候開始的，尤其是原本我們聽說李鵬答應要出來，後來卻又反悔，就更為生氣。第一是跟李鵬的這種對立，要求當時的國務院總理李鵬出來負責。第二是各校代表決定通電全國罷課，為了讓學生的訴求能夠被政府進一步聽見，我們決定把整個學生運動從北京擴大到全國。所以在撤離天安門廣場時，各校學生

代表相互約定,回去之後,分別從各校出發到附近的郵局,發電報到全國各高校的同學那裡,號召全國開始罷課。

所以4萬人隊伍就在高呼「李鵬出來!李鵬出來!」、「通電全國,全國罷課」的口號聲中,有秩序地撤離了廣場。這是當時四‧二二活動的情況。這就是當時的圖片,4萬大學生在天安門廣場參加胡耀邦追悼會,當時寫的口號是「嚴懲貪官污吏」,打出了這些口號,學生密麻麻,男生在第一排,胳膊挽著胳膊,再往前就是人民大會堂臺階,這是當時的狀況。

4月22號除了這個活動之外,因為學生運動已經進行了一個星期,有關更深層次的推進中國民主化,如何推進學運的討論已經出現。我在這裡特別介紹一下當時很有名的一篇大字報,叫作〈學運走向何方〉,很長的一篇大字報,到現在我都不知道作者是誰,雖然我隱隱約約可以猜到,但沒有證據,不能說作者是誰。

這是非常有水準的一篇大字報,這個大字報在整個北京高校四‧二二當天就到處流傳,篇幅相當的長,重點是向知識分子提出了很多要求。比如文中認為:「知識分子應認識並克服過去的軟弱渙散和自私,知識分子尤其是那些平時高喊民主自由和人權的知名人士、學者、教師,不應停留在內心支持學生運動的層次,應該認識到這次學生運動對整個知識界所具備的意義。」

大字報的作者建議廣大的知識分子應用自己的行動站出來。也提到了知識分子必須看到自以為中立的不行動旁觀態度之危害,應成立知識分子自己的組織等等。這是一篇反思知識分子該怎麼做的長文,我覺得其中提到的一些觀點,就算是放在今日都是很值得思考的。知識分子不能只停留在高喊口號,要用行動才能改變中國的現實。

這個時候北京大學等各個大學高校裡,大家可以看到當時的一些照片所反映的情況,各種各樣的大字報貼滿了各個校園,討論也非常熱

第一階段：悼念胡耀邦（4月15日—4月22日）

烈。我回到北大的校園已經快傍晚了，我們下午2點多才離開天安門廣場，回到學校時已是晚上5點多。當時我做了什麼，已經記不太清楚，但是4月22號晚上，高自聯的籌備工作已在緊鑼密鼓地進行。我原來講過，劉剛已推動了一批人開始討論，這一次四·二二遊行，我覺得很重要的一個意義就是，正好給各個高校的學生代表提供了一次聚在一起討論的機會，對於推動高自聯的成立起到了很大的助力作用，讓我們有機會跟幾十個學校的代表坐在一起討論，高自聯越來越成形了。

這大概就是4月22號的情況，4月23號的情況我們明天再向大家介紹。

第二階段、請願

四月二十三日

　　大家好,在這裡我繼續向大家逐日介紹1989年六四期間發生的事情。我所說的建立在我個人的見證以及我收集的一些歷史資料的基礎上,儘量向大家還原當時的歷史事實。

　　現在介紹到1989年的4月23號。我昨天講過,4月22號,4萬學生同步參加追悼會,要求跟李鵬對話未果,遂決定通電全國罷課,學生回到校園。那時我也沒時間記日記,因此早已忘了我個人做過哪些事情,事情過去那麼久,很多都忘記了。23號這一天發生了很多事。我過去講過,我自己在講89的時候,把它分成幾個不同的階段,第一個階段是從4月15日胡耀邦逝世到4月22號胡耀邦追悼會,這7天我們稱為第一個階段,這個階段的主題是悼念胡耀邦,不管是遊行示威等訴求,基本上集中在悼念胡耀邦。

　　但是四‧二二學生下跪請願,政府仍然冷血拒絕,這使得學生決定,即使悼胡結束,運動還要繼續發展,繼續爭取跟政府對話,向政府提出政治訴求。所以從4月23日開始,運動便進入到第二個階段,我們可以稱之為請願階段,這個請願有很多方式。在這個階段,學生的自治組織也開始紛紛地成立,比如4月23號這一天,在人民大學有1000多學生集會,宣布成立了學生自治委員會。

　　同一天,清華大學3000多人集會,成立了學生和平請願委員會(如果我說的不對,請恒青他們指正)。清華挺有意思,他們第一次成立自治會,跟我們北大不一樣,北大都是每個人上臺發言,而清華甚至有一些上臺發言的同學還是蒙著面的。清華大學當時比較謹慎,然而即使在這種情況下,清華還是成立了學生和平請願委員會,實際上跟北大自治

委員會是一樣的。此外在北京化工學院、民族學院、北科大、理工大學、北師大、郵電學院、北京農業大學、北方交通大學、北京機械工業管理學院和另外 10 所學校，學生仍繼續在校內舉行遊行示威。

我這邊有張忘了是哪所學校的圖片，拍攝的是在校內的遊行，當時校內的遊行非常多，主要是動員學生的意思。這個校內遊行應該是外國語學院，上面有紅旗，正是在呼籲校內的同學罷課，因為 22 號喊出來全國罷課嘛！所以在這一天，包括北京科技大學等學校都已經罷課。北大早就已經罷課了。

就在這一天，北大的一批青年教師發表連署，宣布教師罷教，高校不僅罷課，還進一步罷教。在清華、北大和人大三個學校，學生佔領了學校廣播室後，說是佔領，其實就是接收下來了，我們後來在三角地附近成立了一個廣播室，每天開始通過廣播向大家報導全國學運的發展狀況。有很多人上來講話，包括陳明遠等一些知名人士。北大廣播站很有名，人大廣播站也很有名，我記得人大廣播站是建在校門口。人大是個交通要道，很多市民、行人都停下來聽他們的報告。各校的廣播站也在 23 號這一天成立了。

這一天還發生了一件有意思的事，就是《科技日報》報導被查禁。我一直強調，八九年學生民主運動這件事有兩個層面，一個是民間學生自下到上的層面，一個是中共黨內自上而下權力鬥爭的層面。在第二層面，我昨天有講，《科技日報》第一次衝破禁區，正面報導了學生悼念胡耀邦的行動，結果 4 月 22 號的報導刊出來之後，4 月 23 號當天的《科技日報》那一期就被查禁，後來是《科技日報》的記者偷偷跑到印刷廠將內容變成單張印出來，到處去散發，可是報紙的發行那天仍被查禁，總編輯林自新被迫辭職。

從這點就可以知道黨內的這個鬥爭一方面是正面報導學生，另一方面是打壓。另外，在中國人民大學有一個人民大學博士生宣言，這個宣言在八九民主運動中很有名。是人民大學 7、8 位博士生所發表的一個

第二階段：請願

宣言，這個宣言提出了進一步的訴求：

第一、完全支持北京高校學生提出的七條建議，堅決支持學生及社會各界人士愛國民主運動。

第二、即日起，人民大學博士生全體罷課。

第三、集體領導集體決策造成的失誤（這是李鵬說的話），應以集體辭職來表示集體負責的誠意（這是要求李鵬辭職）。

第四、強烈要求75歲以上的黨政軍領導全部辭職。

第五、反對暴力，保護人權，軍隊不應該參加和干預國家事務。

第六、中國共產黨活動經費不得由國庫負擔。

第七、解除報禁，新聞自由，允許民辦報刊、電臺和電視臺。

第八、由社會各界人士成立廉政委員會，清查黨內領導層中腐敗現象，立案審查高幹子女、親屬的非法經商活動，並將結果公布於眾。

民主萬歲！

北京人民大學的博士生

有些人或許聽說過江棋生老師，雖然他現在年紀已經大了，但當時他就是博士生之一，好像是江棋生也參與起草了這份宣言。這個宣言瞬間就在北京各高校流傳開來，因為提出了更尖銳的一些主張，包括李鵬辭職的問題、軍隊不要干預國家事務、共產黨經費不能由國庫負擔等等，整個學運的政治訴求進一步拉升。像這些訴求，都是在1989年，以非常強烈的聲音提出來。

23號晚上發生的事情，我沒有參加，但是也有件非常的關鍵的事

情,即北京21所高校的幾十名代表,在圓明園附近找了個地方開會,正式成立了北京市高校臨時委員會,當時叫北高聯,正式成立後叫高自聯——北京市高校聯合自治會,不管哪個稱呼,其實都是同一個組織,只是後來改成叫高自聯。

由於政法大學早在4月16號就給胡耀邦送了花圈,會議決定身為黨員的政法大學的學生會主席周勇軍成為高自聯的首任主席。這次會議我雖然沒有參加,北大好像也沒人出席,但會上還是提名了我代表北大擔任常委,北師大的常委是吾爾開希、電影學院的常委是夜大劇作班的學生馬少方;這些人後來都上了六四學運21人通緝令名單,當上常委的最後都被通緝,大概有7、8個常委,周勇軍為主席,正式成立了高自聯。

這天同時也發生了另一件事情,就是趙紫陽前往朝鮮訪問。關於這點我過去也講過,我認為這是趙紫陽決策上的一個重大失誤。他以為有人會批評他,說他離開是為了甩鍋推卸責任,不敢處理學生問題。但我覺得應該不是,我覺得趙紫陽就是太大意了,以為學生運動到此差不多就結束了,而且悼胡活動跟追悼會都已告終,學生也回到學校了。至於罷課,他覺得只要答應學生的一些要求就行。但是不管怎麼樣,在這種情況下,其實不光是趙紫陽,連我們這些學運的組織者也都覺得整個學運的高峰都過去了,因為高峰就是4萬學生佔領天安門廣場,參加胡耀邦的追悼會。

之後回到學校,就回復常態的校園民主運動,我們也以為運動就會這樣過去。我猜可能是在這樣的考量下,趙紫陽才會如期離開北京,前往北韓訪問,且一走就是好幾天。

當時身為總書記的趙紫陽那麼早就把代理總書記的職務委託給中共黨內排序第二位的李鵬,一下子給了李鵬很大的權力。這使李鵬和保守派掌握了極其重要的機會,讓他們攫取了如何處理學運的權力。我認為這是趙紫陽當時一個非常大的失誤,想必他事後應該也感到十分後悔。

第二階段：請願

我記得黨內包括李昌這些跟趙紫陽關係不錯的老人還曾經特別開會聯名託人轉告趙紫陽的政治祕書鮑彤，想讓鮑彤轉告趙紫陽，不建議紫陽同志在學運當下前往北朝鮮訪問，可惜趙紫陽並未接受。當然，這是一個歷史上可以討論的事情。

在同一天，北京市委積極主張壓制學生運動。當時的北京市委書記李錫銘，我都不知道他現在是否還活著。他召開了67所高校黨委書記和校長的聯席會議，要求各個學校的校領導拆穿謊言，穩定局勢。有的學校學生提出要與校方對話，李錫銘表示校方當然可以答應學生校內對話的要求，但不要到校園外頭來。另外，國家教委主任李鐵映、副主任何東昌和劉忠德都參加了會議，這些人的言論都是旗幟鮮明地要求壓制學運。

就整個中共高層看來，主張緩和處理以趙紫陽為首的勢力在關鍵時刻離開了北京，使得局勢倒向以北京市為首的強硬派，堅決主張壓制學運。

這大概就是23號發生的事情。當然，還有很多其他事情，比如北大籌委會也通電全國聯合罷課，這些電文我就不再贅述；北京大學也貼出了〈首都高校學生民主運動的真相〉一文等等。

我最後給大家介紹一部非常珍貴的歷史文獻──《八九中國民運資料冊》，這是當年即在海外印出的民運歷史記錄。當時其實出了很多很多這樣的文字。最近羅四鴒在哈佛找到上萬張照片跟好多的錄音帶等。這些資料我們是收集不完的，除了六四紀念館已收集了一些，未來我們還會繼續再大範圍的收集。

當時，在八九民運剛結束後，海外已經收集了很多紀錄。我想給大家介紹的這本書，我相信胡平他們都很熟悉，應該是他們印的。裡面收錄了很多珍貴的資料。包括六四當時很多的大字報，當然90%都充滿了義憤、理性的探討，也有很多相當具有藝術性，我給大家念一篇比較

具有藝術性的。凡經歷過八〇年代的人都知道,當時有一首毛阿敏唱的《奉獻》(台灣原唱人蘇芮),是當時大學裡很流行的一首歌曲,什麼「長空奉獻給遠方」、白雲什麼什麼奉獻給白鴿等等,歌非常的文青,但我是不會唱。4月23號這天,不知道是哪個大學貼出了一個大字報,改了《奉獻》這首歌的歌詞,大家可以想像一下,當時的那些大字報、橫幅都寫了些什麼內容,今天的中國哪還有人敢貼這樣的大字報?它變成了這樣,我給大家念一下:

欺騙奉獻給請願,棍棒奉獻給無辜。我拿什麼奉獻給你,我受辱的朋友?

白條奉獻給農民,鈔票奉獻給自己,我拿什麼奉獻給你,平民百姓?

危房奉獻給學校,皇冠奉獻給權勢,我拿什麼奉獻給你,不堪忍睹的教育?

民主受制於獨裁,暴力奉獻給政府,我拿鮮血奉獻給你,我大義凜然,浩然正氣,不畏強暴的摯友。

平庸無能奉獻給長命百歲,早逝奉獻給時代的精華,我憑什麼去興旺你,我的祖國。

彩電奉獻給官倒,法治奉獻給人治,這有什麼清明廉潔可言,我的同胞?

貪污受賄,奢侈腐化,奉獻給官僚,鞠躬盡瘁兩袖清風奉獻給人民。

我們拿什麼奉獻給你,耀邦,知識分子的知音,我們不停地問,不停地想,不停地找,我們的出路在哪裡?

非常有意思的是,這篇文字反映的情況,到現在六四35週年了,中國有改觀嗎?「危房奉獻給學校」,還記得汶川大地震?「皇冠奉獻

給權勢」，都說的是今天，相比 35 年前，今天的中國沒有任何的進步。當年的學生就是憤慨於這些情況，民主社會奉獻給獨裁了，暴力奉獻給政府了，危房奉獻給學校了，彩電奉獻給官倒了。當時的學生上街，當時的學運，就這種奉獻，雖然是有點反諷的改寫歌詞，但是真實的反映了當時廣大青年學生為什麼會義無反顧地走上街頭，因為他們想為中國爭取一個更好的未來。

這是 23 號的情況，24 號高自聯開始正式有所行動，全北京市的學運進入了一個新的階段，我們明天再向大家介紹。

四月二十四日

大家好，我繼續向大家介紹 1989 年發生的事情。

今天是 2024 年的 4 月 24 號，35 年前的今天，學運發展到什麼樣的程度呢？35 年前的 4 月 24 號，全國性的或者全北京市，那天的活動基本上是各個學校在修整階段。在這個階段學生第一就是堅持罷課，第二是校園內的各個自治組織紛紛成立，商討學運如何發展、進一步的對策。各學校不斷有大小字報，據統計，全國當時 60 多所高校大小字報猛增到了 2100 餘份，像什麼包括鋼院附中、人大附中、清華附中，海淀的 19 所中學在北京也都貼出了大字報。學運的範圍擴展得越來越大。我知道至少在北京很多中學，像北大附中，就積極地參與到運動中來了。

我特別能親眼見證的，是發生在我們北大的事情，這一天北大發生了一件大事。我們北大籌委會 19 號就成立了，當時成立的時候，我們說了沒經過選舉。當時我們的想法是，我們還是要嚴格按照民主的程序來做事情，你現在可以說我們學生的想法是天真或者幼稚；比如說，北大已有學生會，以前當主席的是肖建華、陸昊這些人。當時我們還是希

望通過一定的選舉程序,把原有的學生會給廢棄掉,然後北大籌委會能夠正式經由同學的認可變成合法的學生組織,這是北大籌委會當時的一個決議。

所以我們在4月24號上午大概10點多,在五四廣場(北大同學所稱的風雨操場)召開了全校師生大會;說是全校師生大會,但是當然不可能全校都來,不過我們儘量動員。我記得整個五四廣場上人坐得密密麻麻,我覺得有5、6千名學生,這樣當然有一定的代表性,至少是好幾千名學生在五四廣場開會。這個會議是由北大籌委會主持,我也在臺上,包括籌委會的一些重要成員:熊焱、丁小平、楊濤、封從德,我們這些原來北大籌委會的人都在。會議上,我們首先有一段精神動員講話,我還記得我上臺講話,是因為當時我跟方勵之、許良英這些知識分子有一定聯繫,在整個運動發展到24號之前,我都持續跟他們電話溝通、轉達學生運動的狀況。

所以我在大會上向大家說:「許良英先生在電話裡表示,這是一次非常偉大的愛國民主運動,其意義應該說是超越當年的五四運動。」這樣說,主要是給同學們鼓勁。另外,當時學生裡也紛紛開始有一些恐慌性傳言,說中共已經開始調動軍隊,準備進入北京進行軍管。針對這個情況,我引用老子的話:「民不畏死,奈何以死懼之?」這個我印象很深,由於底下密密麻麻全是人群,我們分別逐一站上一個很高的檯子上發言;我的意思是說,只要我們有這個勇氣,不管政府用什麼樣的方式鎮壓,我們還是應該堅持我們的理念。

這次大會主要是請在場近萬的北大師生,通過舉手表決的方式認可北大籌委會的合法性,這個目的當然是達到了。最後我們宣布的時候,在場的人目測無一例外,全都舉手通過。(當然沒有一人一票那麼細緻地精算,在當時根本就做不到。)藉由這種舉手通過的方式,在某種程度上其實已經認可了北大籌委會的合法性。既然選舉結果如此,我們便宣布從今日開始,原北大學生會和研究生會的職權廢止,未來北大的學

第二階段：請願

生事務將由北大籌委會接管，繼續行使相關的職權。後來，我們還進行過一系列換屆選舉的嘗試，這個以後還會講到。

曾經發生過有一個小插曲，是關於學運內部的一次爭執。所有學生運動一開始，都會有一些爭執，學生運動當然也是會有一些混亂的成分在裡頭。我們這次4月24日的五四廣場大會，當時出席的人有丁小平。我不知道國內有沒有人見過丁小平，他到六四以後的一段時間都還非常活躍，在國內開了很多課，是很狂妄的一個人，他甚至說自己可以教一、兩百門課等等……那是後話。由於他在這個會議上的所作所為和言行過於狂妄，籌委會的大部分成員都認為他已不適合再擔任召集人，（4月19號晚北大籌委會剛成立時，丁是召集人。）所以我們決定罷免丁小平，更換負責人；後來換的是誰我也忘了，我們換掉了北大籌委會的負責人；但無論如何，至少未來的領導者還是要經過各系的學生代表共同選舉產生。

因此，當晚籌委會原本沒打算讓丁小平上臺發言，但丁小平不顧別人的勸阻，仍堅持爬上講臺說了一番話。我根本忘了他些講什麼，反正他心裡不服，遂說了一些讓外人看了覺得籌委會內部不團結的話。這時也是個火爆脾氣、不聽勸的熊焱衝上了臺。我還拉住他，說犯不著公開在臺上吵……後來熊焱大概是指責了丁小平一番，讓台下的學生譁然。因為事實擺在大家面前，籌委會成員在臺上組織活動，內部意見卻沒能統一，還當著這麼多學生的面公開表達出來；當下很多學生對我們表示相當失望。

那天我記得還有不少老師前來參加，其中有一位叫陳明遠。現在記得他的人不多了，陳在文革末期相當有名，他是個清華大學還是哪個大學的大才子。文革的時候，他擅長模仿毛澤東的詩詞在全國流傳，語調特別像毛澤東，任誰都看不出來。郭沫若很欣賞陳明遠老師這個大才子，一直到晚年都還跟他保持聯繫，所以他在北京文化圈算小有名氣，在我們學生裡頭也有很多人知道他。

我還記得當時陳明遠非常著急，事後特別跑來找我、找丁小平、找我們北大籌委會的人說：「北大籌委會不能內訌，學生都在看著你們。」當天晚上，陳明遠還在北大廣播站作了一個特別感人的演講，他提起當年國民黨統治時期共產黨搞的學生運動，那時候進步派的教授聞一多被國民黨暗殺。他說聞一多死的時候好像是47歲，他說：「我今年46歲，我知道在場的有共產黨的特務，如果你們真的想暗殺我，就衝著我來吧！我叫陳明遠，我就站在這裡。」

　　這番話一講，很多學生當下受到鼓舞，非常感動。下午發生的那些不愉快的事情，很快便拋諸腦後了。因為下午的會議搞得人心惶惶，讓陳明遠出來做安撫性的演說，令全場動容，那是晚上的事。後來陳明遠也積極參與了學生運動，幾乎每天都往各個學校的自治組織跑，提供他的意見和建議。後來6月4日鎮壓以後，陳明遠被關進秦城監獄，那都是後話了。這是24日的事。

　　但不管怎麼樣，24日北大籌委會通過舉手表決的方式，等於正式宣布建立了學生自己的組織。雖然北大籌委會是19日宣布成立，但那是臨時的發布，這次是更大範圍的學生表決結果。我覺得我們講述這段歷史，不光是我個人的見證，我還是給大家看一些或聽一些當時的第一手資料，來加深讓大家對當時學生的訴求，以及學生是怎麼提出意見有更多了解。

　　北大籌委會24日這天發布了一份〈告全國高校同學書〉，我記得這個宣告書後來還在記者會上念過：

〈告全國高校同學書〉

　　耀邦憾逝，全國人民悲痛萬分，北京高校數十萬大學生順應民意，在沉痛悼念胡公之時，向中共中央人大常委會、國務院提出了七條建議，要求公正評價耀邦同志的是非功過，要求實現憲法賦予我們的民主權利，推進中國的民主進程，以便全國人民共渡難關，共圖改革大業。

第二階段：請願

但是，令人失望的是，自4月15日以來，各高校的遊行請願活動一浪高過一浪，可是政府對學生的建設性要求置之不理，並且利用手中的宣傳工具，對學生運動進行歪曲報導、造謠污衊，並出動大批軍警壓制學生的正義行動。

20日凌晨4時許，數千名軍警對新華門、長安街上手無寸鐵的大學生用皮帶、拳頭、皮鞋進行毆打，使許多同學受傷，造成了震驚中外的四二○新華門慘案。事後，政府竟不顧天理良心，反誣陷愛國學生是一小撮別有用心的人，這不能不讓人回想起13年前的天安門事件。

歷史是前進了還是倒退了呢？人民已經覺醒，封建的時代已經過去了。4月21日，首都高校十萬多名大學生舉行了大規模的示威遊行，反對暴力、抗議血腥鎮壓、爭取民主自由、反對專制腐化，沿途群眾人山人海，奔走聲援。22日凌晨，十萬大學生秩序井然，靜坐天安門廣場，以沉痛的心情參加了耀邦同志的追悼會儀式。同學等待著看耀邦最後一眼，可沒想到靈車竟從西門不辭而別。

悲痛、失望、憤怒，在這忍無可忍的情況下，三名學生代表高舉七條，面對莊嚴的國徽，長跪在大會堂前台階上達45分鐘之久。十一億人的共和國政府，竟沒有一位官員出來，圍觀群眾無不心痛，英靈被玷污了，民心被挫傷了，國格被踐踏了。目睹這悲壯一幕的人，誰能不發出心底的疑問：

「我們有自己的政府嗎？」

中華民族到了最關鍵的時刻，到了我們用良知、理性與血肉去譜寫新歷史的時刻。全國的青年同學，因擔自己民族的興旺，請響應我們的倡議。

一、成立全國團結學聯籌委會，使這次運動有組織、有秩序、有理有節地持續下去。

063

二、號召全國高校實行無限期罷課，不達目的，絕無罷休。

北大籌委會

1989 年 4 月 24 日

　　北大籌委會的這個宣告書散發的範圍相當廣，這時北高聯在醞釀成立，討論如何推動學運。當時北高聯決議，要求各個學校抽調三百多名同學南下，到各個高校去宣傳，帶的一個主要文件就是北大籌委會的這份〈告全國高校同學書〉。我們的主要訴求有兩點：第一、成立全國團結學聯，發動全國性的學潮，推動中國民主改革；第二、號召全國高校實行無限期罷課，給政府施加壓力。這是 4 月 24 日北高聯向全國高校發出的倡議。

　　我給大家看幾張 4 月 24 日的照片，這是北師大。北師大架起了廣播站，廣播喇叭挺簡陋，就架在樹與樹之間，廣播站是連續工作的，除非深夜睡覺，否則是 24 小時廣播，不斷地念各種的聲援、悼文、宣言、討論；也有人上去發言，各個學校都有，北大當然早就有了。

　　你看這裡，這是師大的學生騎著車或抱著胳膊在這聆聽，這是師大的情況。同一天，同樣是北師大，北師大數學系的學生在校內遊行，遊行的主要訴求是呼籲同學都出來罷課，這是北師大的情況。

　　另外一張照片，有人舉著紅旗在前面走……那時代的大學生，一個個都戴著大眼鏡，我現在也不知道為什麼那時流行大眼鏡，連前中央總書記趙紫陽都戴著一個大號眼鏡，我也戴著一個大眼鏡，都差不多，你看都這麼一個大眼鏡……

　　然後這個是政法大學，政法大學的學生在他們的主教學樓前，我想不管是陳小平、浦志強、吳仁華，都應該還記得這個畫面，在主教學樓

前面,同學們掛出了很多橫幅,上面寫著各種口號,比如這個寫著「痛定思痛,校學生會敬悼」,這是學校學生會提出來的「痛定思痛」,這是北師大的情況。

再看這個照片,我們講4月24號北大的集會就是這個畫面,我們占領了五四廣場,學生密密麻麻,我說有幾千到幾萬人也不是誇張。那麼學生在北大籌委會的號召下過來,用集體表決的方式承認了北大籌委會的合法地位,廢止了原學生會,學生在那裡鼓掌表示同意,舉手鼓掌表示對北大籌委會的承認。

這張照片是在北大著名的三角地,貼出了各種各樣的大字報,學生貼出大字報:「Give me liberty or give me death.」、「不自由,毋寧死。」可以看到三角地的布告欄上也貼滿了大字報。這就是4月24號左右各個高校的氣氛。

與此同時,政府也在醞釀相關的應對措施,雙方緊鑼密鼓的都在準備相互對抗。4月24號局勢開始有了新的變化,25號的情況,我們明天再向大家介紹。

四月二十五日

大家好,歡迎大家跟我一起回顧35年前,1989年中國發生的大規模民主運動和後來的中共「六四」血腥鎮壓的情況。我作為一個見證人,從我個人的見證以及歷史資料出發,向大家對這一歷史事件作逐日介紹。

現在時間來到了4月25號。1989年4月25號這一天,整個局勢發生了一個影響深遠的變化——趙紫陽這時候已經離開了中國去北韓訪問,他臨走的時候,總書記的職權由第二號人物國務院總理李鵬代行,這是按照黨內規矩,倒沒什麼特別奇怪的。

但是,李鵬等保守派抓住了這次機會,開始把對整個運動的定性,向符合他們利益的方向扭轉。我一直認為,吳國光也這麼講過,整個八九這件事,從另一個角度來看,其實就是一場政變。這場政變從4月25號就已經醞釀並開始了。

4月25號這天上午,李鵬、楊尚昆等人,帶著北京市委陳希同、李錫銘等人到了鄧小平家裡,跟鄧小平做了一番添油加醋的匯報:「現在有一小撮黑手在背後策動,他們的目標正是對準共產黨的制度,而且對準你老爺子,他們的目標就是要打倒你鄧小平……」對鄧小平講了一大番這樣的話。陳希同、李錫銘在作匯報的時候尤其強調這點,說這是一次反革命行動,目標就是打倒鄧小平。鄧小平聽了自然非常惱火生氣;趁著李鵬和楊尚昆也在場,他遂正式作出表態。原本將學運事務交由趙紫陽處理的鄧小平,在聽了李鵬和楊尚昆的匯報後,發表了一番後來變成四・二六社論的談話。

根據當時在《新華社》工作的張萬舒所做的記錄,《新華社》內部下午召開了各部的部主任會議,傳達了鄧小平的講話,正是上午李鵬和楊尚昆代表政治局常委去找鄧小平,添油加醋、歪曲事實的說學生是動亂等等,講了一大篇之後,鄧小平在刺激之下所發表的一篇言論。這整個經過都記錄在張萬舒《歷史的大爆炸——六四事件全景實錄》一書中。由於他當時在新華社任職,所以能接觸到一些內部文件。

他表示鄧小平此番談話的大意是:

「第一、胡耀邦的追悼會規格已經夠高的了,人死了,評價可以給得高一些,但他是有錯誤的。要不是反資產階級自由化時他表現得軟弱退讓,十幾天就被反掉了,否則今天就不會出現現在這個樣子,還是那些人在支持他。他的經濟思想也不行,提倡兩位數,那通貨膨脹就更屬害了。對『兩個凡是』他是反對的,但他同時又保護華國鋒。有人提出他是偉大的馬克思主義者,我看還不夠格,我也不夠格,我連《資本論》也沒讀完,我死了也不要這樣提。」

第二階段：請願

鄧小平講話的第一個要點是說悼胡的規格高了，沒必要。

第二個重點是同意北京市委和常委的意見：「這次學潮是全國性的，不可低估，可能受到了波蘭和匈牙利的影響。」然而，當時我們根本不知道波蘭和匈牙利在幹什麼。註1

「學生將矛頭集中對準四項基本原則，利用憲法同我們鬥，打著民主的旗號破壞民主法治，其目的是搞亂人心、搞亂全國，搞一場動亂，這是一場有計劃的陰謀，其實質是要推翻共產黨的領導，從根本上否定社會主義制度，是一場嚴重的政治鬥爭。對此我們絕不能姑息縱容，聽之任之，要很快的果斷處理，否則就會出現全國的動亂局面，天無寧日，國無寧日。一個很有希望，很有前途的中國，將變成一個動亂不安、沒有前途的中國。」

鄧的這個講話，定性就非常重了，這跟之前趙紫陽還在中國時，喬石主持應對學潮的那個性質已經完全變了。那個時候的學生沒進駐天安門廣場，也沒有在新華門前，學生都暫時回到了校園。我昨天就講過，按理說，當校園內開始成立自治組織討論中國民主改革方向的情況下，以我們過去看整個八〇年代學潮的經驗，其實學潮的熱度已經開始在降溫，學生的熱情可能再過幾天就會慢慢的降下去了。當時，身為組織者的我們其實都挺著急的⋯⋯

但就在這樣的情況下，鄧小平因北京市委的慫恿作出了性質如此嚴重的判斷，認為學生此舉是一場動亂，目的是要推翻共產黨的領導。儘管現在很多「有智慧的聰明人」批評我們當時對共產黨抱有幻想，何不以推翻共產黨為目標？連我們那樣的做法都被批評是幼稚、認不清共產黨⋯⋯然而，在鄧小平的眼裡，我們的作法就是想推翻共產黨的領導，認為我們打算從根本上否定社會主義制度，故稱學運為嚴重的政治鬥爭；這樣的定調就是引發後來軍管、戒嚴、殺人的一個前兆——我相信這個定性是趙紫陽完全不會同意的，因此也埋下了後來趙紫陽不願意執

註1. 1989年東歐社會主義國家的共黨垮台，又被稱為「東歐民主化」。

行這個殘酷決議的伏筆。

鄧小平還說,現在學潮的性質變了,要動員全黨全國人民起來,以鮮明的旗幟反對動亂。他說:「工人是好的,但也有不穩定因素;農民是穩定的,還有300萬軍隊,而他們只有幾十萬人……」這指出我們學生只有幾十萬人,而他們有300萬軍隊——這時的鄧小平內心已準備要動用軍隊了。

鄧小平說:「我們平時不大講人民民主專政,但在關鍵時刻還是要講,當然得爭取大多數人的權益,要盡量避免流血,但也不是沒有這種可能性。」這時的鄧小平已經準備殺人流血了。

鄧說:「民眾成立任何組織都是非法的,要解散、取締;對於遊行示威則按照北京市的十條處理,要禁止有心人到工廠、農村串聯,特別是中學不能亂,那個時候中學生已經出來了。」

鄧小平的這番談話其實是非常惡毒的,也奠定了四・二六社論的基礎。當然,更惡毒的是李鵬這批人,是他們謊報軍情給鄧小平,才使鄧小平作出了這番談話。有了鄧的這番言論,那就是道聖旨,因此才有了後來的四・二六社論。25日當下李鵬拿了鄧小平的這番話,回去馬上命北京市委宣傳部起草第二天的社論——這就是後來的四・二六社論。

後人對六四天安門事件有很多的評論,說什麼是學生的行動把政府給逼到了牆角,使政府不能不開槍……然而,歷史就擺在眼前,這是《新華社》當時內部文件所傳達的記錄:早在1989年的4月25號,鄧小平、李鵬、楊尚昆、陳希同這批人在開會時就已經認定學生運動的性質,根本不顧學生的愛國、民主訴求,認定學生是要顛覆社會主義制度、推翻共產黨領導,甚至就是想推翻鄧小平;並且鄧當下已經表示「不是沒有流血的可能性」,也諭示了局勢的演變可能是要流血的。

如果這時說有誰要逼政府了?根本完全沒有。學生完全是出於愛國心悼念胡耀邦的逝世。然而從鄧4月25日的言論已能看出政府早內

第二階段:請願

定準備開槍,事實歷歷在目,如果還有人說是學生的行動把政府逼到開槍,那完全是罔顧事實。當然,如果這些人出於對事實的不了解而產生誤判,我可以理解。所以,我把事實擺在這裡,這些都是查得到原始文件的真實歷史——早在4月25號,政府就已經認定了學生運動的性質是反革命活動,並準備以軍事鎮壓——這就是我所要強調的重點。

那麼接下來我們看學生的動態。4月25號晚上,北高聯——也就是北京高校自治聯合會,後來稱為高自聯、高校學生自治聯合會——已經成立了。4月25號晚上,北高聯在政法大學召開了第一次的各校代表大會,這次我參加了,這可說是北高聯第一次半公開的正式會議。因為北高聯的第一屆主席是政法大學的周勇軍,他也是政法大學的學生會主席,所以北高聯的第一次會議就在政法大學召開。我作為北大代表,也是北高聯的常委。

北高聯常委有幾個席次是保留給各大高校的代表,我也經由參加了這次會議而認識了很多的新朋友,包括王超華、馬少方等等。少方是代表八大藝術院校的,超華代表社科院,她還帶了兩個同學來。在這次會議上,各校代表討論的主題是——整個北京市學運下一步的發展方向。所有代表坐滿了一個階梯教室,大概有幾十個學校的代表都出席了這次會議。

在這之前,北高聯的成員、常委們曾召開一個內部會議。我記得開希是北師大的常委代表,當時開希說,他聽到有高級知識分子告知(他沒說是誰),政府的態度是非常強硬的,我們要有思想準備等等。但那時我們還不知道,當天上午中央內部趁著趙紫陽不在時,已對學生運動作了定性,所以我們還是召開了這個大會,討論下一步各個學校的協調等等。

如果我沒記錯,這個會議大概開到晚上7點左右時就突然有同學進來通報:「請大家暫停一下,現在中央人民廣播電台有一個重要廣播。」在八〇年代當時,《人民日報》的社論往往會在前一晚的中央人民廣播

069

電台就預先播出，因為第二天的社論實際上當天晚上就印了。那個同學把收音機拿進了會議，全場鴉雀無聲。中央人民廣播電台隨即播出了四・二六社論。關於那個臭名昭彰的四・二六社論內容，我明天再給大家講解。當然，社論的內容跟前文我講鄧小平的談話內容基本上是一致的，即認定學生運動為的是要推翻社會制度、推翻共產黨領導、要推翻鄧小平，是個反革命動亂，要堅決打擊。

當下各個學校的學生代表聽到這個社論，真的是當場傻眼。所有的學生百分之一百都是出於愛國熱忱，希望能推動國家的民主進程。但中央人民廣播電台卻突然發布這樣一個社論，說我們學生是反革命分子，是動亂，說什麼我們要把中國搞得國無寧日⋯⋯

我過去經常講：「天下是我們的天下，國家是我們的國家，我們才是國家未來的主人。」我們會把自己的國家搞亂嗎？各個學校代表聽完廣播都非常憤怒。廣播結束後，現場至少有一分鐘沒人講話，卻聽見一片咯吱咯吱的聲音──我開玩笑說還以為鬧老鼠，但沒有！──這是很多人咬牙切齒的聲音，全場學生代表瞬間極為憤怒！

就這樣，本來一個討論下一步運動方向的第一次全體常會，於是立刻決定，為因應四・二六社論，北高聯將組織全北京市的大遊行，以抗議這個社論！你不是說我們是動亂嗎？我們堅決反對政府的這種定性。所謂的四・二七大遊行，就是在這次會議上定下來的。4月25號晚上，我們緊急決定：現在其他方向都不用討論了，既然有了這個社論，我們的回應便是4月27號舉行全市大遊行，由各校的學生代表返校動員。這是4月25號在政法大學召開的北高聯會議的大概情況。

我跟超華、少方他們在這場會議上認識，各校代表在會後也都返校去了。

這天發生的事情較多，所以說的時間較長一點；我們再倒回去講。

前一天的下午，4月24日在北大風雨操場召開的第一屆北大籌委

第二階段：請願

會，發生了一些內部爭執，就是罷免召集人丁小平的那次，熊焱也上台講了話，後來熊焱在陳明遠的批評下也作出了檢討；所以，在這種情況下，我們決定公開舉辦北大籌委會的改組。

當時我們的改組方式，是請各系指派兩名代表參加改組，還請了印紅標老師等幾位青年教師擔任監票人。地點我忘了是哪棟樓，各系代表坐滿了那個空間較大的階梯教室，由願意加入北大籌委會的人站出來發表競選宣言。我也上台去了，以上一屆北大籌委會成員的身分，發表了競選宣言。大意是自己願意領導北大的學運，以及我們會怎麼做，請大家將票投給我等等，然後由各系學生代表投票表決；完全是民主形式。

在這次會議上，北大籌委會作了改組，改選出新的成員。新成員的名單我相信大家一定都覺得有意思，因為新名單中有一個大家都熟悉的人，那就是孔慶東。由於新成員都是經由上台演講，以競選的方式選出來的，其中又以孔慶東得到的票數最高。

孔慶東是北大現任的中文系教授，很多人都對他有興趣。孔慶東在中國也非常有名，但誰能想到，他當年竟是北大籌委會成員？六四事件後他是否遭受任何處置，成了歷史之謎……他跳得那麼高，而且以最高票當選了第二屆北大自治會的籌委會成員。

第二個是王池英，好像是學英語的，這個人後來也找不到了，近年也沒了聯繫。第三個就是封從德，第四個是我，第五個是生物系的沈彤，後來也跑出了中國。後來，組成新一屆北大籌委會的孔慶東、王池英、封從德、沈彤與我五個人，還成立了北京高校學生與中共官方對話的對話代表團。這是 25 號下午的事情。

我們的北大新籌委會發表了聲明，說我們將行使學生運動的決策權，並同時接受高校臨時學聯的領導。這裏所說的高校臨時學聯，指的就是北高聯。這是在北大發生的事情。孔慶東在這短暫的一屆中，是北大籌委會的負責人之一。我們五個負責人，其中三個是大家比較熟悉的

071

本科生：封從德、我、沈彤，另外兩個都是碩士生，就是孔慶東和王池英。

這是 4 月 25 日的大致狀況，一方面是中共內部發動了一場不流血政變，把整個學生運動的性質和策略都給改變了，選擇完全跟學生對立，不但說學生是叛亂、動亂，還決定要予以鎮壓。另一方面，北大籌委會進行了重新改組，通過民主選舉、發表競選宣言的投票程序下，由年輕老師監票，選出了新任的北大籌委會。第三個重點，就是北高聯晚上舉行會議時，原本的討論議程被社論廣播所打斷，全員遂作出臨時決定——將於 4 月 27 日發動全市最大規模的遊行。

至於從 4 月 26 號開始進行的全北京市動員，我們在明天 4 月 26 號再向大家介紹。

四月二十六日

大家好，我們來繼續聊聊 1989 年發生的事情，讓大家瞭解一些事件的發生經過。現在時間已經來到了 4 月 26 號。

我昨天講過，在 4 月 25 號晚上，北高聯召開會議，我們第一次聽到了所謂的四・二六社論廣播。當下大家都感到非常憤怒，便臨時決定，4 月 27 日要組織全市大遊行。我認為四・二六社論可說是整個八九民運和六四鎮壓這個事件過程中最重要的一份文件。這份文件非常詭異，包括了吳稼祥、吳國光等當時在體制內的人事後認定，這社論背後可說是發動了一次宮廷政變，是中共黨內的一次政變，這篇四・二六社論就是一個佐證。

為什麼會這麼講？因為大家要是有仔細聽我以前每天的論述的話，就知道 4 月 26 日前後，學生基本上都已經回到各自的學校，雖然當下還在罷課，但一切舉動都是非常有秩序的通過各種民主方式選舉各校的

自治組織,並沒有任何大規模的街頭行動,全國的生產活動也都未受到影響破壞,都還在持續進行,交通也沒有任何混亂。這時只因 4 月 26 日《人民日報》公開發表了一篇名為〈必須旗幟鮮明地反對動亂〉之社論,這句話成了整個中共內部保守派後來處理學潮問題時很有名的一句口號──「必須旗幟鮮明地反對動亂」。

這個社論的惡毒之處在於將整個 4 月 15 號開始的學生悼念活動給賦予了一種負面定調,社論中顯示:「這些事實表明,極少數人不是在進行悼念胡耀邦同志的活動,不是為了在中國推進社會民主的進程⋯⋯」說我們這些學生是要搞散人心、擾亂全國。並說:「學生運動是一場有計劃的陰謀,是一場動亂,其實質是要從根本上否定中國共產黨的領導,否定社會主義制度。」還說:「這是擺在全黨和全國各族人民面前的一場嚴重的政治鬥爭⋯⋯我們必須清醒,不堅決制止這場動亂,將國無寧日⋯⋯」等等。

大家可以聽出這個定性是非常非常之惡毒嚴重的。因為 99.99% 的學生都是出於愛國熱情,包括對胡耀邦的悼念,才會走上街頭;這分明是一場愛國運動,而且提出的所有要求都只是希望國家更好,況且學生上街為的是向政府請願,並沒有推翻政府的意圖。

但四・二六社論把整個運動的性質拔高到了反革命叛亂的程度,連什麼國無寧日都出來了,說攻擊社會主義制度是一場有計劃、有陰謀的動亂。這對廣大學生和支持學生的市民與知識分子來說,怎能接受?後來我們得知,社會各界包括各個高校的領導、各階層幹部,看到這則社論後都感到大吃一驚,也覺得不能接受。另方面趙紫陽返國後,也批評了這篇社論。

我為什麼說四・二六社論那麼關鍵?如果沒有這篇社論,那場學潮很可能就會逐漸緩和下來,只要鞏固了校園民主,基本上事情就過去了。然而,正當學運在逐漸降溫之際,當局突然發出這麼一篇殺氣騰騰的社論,其口氣是自文革結束以來從未見到過的。其實,整個八〇年代

中國也曾發生過一些政治運動，也曾出現反對資產階級自由化的言論，但是官方都未曾以這樣的口氣回應，這樣的口氣僅出現在文革時期。

所以當時最流行的一個笑話便說，這篇社論文章其實是姚文元寫的。姚是四人幫的成員之一，四人幫的筆桿子。據說學運當時江青、姚文元這些人都已經從監獄獲釋；否則，文革都已結束十年了，實在無法想像誰能寫出這樣的文章來。我看四·二六社論的重要意義就在於是篇赤裸裸文革式恐嚇人民的大字報！

如果說在四·二六之前，學生的行動訴求基本上還是在向政府提出訴願，並未跟政府直接對立，那麼四·二六社論便成功激化了學生跟政府之間對立的極大化。這是整個八九民運的第一大轉捩點。這點十分重要，因為在此之前，學生跟政府之間並未強烈對立，但是四·二六社論一舉把學生、抗議民眾跟政府直接對立了起來。「都被你說成是動亂了，要鎮壓我們了，那我們當然就直接跟你對立了。」

這件事究竟是誰造成的？為什麼要在學運已降溫的情況下，突然發表這麼一篇語調極為突兀惡毒的社論來激化矛盾？這當然是中共黨內的保守派幹的。我已說過，就在前一天，李鵬不懷好意的帶著陳希同去找鄧小平告御狀，使鄧小平聽信了他們，說出這麼幾句狠話，李鵬馬上逮到機會把這些內容寫成四·二六社論。

根據趙紫陽後來的回憶，鄧小平當時把話說完後也覺得說得太重了，還特意叮囑李鵬說：「這個事就不要傳出去了。」可是李鵬一回去就把它變成了四·二六社論，因此在下次政治局召開常委會時，鄧小平還點了李鵬的名，說：「你這回可別把我說的再說出去了。」根據趙紫陽的《改革歷程》中記述，可見這就是李鵬在前方做棋子，背後是陳雲等這些中共黨內的保守派策動了一場軟性的政變，他們的目的就是要激化學生跟政府的對立。這就是四·二六社論最關鍵之處，它的最重大意義就在於此，也是我們認定這是一次政變的一個直接證據。

第二階段：請願

四・二六社論播出後，大家可以想像，全國上下對其說法都是非常反對的。比如各個大學4月26號這天上午紛紛發表抗議言論；在政法大學，北高聯召開了中外記者招待會，我也有出席參加，因為是在政法大學召開，所以由周勇軍主持。我還記得王超華也有出席。現場來了很多的記者，據我所知，那好像是第一次大規模的記者會，前頭一大排記者，長槍短炮的。我們7個北高聯的常委首次在媒體曝光亮相，向外界宣布：「**我們認為四・二六社論的說法是我們所不能接受的，不但顛倒事實，更是污衊學生。**」為了表達學生的抗議，北高聯正式宣布，我們將於4月27號組織全市的大遊行。這是上午記者會的狀況。

我記得記者會上我發言得比較多。按理說，主持人是周勇軍，後來王超華的回憶中也提到，她覺得周勇軍講話有點磕磕絆絆的，那時的我年輕氣盛，講話還挺麻利的（現在也挺麻利），王超華還跟我說：「**你多講一些，你應該考慮作發言人……**」就是覺得我的口才還可以。這是當時的一點小細節。

然後我們就回到學校。從下午開始，我回到北大，北大各個宿舍便開始準備四二七大遊行，這是非常令人感動的。到了晚上，我記得大約是9點到10點多的時候，我還跟幾個同學在校園裡走了一圈，進各個宿舍樓去看他們的準備工作。在那時已有傳言，說中共已調派了軍隊，這點事實上也是真的，但還好軍人沒有配戴武器；當局調派了北京衛戍區的38軍，其中部分部隊已進了北京，因為政府也知道學生要舉辦大遊行，遂試圖阻攔或破壞此次的遊行。

我們當時也不瞭解具體情況，只知道中共已開始朝北京調動軍隊，這個消息已傳遍了北京高校，所以氣氛相當緊張。當時的我根本不明白政府想幹什麼，也不清楚政府是否會動用暴力。所以，四二七大遊行的籌備工作其實是非常非常悲壯的。我自己親眼在北大的一個男生宿舍大樓，看到一間宿舍的門上貼著這樣的字條：「**媽媽，我走了！我不一定再回來！**」橫幅上還有人貼出「**絕食**」，還有一些學生宿舍門上直接貼

了遺書，就跟剛才那個橫幅似的，上面寫道：「我們明天就要走上天安門廣場，我們不一定能回來了，因為政府要鎮壓。」這就是當時整個的校園氣氛。

從我個人的親身見證，當時發生了一個件非常重要的事情！4月26號上午在我們開完記者會後大概下午的時間，北京市委派人開車到了政法大學找到北高聯的臨時負責人周勇軍，向周勇軍進行勸說，讓他以北高聯的名義取消四二七大遊行。這件事我們沒有直接的證據，可是不知道為什麼，周勇軍竟同意了，並在北京市委的人的帶領下，坐著北京市委的小汽車到了各個高校，包括我們北大，來通知說北高聯決定取消明天的大遊行。

各個學校都接獲了這個訊息，我不知道別的學校有什麼反應，但我們北大籌委會的五個常委：孔慶東、王池英、封從德和沈彤，我們五個一接到周勇軍的這個通知後，就迅速作了個討論。在這個討論上，孔慶東、王池英、沈彤都認為我們應該聽從北高聯的指揮，明天的大遊行非常危險，可能有軍隊鎮壓，我們應該跟北高聯一樣取消遊行。那時候我和封從德是少數派，我們兩人在五個常委裡堅持說：「我們不能讓政府這麼一嚇就倒退了。這叫什麼學校？這叫什麼民主運動？政府一說要鎮壓，我們就不敢出門？況且我們都已經對外公布了，要表達我們的抗議！」所以第二天我們還是決定要出去遊行。這就形成了三比二的決議，我們兩個的意見被否決了。所以北高聯那時也向周勇軍回覆：「北大明天將取消遊行。」我當然不幹。

晚上，馬少方代表八大藝術院校也前來北大找我，馬少方問：「遊行怎麼會取消了呢？我們八大藝術院校的同學並不同意取消遊行。」這時我也得知吾爾開希在北師大宣布不接受北高聯的決定，明天還是要照常遊行，而清華的態度我還不清楚。於是我和封從德當下決定：不能就只由我們五個人決定北大是不是要遊行，便臨時召開了各系代表會議，各學系都派了代表出席。

我記得在那個大教室裡，我向大家說明北高聯現已決定取消明天的遊行，至於我們北大籌委會要不要跟進，想徵求大家的意見。我個人贊成不管北高聯是不是取消遊行，我們北大明天仍一定要走出去，表達我們的抗議。因為北大籌委會的五個常委是由各系代表所選出的，所以我們透過重新召集各系代表會議擴大表決，由大家來決定是否要進行遊行。結果各系代表以壓倒性的多數贊同不管別人選擇如何，北大明天必須得走出校院，一定要走出去——這等於是把北大籌委會五位常委三比二的那個決議給推翻了。這時我不知道孔慶東去了哪裡，從此以後我再也沒找到過他，王池英我還見過幾次，孔慶東就此消失了。

我和封從德回去遂開始動員，告知各學系代表，遊行的籌備工作仍繼續進行，明天不管出現什麼情況，我們北大是一定會走出去的。與此同時，馬少方一回去就通知了八大藝術院校，清華、師大、人民大學等也都決定明天要繼續遊行，這是其他學校發生的事。

在北大經過了這麼一番周折，我們用更具代表性的系代表會議否決了北大籌委會內部意見分歧的那個「取消四二七遊行」的決議。這是4月26號我所親身經歷過的事情。氣氛已經變得非常緊張，因為第二天我們即將展開一場有史以來最大規模的遊行。

與此同時，4月26號還有個事不能不提一下，那就是這天上海方面做了很多事情。為什麼江澤民後來到北京當中共政權的接班人，就是因為上海在所謂的制止動亂這件事上表現得非常積極。上海的《世界經濟導報》是當時最受歡迎的思想解放刊物，這個報紙大概在4月22號還是23號左右，召開了悼念胡耀邦的追悼會。當時中共官方的宣傳有一個統一口徑，必須由中共統一口徑來講胡耀邦。可是《世界經濟導報》在欽本立主編的指揮下，由駐京記者站的主任張偉國召集了很多自由派的知識分子共同悼念胡耀邦，包括嚴家祺等人都有參加。在這次會議上，有人公開表達了對當時街頭學生運動的支援。

在這個報導曝光後，使李鵬這些保守派感到震怒，於是下令鎮壓，

江澤民遂領了北京的旨意，在4月26號這天宣布《世界經濟導報》停刊整頓，欽本立總編輯遭到撤職（這個我們以後還會講到），此舉引起全國新聞界一片嘩然；從此，新聞界開始加入了學生的遊行隊伍。這是當天發生的另一件事。

4月26日這一天緊鑼密鼓的準備工作，都是為了因應四・二六社論。整個北京高校的師生經過各種討論，決定在27號舉行大遊行。4月27號的大遊行是這次八九民運中最可歌可泣的一天，最令人感動——至少是之一——的一天，這一天的情況如何？我們明天再向大家介紹。

四月二十七日

大家好，我們接下來繼續聊聊1989年發生的事情。

現在是2024年的4月27號，那麼35年前的今天，1989年的4月27號，發生了中國當代史上最驚天地泣鬼神的一場大規模人民遊行，抗議政府的一場遊行，也是整場學生運動中最激動人心的一天。因為在這之前我們曾經講過，在4月25、26日兩天，社會上已傳言中共調動了軍隊，可能對四二七大遊行進行鎮壓，當時我們雖然沒想到會開槍，但至少預測可能會挨打，所以整個氣氛是非常非常的悲壯。

我大概講一下自己當天經歷過的事情和相關報導。我們北大學生早在8點多便在三角地開始集結。我原來說過，北大當時的五個常委：孔慶東、王池英、沈彤、封從德和我，雖然在籌委會前一天通過決議要取消四二七大遊行，但由於我和封從德的反對，後來學生們還是都出來遊行了。在這種情況下，我記得早上8點多沈彤和王池英還找了我（孔慶東人不知去向），問遊行能不能取消，我回答不可以，因為昨天系代表大會已經通過了這項決議，而且學生都已經聚集起來，我們不可能到這時再要求學生解散。所以後來包括沈彤、王池英也同意改變態度，支持

遊行,而且他們也願意帶隊走在最前頭。但我們達成了一個協議,那就是如果真的遇到了中共暴力鎮壓,不能讓學生作無謂的犧牲,到時我們就帶著隊伍撤回北大。

在這種情況下,北大隊伍的人數越聚越多,我根本數不清黑壓壓的有多少人。我相信當天光是北大,至少就有幾千人。我印象非常深刻,在出校門時時間大概是9點左右,我當真嚇了一跳,我從沒見過那麼壯觀的景象:北大的正南門外,黑壓壓的人山人海,全都是北京市民或海淀區周圍的人,包括我們的老師、附近的居民,一見到北大的隊伍走出校門,北大旗子走在最前面,立刻歡聲雷動,當時我感覺連天空都在震動。四二七大遊行,就算全北京市的高校學生傾巢出動,最多也不過就是十幾萬人,可是這次遊行街上卻有上百萬人,其他的90萬人都是些什麼人呢?他們都是北京市民。

我們從北大出發,一路走到天安門廣場,沿路兩旁全都是密密麻麻的市民,不知道有多少。所以後人稱四二七為百萬人大遊行,我想當天至少有上百萬市民上街,這是第一次北京的市民也站了出來。我們前幾次遊行,還有一次半夜步行(大家記得最早的一次)都只有學生自己上街,但這次沒想到是全北京的市民共同參與,而且跟我們一同歡呼、高喊口號,支援學生,這讓我們學生非常感動。

然而,我們才走出校園沒多久就遇上了軍警,政府確實調動了軍隊,大約有十幾排武警戰士站在通往白石橋的路上,手挽著手,接連十幾排,擋住了路,不讓學生上街。在這種情況下,我們學生都愣住了,我們並不想跟軍隊發生衝突,大家正要討論該怎麼辦,還沒等我們討論,我便親眼看到大約有上百個膀大腰圓的北京市民,全是小夥子、年輕人,他們抱在一起,手挽著手,也沒跟我們學生商量,我眼睜睜地看著他們帶頭衝撞,用肉體去衝撞武警戰士,近身肉搏。武警戰士也沒有拿皮帶打人——我必須承認武警也沒有暴力反擊——他們就死死直站著頂住市民的衝撞。

六四日誌：從4月15到6月4日

但是市民的力氣太大了，而且主要是人數實在太多了，相較之下武警的人數比例還是小得多。大批市民不斷地湧入，衝擊警方的防守線，很快就把武警的防線給衝開了一道口子，學生們一聲歡呼就衝了過去，這樣的情景至少發生了三、四次，一直到白石橋，在人大前面有一次，再往前面有一次，到白石橋還有一次，每一次都是市民走在學生前面。這次大遊行就變成了這個樣子：學生們高舉旗幟，隊容整齊。我們從北大出發，甚至還專門安排了糾察隊，但是隊伍前面全是黑壓壓的走在學生前面的市民，而在市民前面還有一層又一層的武警，可是每一層都被市民給衝破了。

我記得當我們走到一個立交橋[註2]下面的時候，整個立交橋上面密密麻麻地全是人，學生隊伍從橋下經過時，橋上的人就歡呼，喊出各種各樣的口號，也有不少人唱歌或給我們送水等等……整個北京市一片沸騰，那個場面，我相信現在30歲以下的人想都無法想像，我相信即使在文革中都沒能看到這樣大規模的遊行。

從海淀出發，很快地我們的隊伍便跟清華、人大、政法等學校會合，越往前走人越多，大概到中午左右我們才走到新華門附近，我記得那時我帶領的是北大的隊伍，除了帶喊口號，讓大家一路上口號不斷，還齊唱各種各樣的歌曲，也有唱《國際歌》的，因為面對著軍警，也有唱當時流行的歌──我忘了是哪一個電視劇裡的主題曲──這是要唱給警察聽的，希望能感化他們。

當時也正是五四運動70週年，我還記得在我們走到新華門前的時候，北大的隊伍就停住了，因為有一道一道的武警包圍，前面的人正在衝撞。在進天安門廣場之前，據說武警人數還更多。如果你看過當時的照片，就會看到連柱子上都爬滿了人，市民人山人海，烏央烏央[註3]地去撞武警戰士的防線，把武警戰士給撞開。

註2. 立交橋為「立體交叉橋」的簡稱，是中國對立體交叉跨越的道路的一種簡稱。
註3. 烏央烏央是北方土話，行容人又多又亂，北京人管人多叫「烏央烏央」。

第二階段：請願

　　北大學生隊伍在等待的時候，就站在新華門門口，我記得那個時候我抓住了機會，帶著大家喊口號，我們喊了些什麼？我所能記得的就是：「七十年前，北大北大，為了民主，北大不怕。」大概是這個意思，這全是臨時編的，「七十年後，面對鎮壓，北大北大，還是不怕。」把這個口號一遍又一遍在新華門前吶喊出來，我的印象非常深刻；每當我們一喊，市民就跟著我們喊，那個聲音真的讓我感到把天空都震動了。可以想像，整個長安街其實是非常寬的，但當下滿滿都是人。後來大家進到了天安門廣場，在廣場上發表宣言，逗留了一會兒之後，就繼續沿著二環路走，繞一圈回學校去，走了整整一天。

　　當隊伍走到建國門立交橋——我後來每年多次被記者採訪都被問到令我最感動的一幕是什麼，我都回答四二七大遊行。當我站在建國門立交橋時，從建國門立交橋能俯瞰整個長安街，十里長安街，一眼望不到盡頭的人群和旗幟，完全是旗幟的海洋和人的海洋。當時身在其中的我們特別特別地感動，我們大多數人都是淚流滿面。

　　四二七遊行為什麼這麼重要？它是中國自1949年以後，人民自發的第一次遊行——不管是文革也好，之前的其他遊行也罷，當然也曾有過什麼百萬人大遊行，但那都是共產黨組織的——不同於四二七完全是人民所自發的。這就是毛澤東在天安門城樓上說「中國人民站起來了」，其實是他們把中國人民給壓得跪了下去。但是，這一次，1989年4月27號，確實是中國人民自己站起來了，不再被共產黨政府壓制。

　　大家知道在這之前，當局才發表了四・二六社論，說學生運動是動亂，不讓大家上街，但27號連同市民帶著學生傾城出動，所以我常常說這次是傾城一戰。當時北京從市民到學生全走出來了，各個高校都空了，我們傾城一戰，打的就是四・二六社論，一定要發出我們最大的聲音。我相信後來中共也被嚇到了，這是場貨真價實的百萬人大遊行，而且市民的那種熱情，正是因為政府把整個市民全激怒了。如果沒有市民的歡迎與沿路的聲援，我想學生也沒那麼大的勁頭。

六四日誌：從 4 月 15 到 6 月 4 日

　　當時還年輕的我們，在繞了一大圈到晚上返回北大的時候，我已經沒了力氣——我必須坦白說，自己還真是懦弱——我到最後離北大還有 7、8 里地的時候，真的是完全走不動了，嗓子也啞了，還是我班上的同學騎著腳踏車來找到我，讓我坐在他自行車的後座上，才跟著隊伍一起回校的，當時我實在走不動了。柴玲比我有勁，不僅走得動，她還能跳著腳著帶著大家喊口號。我印象特別深，柴玲跟我們一起帶北大的隊伍一路走下來，都已經走一整天了，她還能有力氣蹦蹦跳跳的叫著、帶著大家喊口號。

　　我們從早上 8 點走到晚上 8 點，繞了北京二環回到學校。別的學校我不知道，但北大太令人感動了，首先是所有老師帶著留守北大的學生在校門口迎接我們，時間是晚上 8 點，現場人山人海。其次，所有的食堂——平日北大的食堂晚上 6、7 點就已經關門，大師傅們都回家了——但這天當我們回到北大時，都已經快 10 點了，所有的食堂燈火通明，大師傅們都沒走，還給我們做饅頭、做粥，說：「你們辛苦了，歡迎！」這就是當時中國的氣氛。

　　這就是我親身經歷過的四二七大遊行，我再給大家念念當時的報導，讓大家更有全面的印象。根據一篇報導指出，當天一早 8 點多的時候，北大、清華的學生迅速集結，大概有數千人的隊伍出發，打著「為了中國的前途，求死不悔」、「沒有自由，毋寧死」、「我以我血薦軒轅」，還有「媽媽，我們沒有錯」等標語橫幅，5～7 人一排，兩邊是手拉手的糾察隊伍，秩序井然地來到了中關村路口，在中關村路口會合了北京農業大學、北京農業經濟管理學院、國際管理學院和中國科學研究生院的隊伍，變成了上萬人的一個洪流。

　　這個洪流遇到了警察組成的 4、5 排人牆的第一道攔阻線，後來被群眾有節奏地高呼「警察讓開！警察讓開！」，9 點左右，幾經衝撞，警察擋不住這個壓力，轟然讓開，隊伍衝破了第一道防線。學生高呼「人民警察愛人民，人民警察人民愛」，還造成了一種比較親和的氣氛。其

第二階段：請願

實很多警察也是同情我們的。

同時，在位於人民大學南面的北京理工大學、中央民族學院、北京醫科大學、北方交通大學、中央氣象學院、北京外語學院等高校隊伍的一萬多人，在人民大學南側的第二道防線也一舉突破了；在上午 10 點左右，跟北大與清華的隊伍會合，兩路人馬大概有四萬多人，繼續朝天安門進發。

另外一支隊伍是北師大為主體的隊伍，包括化工學院、中醫學院等 3000 人的隊伍，形成了東邊的一支大軍，在小西天繞過第一道勸阻線南進，在新街口的豁口那邊，受到公安幹警攔截後分為兩路，一路沿北二環向東至安定門，一路直奔西直門。然後北京工業大學、北京經濟學院等院校學生隊伍又加入進來，這是第三路大軍；在中午 12 點左右突破了白石橋的軍警第三道勸阻線、二環路主要路口設置的警戒線，形成了幾支隊伍的大會師，最終形成了十幾萬人的壯觀隊伍，沿著北京的中心路線，分別沿東西長安街，向天安門行進，最後匯聚在天安門。

當時舉出了很多橫幅，我們大家都經歷過，印象很深的是中國政法大學，他們講法律，政法大學的學生隊伍在法大的旗幟下舉了三大塊標語牌，我想吳仁華、陳小平他們一定有印象，搞不好這些標語正是他們寫的：「鎮壓學生運動沒有好下場！」底下寫著「語出《列寧全集》第十卷第 325 頁。」然後還有一個橫幅寫著：「一個革命政黨就怕聽不到人民的聲音，最可怕的是鴉雀無聲。」這句話是誰說的？正是鄧小平說的。

我們那個時候特別善於利用「以子之矛攻子之盾」，第二塊很大的牌子寫的是「起訴書」，政法大學舉了一個大紙牌，上面貼上了一個起訴書，原告是北京高校學生，被告是《人民日報》社，告《人民日報》的四‧二六社論，起訴書說：「根據《刑法》第 145 條，向最高人民法院起訴《人民日報》犯有侮辱誹謗罪。」真牛逼[註4]！政法大學！第三

註4. 牛逼，俗寫牛B，是中國大陸的網路用詞，意思是「非常厲害」、「強」，有時會簡稱為「牛」。

塊牌子上面摘抄了《憲法》第 35 條、37 條、41 條,「中國公民有言論、出版、結社、遊行示威的自由」、「公民人身自由不受侵犯」……到底是政法大學,從法律出發的這三塊大牌子走到哪都引起一陣一陣的歡呼,這就是 4 月 27 日的大致狀況。

我還是要強調,我自己當時的經歷有限,這次遊行非常的令人激動,使人至今提起仍忍不住心情激動。這天主要意義是——這是中華人民共和國自 1949 年建政以來,史上第一次的人民自發大遊行,完全代表了人民的心聲,這也代表著學生的行動經過一個多禮拜將近 10 天的發展,開始得到廣大人民,尤其以北京市民為代表的老百姓支持。

我剛講,上百萬的老百姓從北大門口,沿路夾道聲援學生,一路聲援到天安門廣場,在我返回北大的時候路的兩邊也陸陸續續都是人。所以後來我們也講,如果有一天,中國真正實踐了民主化轉型成功,4 月 27 號應定為中國民主節。直到今天這仍是我的心願,因為這一天的意義實在太重要了,這比絕食、靜坐等等意義都要重大,因為這是人民第一次自發爭取民主的大遊行,整個北京傾城出動,向政府要求民主的這個權利。如果未來有那麼一天中國能實行民主化的話,我希望大家能記住這一天。

當我回到北大,已經是晚上 10 點多了,我們看到北大 16 樓窗口上掛下了一幅長條大字標語,那都是留守北大的同學們準備好的,上面寫著:「人民感謝你!歷史會永遠記住這一天:4 月 27 號!」我希望大家也能夠記住這一天:4 月 27 號!我在這可以給大家展示一些圖片,讓大家可以看到,警察在這兒攔著北京大學的學生隊伍,北大的學生剛走出來,警察在這邊攔著,討論該怎麼前行,使北大的隊伍暫時停在這邊,等著前面的北京市民衝破防線。學生在中國銀行不遠處,面對面的跟軍警發生衝突。

另一張照片上,大批的軍警阻攔學生,連樹上都爬滿了學生,因此隊伍就在這裡僵持住了,當然後來障礙都仍給衝開了。這是我們剛從北

京大學走出來時的景象。很遺憾,沒照到我剛講最壯觀的隊伍整個跟一堵人牆似的從北大正南門出來面對士兵的這個情況。

以上就是我所經歷過的 1989 年 4 月 27 日這一天的大致經過。當然,各個學校都經歷了這一天。我相信這一天對中共當局也是非常大的震動,這是自中共執政以來從未見過的人民自發大規模抗議行動。我還是強調這句話,那就是我們北大 16 樓的同學掛出的橫幅上所寫的:

「歷史會永遠記住這一天:1989 年 4 月 27 號!」

第三階段：對話

四月二十八日

　　大家好，我們繼續來逐日回顧1989年中國發生的八九民運的每日進程。當然主要以我個人的見證為主，加上其他的一些參考材料。

　　昨天是四二七，我們介紹了四二七大遊行。我講過這是八九民運中最令人振奮的一次行動，這次行動之所以引起這樣的震動，可以說是整個八九民運的一個轉捩點。

　　我在這裡先概述我個人如何將整個長達50多天的運動過程分為幾個階段：第一個階段是4月15號胡耀邦去世到4月22號胡耀邦追悼會，四萬大學生進佔天安門廣場參加悼念活動；這個階段的主題為悼胡。第二個階段是從4月22號開始，一直到四二七大遊行；這個階段我把它概括為罷課。因為這個階段主要是各校成立自己的學生自治組織，然後組織罷課，我們可以稱之為罷課請願階段。從罷課階段一路到四二七大遊行，以這種最高形式的抗議表達出學生的請求。接著從4月28號一直到5月4號，是學運發展到第三個階段，現在我們就進入到這個階段，這個階段的主題以對話為主。

　　在開始這個階段之前，我要補充一下，四二七大遊行的意義之所以重大，是因為這是一次在中華人民共和國歷史上非常少見的民眾抗爭，不僅聲勢規模都極為浩大，而且是有組織、有秩序的一次遊行，使得當局連想鎮壓都找不到藉口。當然，在當時的時代環境下，我們學生一些比較有策略的做法，在現今的人聽來可能覺得好笑，但我還是要強調，那是因為我們無法脫離當時的時空環境。不能過了幾十年，我們才用今天的思維認知再去看待當年學生的口號。

　　由於四二七大遊行時已經有了北高聯，所以北高聯在4月26號就

向全市各高校分發了統一口號的傳單，這個事關遊行口號的通知叫作「北高聯一號令」，共提出了十條口號，就是大家統一都在喊著的，第一個口號是「擁護共產黨，擁護社會主義」。可能有人聽了就急了說：「你看你們學生多幼稚，那時候你還擁護共產黨？」但是，我要再強調一遍，若您35年前就有這樣的認識的話，那是您厲害，但那時你不能要求35年前的學生就有今天這樣的認識，更何況我講過這是第一條口號，完全是策略性的考量。

在4月26號，我們北高聯開會時討論這十條口號，刻意把這句「擁護共產黨」擺在第一條，我們的目的並不是真的打從心底裡擁護這個黨，而是視喊出這個口號為一種策略性的阻擋——看你政府要怎麼鎮壓？藉此表明學生並不是想推翻政府。正因為四・二六社論指責學生想推翻政府、改變社會制度，我們等於以口號向全體社會表明，我們還是希望維持現行的政治秩序，只不過我們要求這個政治秩序做出變革。

所以經由各方考慮，決定了這十個口號，代表當時學生四二七大遊行的主要訴求。

第一個口號選擇「擁護共產黨，擁護社會主義」；
第二個口號是「民主萬歲」，
第三個口號是「反官僚、反腐敗、反特權」，
第四個口號是「擁護憲法」，把擁護憲法也擺了出來。
第五個口號是「愛國無罪」，
第六個口號是「新聞要講真話，抗議誣陷」，
第七個口號是「人民萬歲」，
第八個口號是「穩定物價」，
第九個口號是「國家興亡，匹夫有責」，
第十個口號是「人民警察，保護人民」。

大家從我們這十個口號的擬訂看來，都是相當有策略的。我們儘量不給當局藉口，不授人以柄，不給他們做各種抹黑宣傳的機會。當然，

第三階段：對話

我還是強調，你可以說這些口號都很幼稚，但那是你的看法。而且當時我們對四二七大遊行還做了更多的規定，比如說到了廣場以後就統一喊「要求對話，對話」、「對話，要求對話」的口號。所以到了天安門廣場，學生沒有佔領廣場，而是從廣場走了過去，沿途在走過去的時候，喊的統一口號是「要求對話」，唱的主要的歌曲是《團結就是力量》。在那種情況下，我必須得說，當時北高聯的這個決策，到現在我反思過來，仍認為是相當理智且有策略性的。

為什麼這麼說呢？據後來《新華社》內部傳出的消息，北京市公安局和公安部全程跟蹤了這次大遊行，可以想像，他們派了很多特務做了一份總結報告，這份報告顯示：「首都高校學生今天的遊行，規模是空前的，是有秩序有紀律的，顯得策略而冷靜。他們提出的口號也很有策略性，在行動上也不與警察發生硬性衝突，他們原先遊行的目的地是天安門廣場，但衝破重重阻攔到達廣場時，卻沿廣場北側馬路穿過，沒有在廣場停留，出乎我們的預料。」《新華社》內部的人又把公安部門對我們的評價給洩露了出來。

《新華社》的內部文件暴露出公安部門對當時學生遊行的評價，我認為是對日後中國類似的大規模群眾街頭遊行抗議的一種啟發，作為如何策略性的把一個大遊行搞好的借鏡。但是回過頭來說，我昨天也講過，四二七大遊行導致了北高聯發生第一次的內部意見分歧。這主要是因為北高聯的第一任主席，政法大學的周勇軍，擅自決定取消四二七大遊行。當然，他的決定是受到了當局的影響，他自己本身也是個共產黨員。那時候有很多傳言，甚至有人說他是特務等等，但沒有證據。可是周勇軍作為北高聯主席，在沒有召開北高聯常委會的前提下，就擅自決定取消遊行，而且是坐著政府的車到各個高校去傳達取消遊行的決定，這件事當然是北高聯的常委們所無法容許的。

4月26號晚上這個會議我也參加了，我們再次來到政法大學，在政法大學召開北高聯的第三次會議。常委會除了常委，也來了不少其他

有代表性的同學。這次北高聯的常委會對整個北京市的學生運動作了幾項決定，並表決通過：

第一、為爭取學生組織的合法化，我們決定將臨時學聯，即北京市臨時學生自治聯合會——北高聯——的這個名稱正式改名叫「北京高校學生自治聯合會」，這就是後來所說的高自聯。我們經常提到這個當時的學生組織，大家都習慣叫高自聯，前身是北高聯，是在這次會議上改名叫高自聯的。

第二、決定撤銷政法大學周勇軍的主席職務。那麼由誰接任呢？是師大學生吾爾開希接任主席。現在想來，我覺得當時的我們有點學生的迂腐之見，也不能說是幼稚，因為當時我們特別的在意學生組織的合法性和民主程序，因為我們爭取的是民主，所以我們期許自己的一舉一動都經得起民主程序的考驗。

所以第三個決議，即北高聯從主席到常委，每 5～7 天換一屆。吾爾開希不是第二屆主席嗎？7 天以後換另一個主席，到時候大家再互相推舉選出來。常委也要換，這就保證整個學運的領導機構每 5～7 天換一屆。坦率講，我現在覺得這也不是一個多麼成熟的決定，在這麼關鍵的運動時期，領導層這麼一週換一屆，當然不適合領導運動。但可以想像當時的學生非常單純，他們想的就是：我們要符合民主原則，不能像共產黨那樣終身制，因此，從主席到常委均是 5～7 天輪換一屆。

第四、各高校不可單獨跟政府對話。會中規定了所有跟政府的對話必須以高自聯的名義作為學生代表，原則上得是平等對話，有真正的學生代表。

第五、專業性的藝術院校如外語學院，明天可以復課，其他學校繼續罷課，時間罷到 5 月 4 號。為什麼專業性的藝術院校、外語學院可以復課，這個我自己都想不出來當時為什麼作出這個決議，是不是有他們院校的人提出這個要求？這我就不知道了，但高聯還是決定四二七大遊

行之後，罷課繼續維持，至少維持到5月4號。當時我們是準備在5月4號復課的。

最後一條決議，是否還要繼續遊行，要看今後政府的態度。這個是26號晚上學生組織這邊做出的調整。

與此同時，全國各地也已**轟轟**烈烈的都爆發了學運，比較有意思的是天津，下午2：30的時候，天津大學、南開大學（余茂春的母校）、天津師大等八所高校的7、8千名學生走出校園，舉行了遊行示威，這發生在四二八這天。這一天天津學生大遊行，官方的態度很有趣。

當時天津市委書記是李瑞環，李瑞環在對待學運態度上是個比較搖擺的人，至少不是那種強硬的左派，所以天津大遊行有警車開道，跟北京正好相反：北京是武警擋道，天津是警車開道，後面還有警察的摩托車，都不用學生維持秩序。兩邊有警察隊伍，把圍觀群眾跟遊行隊伍隔開。這完全都不同於北京這邊的情況，徹底是由學生、市民衝開道路，然後兩邊是學生手拉手組成糾察隊，後面也是學生隊伍保護。天津完全是由政府出面。

當時李瑞環採取的策略就是這樣，他說：「**你遊行我幫忙，大局在我們的手裡，不要激化矛盾。**」當時李瑞環有個內部講話，可以看出李瑞環是一個沒有文化的大老粗，但在對待學運方面有他自己的策略。也可以看得出來，在中共高層內部處理學運一事上，有上海江澤民這樣的處理方式，也有天津李瑞環這樣的處理方式，後來也有朱鎔基的處理方式，但以北京陳希同的處理方式最為激烈，到最後北京甚至提出要戒嚴等等。

同一天，受到四二七大遊行的鼓舞，知識界也開始動起來了。知識界這時比較關注的是《世界經濟導報》。上海《世界經濟導報》在整個八〇年代的後半期，至少那5個月，可說是整個中國知識界領軍性質的報紙；它集合了所有的自由化言論，卻被上海當局查封，總編輯欽本立

被迫辭職,這引起知識界的憤怒。

4月28號這一天,大概有30多位非常有名的知識分子,包括當時的社科院政治所的所長嚴家祺、社科院歷史所研究員包遵信、著名學者中科院研究員許良英先生、社科院馬列所的所長蘇紹智(社科院出了很多人)、馬列所的另一位高級研究員張顯揚、著名劇作家吳祖光、公安部下屬出版社的社長、雜誌主編輯于浩成先生等,這些都是當時在中國數一數二的知名知識分子,一共大概30多位高級知識分子聯名發表了一封致中共上海市委的公開信,題目叫作〈捍衛新聞自由〉,全文不長,我給大家念一下:

〈捍衛新聞自由〉

今天,《人民日報》上刊出了中共上海市委關於停止欽本立《世界經濟導報》總編輯職務的決定。我們認為:

一、中共上海市委無權撤銷一家報紙,因為這不是上海市委的機關報,所以它無權撤銷報紙總編輯職務,這種做法是違反中國共產黨關於黨政分開的根本原則的,也是對憲法和法律的漠視。

第二、中共上海市委某負責人說《導報》第437期悼念胡耀邦同志座談會的內容,座談會加劇了某些動亂因素,這是對座談會參加者的嚴重的誹謗!你得說這知識分子也很厲害,這個上海市委某負責人當然就是江澤民。

三、中共上海市委多次要求《世經導報》提出版面處理意見,和其他干涉《導報》編輯工作的行為,我們認為違反了憲法第35條,侵犯了新聞自由,是一樁嚴重的侵犯公民權利的違法行為。

因此我們提出,中共上海市委應當收回停止欽本立《世界經濟導報》總編輯職務這一越權的和錯誤的決定,應對誹謗4月19日參加者進行公開的賠禮道歉,保障憲法35條規定的公民有言論出版的自由,

第三階段：對話

保障新聞的自由。

這是當時的一封公開信，這封信被張貼到北大和其他高校的校園裡，也對學生起到了很大的聲援作用。我還是強調，八九年的這場運動，它不只是學生，也包括市民、工人、知識分子、媒體界的參與，所以我們為了全面介紹，我也不會只介紹學生的部分，也會介紹像這封有名的30多位高級知識分子的公開信。

這時運動也開始出現了變化，原本在悼胡階段，包括四‧二七之前，活動的參與者基本上都是以學生為主幹，沒有其他社會各個階層捲進來；但是自四二七大遊行，由欽本立事件開始，新聞記者已經加進來了，知識分子也開始再次發表聯名信，從知識界到媒體開始捲入。其實在媒體內部有更多的爭論，包括《人民日報》、《新華社》。比如《人民日報》有位副總編輯（我忘了他的名字）所寫的回憶錄，還有《新華社》張萬舒所寫的回憶錄，裡頭都描述了當時高層的官方媒體內部，也發生了很大的分歧。

這個大概就是4月28號的狀況，4月29號的狀況，我們明天再向大家介紹。

四月二十九日

大家好，我繼續介紹1989年的民主運動，我們逐日回顧。

今天是2024年的4月29號，35年前的今天，整個學運在北京和北大的發展，基本上進入到雙方各自都在鴨子划水，作各種準備的時期。學生方面主要是開始準備對話，政府方面可能內部還在協調他們對學運的立場。

我前面講過，因為四二七大遊行非常的理性，沒有給當局鎮壓的藉

口,這導致中共黨內那些持強硬立場的人變得非常被動,黨內比較開明的一些人主張緩和地對待學生,他們有了更大的發言權。所以到了4月27日大遊行結束後,28號經過一天的討論,中共這方面的態度開始有了一些轉變,說明開明派占了上風。

這一點表現在兩方面:第一、這一天《人民日報》發表了第二篇重要的社論,題目叫〈維護大局,維護穩定〉,這篇社論顯然像是有點給四‧二六社論擦屁股的意思。它比四‧二六社論的調子明顯放低了姿態,立場也有所後退。據說這篇社論是鮑彤起草,經過政治局討論通過,但也聽說北京市是非常反對的。這是一個變化,也是政治上的動作。趙紫陽也快出訪返中了,通過四‧二九社論先作一點緩和。

第二、那就是中共開始跟學生對話。所謂的對話,在後來我們有一系列無數的對話,一直到5月18號在人民大會堂跟李鵬的對話,4月29號是所謂的第一次對話。為什麼我說「所謂」的呢?首先看看這個對話的雙方陣容:官方的人士是是國務院發言人袁木(袁木以後我們還會提到,後來臭名昭彰的袁木)他受李鵬委託,代表國務院;國家教委也派出了主管教育部的常務副主任何東昌;還有北京市委常委、秘書長袁立本;另外一個是北京市主管教育工作的副市長陸宇澄,由這4人出面跟學生對話。

然後我們再看學生這邊的對話團組成人選:大概有45名學生代表參加,據說是來自16所高校。但這裡有個問題,這45名學生代表中,有41名是政府指定的各高校的學生會幹部,人選完全是指定的。

我們再看看這個會議是在哪裡召開的呢?是在團中央召開的。我順便提一句,團中央是當時比較微妙的一個部門,當時主管團中央跟學生聯繫工作的,就是後來的國家副主席李源潮。我們知道李源潮在整個八九學運的過程中,是比較傾向於趙紫陽路線的,這使得他後來也有很長一段時間被冷凍了。

第三階段：對話

這個對話會在李源潮那裏舉辦，因此我推測對話大概有團中央在背後策劃的可能，由他們領了這個任務進行安排。於是團中央找了各校的學生代表，在這45個學生代表裡，只有4個人來自當時的學生自治會，其中包括北師大的吾爾開希。開希這點做得非常不錯，他在這個談話開始沒多久就覺得不對勁，即學生代表這邊所講的話，恨不得都是對政府的歌功頌德，因為他們都是官方學生會的人馬……

開希馬上就站起來說道：「我覺得今天這個對話不具備代表性，因為與會的學生代表並不是我們學生自治組織的，他們不能代表廣大學生的意願，所以這個對話我是不參加了，我也覺得這場對話是無效的。」他遂帶著其他同學退出了會議。

他們退出之後，場外有很多記者在等著看結果，一看見吾爾開希退出，對話的真實情況就被爆出來了。當天下午我在北大也看到大字報講了這個事兒。當時北高聯也迅速發表了聲明，表示這個對話無法代表廣大學生的意志。

這天還有一件跟我個人有關的事情，即4月29號下午這個對話結束後，又產生了一小波對校園的衝擊。有些學生覺得這次對話是政府在欺騙我們，再一次挑起了政府跟學生之間的矛盾。而且若你聽見那次袁木跟所謂的學生代表之間的互動，就會知道那不是什麼對話，根本是在訓話，說什麼「你們學生要好好讀書」，還編造了「你們背後有長鬍子的人」的謊言等等。我們那時候都18、19歲了，長什麼鬍子？所以學校裡氣氛很緊張。

那個時候我跟開希已經比較熟了，幾乎每天都有見面，或者是我到北師大，或者他到北大來。4月29號這一天，我正好下午要去北師大跟開希討論問題，我記得開希跟我說，他得到內部消息（我不知道他消息從哪得到的）：「當局準備打蛇打七寸，說吾爾開希和王丹是這次學運的主要領導人，要把他們兩個人先控制住。」開希跟我說：「我們應該對外作一個公開說明之後，就進入半地下狀態，不要被他們控制住，

否則我們就沒辦法繼續推動這場學運了。」

因為他聽說的消息比較確定,可是我沒聽到這樣的消息——坦率講我沒有特別在意。但是對於當天下午的那場所謂的對話的本質,我是非常在意的,那個對話根本無法代表廣大學生的民意。所以我跟開希商量,因為這個時候我們已經開始大量的接受外國媒體的採訪,頗為認識一些西方媒體記者,所以我們就決定以個人身分召開一個臨時記者會,說明這樣的對話不能代表廣大的學生民意。

所以在天都黑了的4月29號晚上,我跟開希抵達了香格里拉飯店;我已忘了怎麼通知記者的具體細節,但很快的從樓上便下來很多的記者。我進去的時候,有台灣的記者王震邦,還有一大堆西方的記者,他們當時都住在香格里拉大飯店,所有的外國記者統一都住在那兒等著採訪。我們就在香格里拉飯店旁邊的一個空地,就我跟開希兩個人,和幾個陪著我們倆的同學,我們召開了一場臨時記者會,回答了一些記者的提問,主要講的是29號下午的這場對話,我們認為這是政府對我們的——也不能說是挑釁吧,但至少是政府忽視我們的對話要求。這場對談實際上是具有欺騙性質的對話,因為所選出來的學生代表都是官方學生會的成員,無法代表學生的真正意見。

我和開希的這個行動後來受到包括超華在內的一些高自聯的朋友批評為「無組織、無紀律」。如今來看,當時確實有些衝動。但那個時候我們才19、20歲,血氣方剛,開希也是個性情中人,我們那時也沒考慮到這麼做是不是違反了組織原則。有人說我們是為了抬高自己,這個說法我就覺得有點過分了,因為當時我們的名氣已相當大,還能再怎麼抬高?再抬高就該摔下來了!

但不管怎麼樣,在這次我倆召開記者會之後,開希好像就換了宿舍,像他所說的轉入半地下狀態。但我當時有一個想法——前不久超華接受鄭旭光的採訪也提到這一點——即北京市政府若真決定要先把我和開希拿下,怎麼做才能保障我們的安全?開希的意見是轉入地下,我卻

第三階段：對話

覺得我們越公開越安全；所以我還是回到了北大的籌委會，繼續參加在北大校園的民主活動。我覺得反正大家都知道我們在幹什麼，而且每天都跟同學在一起，比藏起來還更安全。以上大概就是整個4月29號我個人經歷的事情。

同時，在這一天也發生了很多事情，比如說《新華社》內部關於4月29號的這個社論，我後來看到且經常給大家推薦的這本書，就是《新華社》原高級記者張萬舒寫的《歷史的大爆炸——六四事件全景的實況》，其中披露了《新華社》內部在進行相關報導時從中央聽聞的消息，談到胡啟立主張支持趙紫陽，跟李鵬形成了非常鮮明的對立。在這種情況下，對4月30號趙紫陽從朝鮮回來後有很大的作用，顯見整個中共黨內的鬥爭又有了一個新的局面。

我還是要強調兩個重點：學運的進程實際上分成了幾個階段，就我個人認為，第一個階段從4月15到4月22號以悼胡為主，至胡耀邦追悼會結束。4月23到4月27日，這段期間以罷課請願為主，各校開始組織罷課，以四二七大遊行為一個高潮而結束。第三個階段是對話，是從4月28號開始到5月4號，以請願遊行為主軸，這段期間希望能不斷跟政府接觸，提出請求、要求，各校也成立了對話代表團。這事我覺得有必要再次做個提醒。

現在我們已經講到了第三個階段，我還是得強調整個八九民主運動，我們一定不能忘記它其實影響了兩個部分，：一個部分是自下而上的民間學生、市民、知識界、新聞界的反抗；另一部分就是中共高層內部的鬥爭，包括李鵬等保守派在做什麼，趙紫陽以及趙紫陽的支持者們又在做什麼，這是八九民運的另外一部分。我們要把這兩個區塊合起來介紹。

可以預期，當4月30號趙紫陽返回中國，中共內部一場新權力鬥爭即將展開，我們明天再向大家介紹。

四月三十日

　　大家好，我們繼續根據我個人的見證以及歷史資料，聊一聊1989年發生的事情。

　　時間來到了4月30號，35年前的今天，趙紫陽從朝鮮回到北京。他這次去朝鮮確實花了不少時間，從4月24前去到30號才回來，整整去了一個禮拜。關於趙紫陽這次在學運最關鍵的時刻按原定計畫出訪北韓，外界直到今日仍有很多爭論，我們就不細述，各人有各人的判斷。到底趙紫陽是太過輕忽了局面呢？還是他原本就打算故意要走，然後甩鍋給李鵬這些人？這個我們可以交由後人評價。

　　我們只講事實，事實就是4月30日上午趙紫陽結束了對朝鮮的訪問，搭乘專用列車回到北京。趙紫陽作為當時中共官方的一號人物，只要他返國勢必就有穩定大局的作用。李鵬去接站[註5]了，據後來鮑彤等人的回應與包括趙紫陽自己的回憶，趙紫陽人在朝鮮時就已經看到四‧二六社論，但因為自己在訪問朝鮮期間，距北京很遠，也無從具體了解究竟發生了什麼情況、鄧小平是怎麼說的，只知道四‧二六社論是按照鄧小平的意思發布，當時僅同意此事。

　　但在四二七大遊行之後，他也收到各方消息、了解情況，所以開始對四‧二六社論表示不滿。因此，李鵬去接趙紫陽的時候，趙紫陽一下車跟李鵬握手，見面的第一句話就說：「四‧二六社論搞糟了！」這可是直接批評了李鵬，使李鵬當下極為尷尬；當然他們具體怎麼對話我們沒有記錄，但這事肯定是真實發生了。趙紫陽一下火車就表態認為現況的處理因四‧二六社論把事情搞麻煩了，明確表達了反對四‧二六社論。但四‧二六社論背後其實是鄧小平的意思，所以鄧聽了心裡當然也不高興，這是中共方面一個很大的變化。

註5. 接站，指到車站迎接坐車來的人。

第三階段：對話

　　同時，四二七大遊行後，高自聯還是決定全北京市的學校繼續罷課。但罷課的情況變得比較複雜，基本上分成四類情況：第一類情況是，在四・二二之後，原本全北京市的高等學校均在罷課，但四二七大遊行後，陸續有學校當局進行復課工作，有的學生對罷課本身也沒那麼積極，所以罷課的情況開始出現分歧。時至4月30號這天，據統計已恢復上課的高校大概有12所，全面復課的包括北京體育學院、北京舞蹈學院、中央美術學院、協和醫科大學，還有北京聯大的文法學院、北京自動化工程學院、北師院的分校、中央音樂學院、中國音樂學院、中央戲劇學院、北京電影學院，以及中國戲劇學院。也就是說，藝術類學校已全部復課了，這點跟北高聯的決定是一致的。

　　第二種情況是，有少數學生堅持罷課，但大多數學生復課。這樣的大學大概有5個，即北京旅遊學院、輕工業學院、聯大文理學院、中國石油大學、聯大電子工程學院。這是第二類，少數人罷課、大多數人復課。

　　第三類是上課、罷課各佔一半，這樣的學校有14所，包括體育師範學院、廣播學院、民族學院、建工學院、中醫學院、林業大學、北航、外語師範學校、北工大、北師院、信息工程學院、地質大學，以及醫科大學，這些學校基本上就是一半一半。

　　第四類情況是繼續大規模堅持罷課的學校，這一類還是占主流，一共有45所大學繼續全面罷課，以北大、清華、人大、北師大、政法這些主要大校為首，整個北京高校罷課的情況還是占了絕對的壓倒性優勢，仍是主流。據統計，截至4月30號為止，北京的高校學生沒有上課的罷課人數仍占了70%左右的學生之多，這是當天的情況。

　　4月30號這天，除了貼大字報，一些細節我也記不清了。但在北大發生了一件值得向大家介紹的事，就是北大研究生會的改選。北大研究生會是整個八九民運中，據我所知唯一一個完全通過校方原有校規成功進行改選的單位。這是怎麼回事呢？在4月30號這天，北大研究生

會召開了臨時代表大會,時任研究生會主席團的成員幾乎全都「反叛」了,以時任主席團在這次選舉中領導不力為由,將原有的主席團投票罷免,並選出新的臨時主席團接管權力。北大校方當然不承認這一次選舉結果,但學生此舉我認為是一次很重要的民主事件。

根據北大研究生會監委會的公告表示,鑒於目前形勢緊迫,4月30號上午,北大研究生會召開了臨時研究生代表大會,對現任研究生會主席團投予信任票。每個宿舍一張代表證,一共發出了304張,於上午9點召開臨時研究生代表大會。大會代表244人,投票的結果同意罷免原有主席團的共241票,只有3票反對;同意選舉北大學生自治會籌委會的研究生成員作為研究生會臨時主席團成員的有299票,表決有效,遂要求校研究生會主席團在12小時內向臨時主席團移交權力及有關事項。

我為什麼介紹這件事?有兩個原因。一個是因為這次研究生會改選的真正操盤手,其實正是原本的研究生會主席李進進,是他在背後推動了這次的改選,進進居功厥偉。我曾說過,李進進早在4月18號上午就已經站出來參與學運,和我們一起在天安門廣場前遞交請願書;之後他持續在研究生之間進行各種串聯工作,終於達成了這個改選北大研究生會的結果。令人遺憾的是後來,我們得知進進律師雖流亡到美國,前兩年卻被一個叫張曉寧的女人刺殺,死得非常淒慘,不知道到現在這個兇手被判刑了沒,什麼背景也不清楚……進進也是我們北大在八九民運之中非常非常重要的學生運動領導人。

我覺得進進推動這件事情的第二個意義,就是研究生會的改選完全符合民主程序規範。常有人說學生是烏合之眾,沒經過民主程序選舉。但這次北大研究生會在李進進的策動下,改選完全合乎民主程序,完全遵守官方的規則,照著北大原有的研究生會章程,重新投票廢除了原有的學生會;據我所知,這種情況別的學校沒發生過。其他學校的作法基本上就像過去我們在北大風雨廣場所做的那樣,經由召開師生大會,接著以鼓掌或舉手表決的方式通過廢除舊學生會。

但是北大研究生會獨樹一幟，按照校方原有的選舉罷免程序，推翻了官方的研究生會，成立了學生自主決定的臨時主席團；我覺得此事發生在八九民運時期，非常值得提出來討論一番。在這之前我也曾說，北高聯從主席到常委，每 5～7 天輪換一屆；換句話說，當年的大學生在發起學潮抗議的過程中，其實是十分注重自身的民主程序建設的，總是想盡辦法在那麼混亂的情況下，盡可能按照民主程序行事，這點按理說是很難辦到，但學生卻有非常強烈的警惕意識，不能讓外人批評自己追求民主，卻不按民主原則做事。

因此，我們自始至終，多數的學運的組織者和領導人，都希望能盡量維持民主程序的原則，包括日後到廣場上絕食等各項決策，也都是通過各代表表決，盡可能以民主的方式決策。我們做的雖不能算是盡善盡美，但自始至終，我們都十分十分堅持這點，並盡可能做到。坦率講，35 年過去了，現在我反思在這種跟專制政府大規模對抗的過程中，堅持完全採民主表決的方式進行決策，是不是有點書呆子氣，這當然可以反省；但我也深深認同當時學生的那種心情，從當時整個社會的環境以及學運策略的角度來講，我認為那確實是非常令人讚嘆的一次學生運動！

以上是 4 月 30 號所發生的事情。運動從 4 月 15 號到 4 月 30 號已經 15 天了，接下來進入到 5 月，5 月 1 號趙紫陽已經返國，整個形勢開始發生進一步的變化，我們明天再向大家介紹。

五月一日

大家好，我們繼續來回顧 35 年前，1989 年中國發生的八九民運，和後來的六四鎮壓。

時間已經來到了 5 月 1 號，35 年前今天，我個人能夠見證的事情是，這天上午 9 點，北京市高自聯，就是我們成立的高校學生自治聯合

會以及北大籌委會，於北大圖書館前面的籃球場聯合召開了一場蠻大的中外記者招待會。根據後來的統計，總共有 60 多名中外記者前來參加，並有北大、清華約 3000 多位學生旁聽。這次記者會我為什麼令我印象深刻呢？因為這個記者會當時是由我主持，主要由我宣讀了一些聲明。有照片記錄了當時的這個記者會的情況，從照片上可以看到，我在這個籃球場上發言，側臉、戴著個眼鏡，底下有很多學生在這旁聽，也有不少記者密密麻麻地站在周圍，籃球場站滿了學生。這是一項高自聯的行動，因為北大籌委會在這兒，所以在北大召開。

關於這次記者會，還有一張很有名的照片，我想大家一定很感興趣，那就是四二七遊行前擔任北大常委會常委，後來去職、現在在北大擔任中文系教授的孔慶東這次記者會竟然有出席。我在那裡用喇叭[註6]念著一些對外發布的新聞稿。那個大鬍子應該是美聯社的記者潘文，他在六四以後作採訪時還曾被警察毆打，後來被中國政府驅逐出境。老潘現在也在美國，哪天應該把他找來重新回憶一下當時的情形。

照片中孔慶東穿著紅襯衣蹲在地上，只照了他半邊臉，他當時很瘦，不像現在這麼胖，當時他應該還是北大常委會的常委，因為我記得好像是五四遊行之後我們才換屆，但我印象不深。孔慶東後來也曾對六四作了一些相關表述，大家可以在網上找到。照片中還有當時北大常委會和北高聯的一些代表、香港各個電臺的記者等等。

5 月 1 號這次新聞發布會之所以引人注目，是因為我代表高自聯主持了這個會議，並代表高自聯宣讀了幾項聲明。首先，我們不承認政府與學生的對話。我以前講過，從四二七大遊行以後到五四，是學生的請願階段，在這個階段我們希望能夠跟政府進行對話，喊出的口號也是以對話為主，所以當時高自聯通過這次記者會，向外公布了我們對話的 6 個文件，如果政府願意跟我們學生對話，我們將談六件事情。

註6.「喇叭」在這指的就是台灣俗稱「大聲公」的擴音器。

第三階段：對話

第一項，是關於對話的七點訴求：

第一、如何評價胡耀邦的功過。

第二、重新公正報導、評價這次的學生運動，重新處理四·二六社論，查處北京市委欺上瞞下製造動亂藉口的行為。

第三、跟政府討論懲處四二〇就新華門血案打人事件中的直接責任者。

第四、跟政府討論反腐敗、反貪污、懲治官倒問題──我們還特別點出了鄧小平的兒子鄧樸方的康華公司問題。

第五、政府應儘快出臺[註7]新聞法，允許民間辦報，支持香港報人回大陸辦私人報紙。

第六、提高教育經費，改善教師待遇，公布政協調查組關於北京市教育經費的調查結果。

第七、由專家參加，探討政府重大政策失誤的情況和根源，分析去年通貨膨脹的原因等等。

我們所提出的這七點訴求，是最早4月18號我們提出的七點的修改版。與此同時，由當時政法大學學生，現任紐約的職業律師的項小吉擔任團長，成立正式的對話代表團。對話代表團是相對獨立的一個組織，由各個學校的碩博生組成，分為各個不同專題的小組，針對當時提出的各種問題，比如怎樣反腐敗、如何出臺[註7]新聞法、如何調查康華公司、軍人經濟問題等等，分成不同的討論小組準備跟政府對話。

由於我自己並沒有參加對話代表團的活動，所以詳情無法說得很確切，但我們高自聯均支持成立對話代表團，要求政府跟我們對話。因此

註7.「出臺」意指中國欲推出制定某種方針政策，開始實行的說法。

高自聯提出新七條，希望未來如果政府願意跟代表團對話，能談論這些問題。最後，我們高自聯聲明——就是那張照片中我舉著大喇叭念的那個聲明——一切以私人名義散發的宣傳品，都與本會無關，本會概不負責。因為當時的宣傳品非常多，我們也擔心有些是擅自使用高自聯的名義，搞不好有的是中共自己弄的。

第二項，我們發表了一篇告全國人民的書信，即〈告全國各階層各界人民書〉，內容我就不詳細講了，主要是表達一個決心，也表達對政府的抗議。我們呼籲全國的學生和人民團結起來，加快民主現代化的進程。我們一共發表6、7份聲明，我在那兒念了很久⋯⋯第三項比較特別，是〈致香港同胞書〉，因為那時候香港媒體來的很多，香港當時的專上學聯，也組織了遊行聲援，所以高自聯特別發表了一份〈致香港同胞書〉，也是希望香港各界有識之士能夠支持我們的行動，堅持鬥爭進行到底。

第四項，我們代為宣讀（我忘了是不是我念到第三項之後，第四項就換人來念了）了一份有一些專家學者致中共中央及全國人大常委會的公開信。這封公開信說：

「近日來，北京高校學生通過各種渠道反映了政府腐敗現象和社會存在嚴重的分配不公問題，這一行動是正義的，我們予以支持。」這是很簡單的一封公開信，但是簽名的人都非常有影響力，包括當時著名的詩人北島、很有名的報導文學作家，我們現在很熟悉的蘇曉康老師、現居華盛頓的著名作家鄭義、名作家韓少功、葉劍英的養女，著名記者戴晴、孔潔生、陳建功、史鐵生等等，大概有數十人。

第五項聲明跟在美留學生有關，那時已經有美國的留學生跟我們取得了聯繫，我們收到了來自美國的500多位留學生和學者聯署的一封公開信，我在這次記者會上也宣讀了這封信。當時的留美學生基本上都是公派的，不像現在大都是自費留學，所以他們願意公開站出來聲援學生，意義非常重大。自費留學可以選擇不回中國，可這些公派留學生還

是必須要回來的,連他們都已經公開站出來支援學生。他們給我們高自聯的信中說:

「大陸學生的民主愛國運動不僅不會破壞安定團結,反而會推進中國的民主進程,因此我們強烈要求當局正確評價學生運動,對中央電視台、《北京日報》、《人民日報》的片面報導表示抗議,對《科技日報》、《世界經濟導報》予以敬意,對那些有良心、遵守新聞記者職責的新聞工作者予以致意敬意。」

第六項,我們宣讀了北大籌委會的一個聲明,這個聲明表達了一個態度,即此前不久國務院發言人和北京市政府跟學生的對話,我們北大籌委會認為那些學生不能代表學生根本利益,不承認那次對話。

以上是大概就是5月1號上午的主要活動,我自己也參與了這個活動。這個活動當然提出了與政府對話的訴求,當時我們高自聯內部已經決定5月4號將舉行大遊行。過去我就講過,就我個人來講,就算沒有胡耀邦逝世一事,原本也準備在1989年5月4號推動全北京的大學生遊行。為什麼呢?因為1989年正是五四運動70週年,我們當然想繼承五四運動的傳統,推動民主與科學。現在整個學運起來了,5月4號我們各個學校已經有思想準備進行這個五四大遊行。

但在此之前,我們主要的任務還是希望能有個由學生代表出面跟政府相關部門對話的管道,而不是由政府出面找一堆官方學生會的代表對話。為此,我們特別成立了專門的對話代表團,當時學生之中已出現了北高聯和對話代表團這兩大機構。我要次再強調,這個對話代表團的項小吉團長,不隸屬於北高聯,算是獨立的學生組織,他們都是一些年齡比我們大且成熟,或術業有專長的碩博士生,所以他們其實已經將中國各方面政治、經濟、文化、教育等等議題分成不同的小組,準備跟政府對話。

我們準備第二天就前往中共中央信訪局、國務院信訪局、人大常委

會信訪局，中共中央沒有信訪局，那就前往全國人大和國務院的信訪局遞交請願。我記得當時記者會已經結束，下午我花了很多精力跟一些同學準備起草對話要求，晚上我在宿舍，超華還專門來找我，我們便針對第二天要遞交希望跟政府對話的請願書，字斟句酌地一行一行在文字上整理。這是整個5月1號的情況。

就我目前所看到的資料，5月1號當天，其他學校好像沒有更多的活動。比較引人注意的是這場記者會提到的六項對外聲明，從高自聯的聲明、北高聯的聲明，到號召全國罷課我們都提出來了，即〈致全國同胞書〉、〈致香港同胞書〉，然後是學者專家的聯署聲援信等等，這大概就是5月1號的情況，希望上述說明有助於讓大家能重返當時的現場。

當時有很多很多的宣傳品，無論是北大還是清華等這些學校都已經貼滿了這類東西，只要有空間，四處都貼滿了各種各樣的大字報，其中有很多感人的文字，就算是今日重新讀，仍可了解當時大學生的心情。我跟大家介紹的，都是一些流傳較廣的一些宣傳品，都是一些很好的歷史記錄。其中有一個流傳較廣的，我給大家念一下，這篇文是5月1號貼出來的，我忘了是貼在北大還是貼在哪個學校，但是在各高校間流傳，題為〈媽媽，我們沒有錯！〉，這首詩是四二七大遊行之後寫的，內容如下：

〈媽媽，我們沒有錯！〉

我不忍心掙斷你的哀求，
讓擎不住的憂鬱散落，
攪動你沉澱的淒苦與艱辛的歲月波痕；
我不忍心讓狂怒的風浪無情地撕咬你的年邁的堤岸，
儘管成熟早已駛向海洋，
夢的軌跡仍可在你的柔情的港灣尋找童年的溫暖。

大街上悲壯的《國際歌》正奮力響起，
子夜沉重蠢笨的鐵門，
我只能揮揮手去追趕勇敢的夥伴。
也許青春將被置入真理漸弱的火堆，
也許帶血的吶喊將因嘶啞而暫時沉沒，
也許赤誠將被善良的誤解當作墜枝而剪落，
也許浩渺的沙漠永遠走不出疲憊的駱駝……

但是請你相信，媽媽，
歷史深沉而睿智的山谷將永遠銘刻我們輝煌的回應。
媽媽，我們沒有錯！

這首〈媽媽，我們沒有錯！〉一詩至少在北京高校是到處流傳，正好當時中國大學校園內的狀況跟今日大不相同，八〇年代是文青氾濫的年代，那時幾乎人人都寫詩，所以很多詩歌作品非常打動人心。這首〈媽媽，我們沒有錯！〉就是非常感人的一首。給大家介紹這首詩，主要是讓大家從第一手資料感受一下當時的那個環境和氛圍。

5月2號高自聯即將正式派代表要求跟政府進行對話，我們給政府下了一個最後通牒：如果政府願意與學生對話，我們就考慮取消五四大遊行；但如果政府拒絕，五四我們將舉行最大規模的遊行，這個我們明天再向大家介紹。

五月二日

大家好，我們繼續逐日回顧1989年八九民運和之後六四鎮壓的情況。

今天是2024年的5月2號。35年前的今天，主要發生了什麼事呢？

這一天,就我個人參與最重要的一件事,就是我前面一再提到,在這個階段我們的主要任務便是希望能與政府對話。5月1號晚上,王超華來到我的宿舍,我們逐條把高自聯起草的對話請願書過了一遍。我記得5月2號中午還是下午,我記不清了,我們有40多個學校的學生代表共70多人,從北師大集合出發,前往人民大會堂向全國人大的信訪處遞交請願書。後來我們還去了國務院的信訪處,在宣武區什麼地方,具體地址我忘了。這天主要就是這件事情。

後來我找了一張圖片(網路上圖片很多,大家上網就能找到),我手頭的畫冊裡有一張小圖片,是我們70多名學生代表,代表北京的40多所高等院校去遞交要求對話的請願書的照片,其中戴眼鏡的就是我,穿的不太講究、亂七八糟的。還有一位應該是當時全國人大信訪局的局長鄭詠梅,特別出來接收了我們的請願書。當時還有很多外國記者在周圍跟著我們70、80人的隊伍都是騎著腳踏車,帶隊的主要是我和代表高聯的王超華,還有就是現在人在紐約的鄭旭光,我們3人後來都上了通緝令21人名單,我們的這些行動都被記錄在案了。

過去有這樣歷史記錄的照片,我們3個人騎在前面,後面是70多個學生代表,也是一個小小的自行車隊,浩浩蕩蕩的從海淀出發,先騎到人民大會堂,人民大會堂就像剛才大家提到的那張照片中的場景那樣,鄭詠梅局長出來跟我們有了一個比較簡短的對話,接下了我們的請願書。

這裡比較重要的一點是,學生當時提出的請願書到底具體內容是什麼,我們用第一手材料還原當時的歷史現場。這份北京高自聯提出的請願書,一共提出了十二條,我給大家大概介紹一下。請容我再次強調,我們提出的對話是因應過去那次袁木主持舉行的假對話,所以我們提出希望能獲得真正代表廣大同學意願的對話條件。請願書全文如下:

「在四二七遊行之後,政府通過新聞媒體,表達了願與學生進行對話的願望,對此我們表示衷心的歡迎。為促成盡快達成實質性的對話,

我們作為大家推選的代表，代表北京市高校的廣大同學，向政府和黨中央提出我們關於對話的要求如下：第一，對話雙方應該建立在完全平等、真誠解決問題的基礎之上，在對話中發言質疑的機會應均等。

第二，參加對話的學生代表應該由大多數高校學生，特別是參加此次四月愛國民主運動的高校學生公認推出。同時我們認為，鑒於各高校學生會、研究生會在這次運動中沒有起到任何正確的引導和有益的組織作用，因此我們絕不同意由各高校學生會、研究生會指派學生代表，也絕不承認由政府單方面未經廣大同學同意而私下邀請的學生充當學生代表。

換句話說，我們希望是由高自聯來主導，和對話代表團進行對話。

三，我們提出學生代表組成方式如下：鑒於同學自發組織產生的北京市高校學生自治聯合會，在這次運動中一直起領導和組織作用，並且在廣大同學中獲得了認可，可以由市高聯出面聯絡組織，由首都各高校學生根據人數多少的比例，各推出若干名代表組成學生代表團。在代表團內部經充分討論磋商後，從中推舉出若干名學生代表作為一方的總發言人，其他代表具有列席旁聽並對學生方面的發言作協商補充，即向政府方面發言人提出質疑的權利。」

針對學生代表組成方式，我們作了非常詳細的建議，這方面我們作了充分的準備。說句題外話，萬一以後如果有天再有一次新的六四事件發生，這些第一手文件都可以作為參考。如果中國再有一次大規模的群眾運動，怎麼跟政府對話，我們當時都是經過認真思考的。

「第四，政府方面出席對話的人員，應該是中共中央政治局常委、全國人大常委會副委員長、國務院副總理級別以上，具有了解國家各種事務及決策權力的人員。」

關於這條有些爭議，第二天袁木隨即代表國務院召開記者會，特別針對這個第四條大發雷霆，說我們要求的中共政府方面出席人員級別太

高，竟然要求政治局常委，意思是說我們不知天高地厚。但如果不是常委級別或人大常委副委員長以上，怎能代表政府講話？我們當然不願意跟什麼低級別的官員對話。在過去的對話中，袁木每次收到訊息也只會說再回去研究研究——這是我們過去十幾天以來屢屢遇到的情況，正是因為如此，我們才提出政府的對話代表要有一定級別，而且不管是政治局常委還是人大副委員長，你們不都號稱是人民公僕嗎？讓你出來跟你的主人對話，這有什麼不知天高地厚的？

第四個要求提出的是：「希望政府出來對話的是權威性的官員。」第五個提出的是：「對話必須允許雙方邀請的民間人士或團體代表參加旁聽，任何一方不能以任何理由拒絕或阻攔。被邀代表在對話過程中不具發言權，但具有事後就對話內容發表看法的權利；第六，雙方發言人必須有發言機會均等的權利。雙方發言人每次發言必須限定時間。質疑應限定在 3 分鐘以內，答問應限定在 10 到 15 分鐘之內。允許發言人在問答中多次質疑。

第七，對話過程中必須允許中外記者現場採訪報導。同時，中央電視台、中央人民廣播電台應現場直播全部對話過程。對話雙方均具有現場攝像錄音和記錄的權利，任何團體和個人不得以任何藉口加以干涉和阻撓。」換句話說，我們要求雙方都有現場直播的權利。

「第八，對話應該在政府和學生代表分別指定的地點輪流舉行，時間可由雙方協商來確定；第九，政府參加對話的人員在對話過程中應盡量回答，並在會後盡量解決可以回答和解決的問題。如果某些問題確實不能迅速答覆，可商定在限定的時間內舉行下一輪對話，任何一方不得無理拒絕；第十，為保證對話結果的法律效力，對話雙方必須對對話結果出具聯合公告，並經雙方共同簽字證明；第十一，必須保證對話雙方代表的人身和政治安全；第十二，每一輪對話之後，必須在國家各大報紙及電台上如實報導結果，出具公告，並宣布下一輪對話的時間、地點等事宜。」

第三階段：對話

這十二點就是我們提出的對話要求，我相信現在的年輕世代，或者現在的中國人，聽到我們這十二條，應該是下巴都驚掉了。其實我們提出的是非常平等的條件，把我們自己擺在跟政府平起平坐的角度去提出對話。當時政府非常惱火，今天聽到也覺得不可思議。可是在整個八〇年代的那種氣氛下，我們確實覺得我們老百姓也是國家的主人，而且你們官員就是政府的公僕，主人跟公僕的對話能這樣相當平等的對話，其實已經挺看得起你公僕的了。

換句話說，當時的大學生確實真的把自己當作國家的主人，而且我們也確實沒有覺得政府是什麼高高在上的角色，衷心希望能完全平等。所以我們提出的這十二條要求，在今天的中國聽來簡直是不可思議，可是在當時的我們看來，這是非常自然的事情，這就是1980年代的中國，跟今天的中國極大的不同。1980年代的中國跟今天中國相比，我覺得政府是沒有什麼變化，共產黨還是共產黨，可是人民的變化非常大。當時我們作為大學生，提出與政府的對話要求，要求完全跟政府平等；現在大概沒有什麼老百姓真的敢跟政府提出這樣的條件。

關於這十二點聲明，我們還附了幾條但書，這幾條便埋下了五四大遊行的伏筆。當時我們也不知道政府會不會答應我們的要求，所以我們附加說：「關於以上要求，我們聲明如下四點：一、為確保對話盡快達成以上要求，我們希望在5月3日中午12點以前予以答覆。」換句話說，我們給政府24小時的考慮時間，並對具體要求作具體答覆的基礎上，附註各條答覆的理由，形成書面文件。關鍵來了：

「第二、如果5月3日中午12點以前我們得不到答覆，我們將保留在5月4日繼續遊行請願的權利；第三、關於第一輪對話，我們建議5月4日上午8點半，地點可設在北京大學；第四、此請願書將抄送於副本給中華人民共和國政治協商會議。」

關於最後這四點，實際上等於我們下了最後通牒。後來在記者會上，袁木也惱羞成怒，說我們給政府下最後通牒。這裏我需要說明一下，

在這之前,從我們對話團成立到北高聯,每天我們都有去信訪局,從各個不同的角度提出對話的要求,包括四‧二二,我們也曾在現場提出要跟政府對話。所以不是我們不給政府時間,而是從四‧二二到五四這麼長的時間,我們一直在要求跟政府對話,政府完全不予回應,或搞了那些假對話,派自己的學生代表跟自己對話;所以學生被逼到沒有辦法,才會給政府下最後通牒——如果政府再不接受,那我們 5 月 4 日就要通過遊行的方式再次表達我們強烈要求對話的聲音。

當時我們要求對話的心情是很迫切的,而且我們也很誠懇地提出了對話的具體時間、地點的建議等等。5 月 2 號這天,我們把請願書交給了全國人大、全國政協;同時也去國務院遞交了這份請願書,希望 5 月 3 號政府在中午之前能夠給我們一個回覆。倘若有回覆,我們便取消五四大遊行,5 月 4 號正式開始跟政府對話。

這本來是一次機會,如果當時政府答應了的話,比如說派出李鵬(後來還不是被局勢逼迫出面了嗎?),如果李鵬當時便出面跟學生進行對話,就沒有後面的五四大遊行、五一二、五一三的局勢等也都不會有了。但是這份對話請願書,正如我們後來所看到的,政府依然置之不理,這個是後話了。

這一天事件主要的進展就是北高聯正式與對話代表團,代表北京市和外地的廣大學生,向政府提出了正式的對話要求。那麼倘若政府答應不答應,我們又該如何應對?這點我們 5 月 3 號再向大家介紹。

五月三日

大家好,現在我們繼續回顧 35 年前的八九學運,向大家介紹當時的到底發生了什麼樣的事情。

昨天我講了,5 月 2 號我和王超華、鄭旭光率領 40 多所北京高校

第三階段：對話

的70多名學生代表前往人民大會堂，向全國人大、全國政協，包括中共中央、國務院四個機構的信訪局，遞交了學生的請願書，要求跟政府對話。因為之前政府長時間不回應我們的要求，所以我們的請願書也提出了最後通牒：如果政府再不回應，繼續拖延不對話的話，學生將在5月4號再次發動大遊行。

時間來到了今天，35年前的今天，5月3號，政府作出了回應。5月3號上午，國務院發言人袁木（長相奇特的袁木，有著名的照片為證）出面召開了中央記者招待會，針對前一天我們給政府提出的請願要求，袁木代表政府做了回應。這個回應的基調就是：一口回絕！根本是完全拒絕！

袁木在講話中先是假惺惺地說，學生要求跟政府對話，跟政府的立場是一致的，政府也樂意跟學生對話。但是（無論什麼事，就怕但是二字……），袁木接著說了：「請願書中的三點是政府無法接受的。第一、學生的請願要求政府排除掉原有的學生會、北京市學聯研究生會，要由學生自己組成的學生自治組織派代表參加，」袁木說：「這個我們不能同意。」

袁木表示，學生自治會是非法組織，「我們不能跟非法組織的代表進行對話，這是不合情理的。」還說什麼這樣做也不利於學生之間的團結等等。實際上那時我們學生是無比團結的，說如果我們這樣做會引起學生之間的紛爭，我們實在沒辦法接受。這是他的第一個理由，不能跟我們這樣的非法組織對話。

第二、他說學生的請願書，核心的問題是要跟政府平起平坐，成為談判的對手，甚至要超越政府之上……這就是胡說八道了，大家看我昨天的回憶就知道，我念的請願書哪有要超越政府之上的意思？袁木張嘴就是胡說八道，硬是說我們的請願書是要超越政府之上，學生想跟政府平起平坐是不能被接受的，說這麼做不合情理。為什麼？學生作為國家的主人，至少是作為國家未來的接班人（政府也是這樣講的：青年是

113

未來的接班人）憑什麼學生不能跟政府平起平坐？學生跟政府平起平坐哪不合情理了？袁木說學生要求跟政府平起平坐、要求跟政府談判不合情理，表現出學生相當程度的衝動。說我們想跟政府平等對話是太衝動了，所以這個是他說第二個不能接受對話的核心原因。

第三個核心原因，便是請願書提出了苛刻的條件，並且限期答覆；要是不答覆，就繼續遊行示威，袁說這是最後通牒，是帶有威脅性質的，他說政府不接受這種威脅，也不接受最後通牒式的請願。這就等於政府公開回絕了學生所提出的請願書訴求。然後，袁木還說什麼此運動背後有「長鬍子的人」在暗中策動，說從請願書中可以看出，確實有人在背後給學生出主意，挑起社會動亂。袁木再一次把學生的愛國行動指責為動亂，把學生提出跟政府對話的請願書，視為一個社會動亂的最後通牒，作了上述表述。

袁木的這個表述下午傳到各個學校，引起學生們的強烈不滿。這個時候我們都在北師大和高自聯開會討論。下午2～4點，高自聯在北師大開會，討論如何回應袁木的這個表述，由於我們請願書寫得非常清楚，如果政府還是拒絕跟學生對話，5月4號我們將發動第二次全市的大遊行，所以這次下午高自聯在北師大召開了47所高校學生代表參加的會議，主要是在討論5月4號是不是如期舉行大遊行，我們進行了討論和表決，最後是41票贊成，1票棄權，5票反對（我忘了哪五個學校反對五四大遊行），但可以想像，47個學校中有41票贊成，以壓倒性多數決定了五四大遊行。決定了之後，高自聯便向所有的學校散發了傳單。

傳單中說明：「經高自聯47所高校一致同意：明天，也就是5月4號，我們將舉行大遊行，活動安排如下：上午8點從各校出發，遊行到天安門廣場，沿途散發傳單，不進行演講。」

我們特別提出不要喊「打倒」之類的口號，我們建議以「支持改革，反對倒退」、「民主，科學，自由」、「人權法治」、「要求對話」、

「對話要講誠意」、「維護憲法」、「言論、新聞自由」、「反對官倒，打倒腐敗」等為主要口號，這是我們所提出的遊行口號建議。

下午4點，市高聯將在廣場發表《五四宣言》，然後各校自由組織活動。另外駐各校的外地學生代表，上午7點半在師大門口集合，一起參加遊行。這時有很多外地的學生已經開始前來北京，住在各個高校裡。這就是5月3號當天我們跟政府之間的攻防，在政府提出拒絕學生的請願書後，高自聯下午便召開了會議，議定五四大遊行。之後高自聯遂開始在各校進行動員。

給大家看一張照片，這張照片中的人物大家可能都認識，就是當年的吾爾開希，這是5月3號下午，吾爾開希在北師大召開學生大會，動員五四大遊行，那時候的開希年青，朝氣蓬勃，拿著話筒，還挺開心的樣子進行動員。

與此同時，北京市委也在5月3號召開了會議，準備應對大遊行，做相關的準備。我這裡要特別指出，北京市委在整個八九民運過程中一直是非常激進的強硬派，大家可以看到北京市委召開了區、縣、局、總公司和高校負責人的會議，對於下一步他們口中叫作「反動亂鬥爭」的處理方案，北京市委提出了7點意見和要求。過去我們一直介紹學生方面有什麼訴求，現在我們也來看看北京市委官方的7點訴求：

第一、各級幹部要提高對這場政治鬥爭的艱巨性、複雜性、長期性的認識。

第二、要組織黨團人員實際聯繫，學習《人民日報》關於反對動亂的社論，和政府部門負責人與高校學生對話。

第三、要堅決抵制非法串聯行動，要求對來串聯的外地學生，有關單位應登記姓名、單位、人數和目的。

第四、要說服和動員市民，對遊行不要圍觀。（這是當局怕市民上街）

第五、5月4號,各大專院校盡可能要在本單位組織紀念活動。(當局希望把學生限制在學校裡)

第六、要做好民主黨派人士的監控工作,防止他們聲援學生。

第七、要爭取中間群眾,爭取大多數人的支持。

這是北京市委的態度。大家可以看到,一方面是趙紫陽從北韓回來以後,中共中央內部的開明派希望緩和勢態,儘量肯定同學的愛國熱情,所以才開始安排一些(哪怕是假的)所謂的對話。可是另一方面,中共黨內的這些強硬派,以北京市為代表,實際上還是把這次學運視為一場政治鬥爭,還要提高對這場政治鬥爭的堅決認識什麼之類的。這正是黨內兩條路線對立非常明顯的證明。

我另外補充一下,與此同時,5月3號晚上在雲南,昆明工學院、雲南師大、雲南大學和雲南教育學院近千名學生上街遊行。同時,在其他各地,尤其是上海,遊行也非常多,5月3號這一天,上海有7千多學生已經開始罷課。此外,在全國,武漢、天津、鄭州、貴陽、成都、重慶、長沙、哈爾濱、瀋陽、長春、蘭州、南京、杭州、合肥等地高校,也都出現了呼籲五四這天上街遊行的大字報等等。所以一場新的學生大遊行——就是北京市第二次傾城一戰。

北京高校的學生全體出來參加遊行,上一次是四二七,那麼接下來的第二次,就是5月4號,明天向大家介紹五四大遊行的情況。

五月四日

大家好,我們繼續來回顧1989年發生的事情。

現在的時間是5月4號,35年前的今天——1989年的5月4號,也就是著名的五四運70周年。在這一天,按照北高聯事先的決定,為

第三階段：對話

了抗議政府拖延對話，進一步呼籲跟政府對話，北京的大學生發起了全市第二次大規模遊行。第一次類似規模的遊行是4月27號。4月27號大遊行我們已經講過了，激動人心。那麼第二次全市規模大遊行，就是這次五四大遊行，情況大概是這樣的：

我以圖片給大家展示，據後來統計，當天整個北京市大概有51所高等院校的學生傾城出動，各學校基本都空了，學生都走上街頭，大概有10數萬人上街。遊行隊伍基本上分成三個部分：首先是北大、清華、人大、理工大學、外語學院、民族學院等，大概有幾萬人，從西邊進城；另外，北師大、政法大學、北航、北醫、北中醫等院校，有數萬人從北邊向城內集結；在東邊是北工大、經濟學院、機械工程學院、廣播學院、工藝美院，大概也有幾萬學生，他們從東邊出發。

大概在9點的時候，各個學校分三路大軍出發，從三個方向向天安門廣場匯集。5月4號當天，高自聯決定在天安門廣場舉辦紀念五四大會。到了中午11點多的時候，一路上還是有軍警手挽手阻攔，跟四二七大遊行是一樣的。但我記得我們那時都已看得出來軍警意興闌珊，根本沒有很認真地阻攔學生。我們一路走來，隊伍兩邊跟四二七一樣，有大批的市民在圍觀；接著有市民走到學生隊伍前頭，幫學生衝破軍警的阻攔。軍警則是隨便推一推就撤到兩邊，目送著我們過去了。

看得出來，我估計從政法委那邊大概也沒有命令指示強行阻攔這次遊行。大概中午10點左右，三路遊行隊伍分別突破警察設置的防線，從復興門、建國門進入了城區，一直等到東路那邊的學生抵達。遊行隊伍大概中午12點多開始進入到天安門廣場，很快地整個天安門廣場滿滿都是學生，共有50多所高校的旗幟。

到了下午3點左右，所有三路人馬全部進入了天安門廣場，把整個廣場填的水洩不通。我在北大隊伍裡頭，沒有到前頭去，因為這是北高聯策劃的活動（我忘了具體是什麼原因，當時我已經不在北高聯了，所以沒到主席臺上去），這時已是楊濤代表北大參加北高聯擔任常委。當

時我們是有一個主席臺的,那個時候周勇軍又重新出來了。大家還記得來自政法大學,原是第一任高自聯主席的周勇軍嗎?好像是當時北高聯已按照輪流制換屆,我忘了具體怎麼回事,這有待別的同學再補充……是他主持了這次五四紀念大會。

下午3點左右,10幾萬大學生在天安門廣場舉行集會,宣讀了《五四宣言》,這個《五四宣言》是經過一、兩天的醞釀討論而成,宣言大意是說:70年前的今天,天安門前也曾經聚集了一大批學者,中國的歷史從此開始了偉大的新篇章。這一次學運是五四以來,最大規模的民主學生運動,是五四運動的繼續和發展,是史無前例極其成功的。我們的成績表現在:一大批高年級學生、研究生成了學生領袖,使整個行動更為成熟,更為理智。由47所高校代表選舉產生的學生自治聯合會,也是一個全新的組織,對日後的民主改革肯定會大有意義等等。

一大篇宣言,我就不逐字念給大家。重點是這個宣言中代表北高聯作了以下幾點決定,向10幾萬學生公布:

第一、經北京市52所高等院校學生代表民主表決,全市從5月5號開始,所有高校全部復課。我說過從4月22號開始,各校一直罷課,一直罷到5月4號。到5月4號,北高聯宣布復課,重新開始全市復課。北高聯呼籲,學運準備轉成校園民主運動。

第二、由北京高校自治聯合會,北高聯組織成立高校學生代表團,與政府交涉,繼續要求對話。這次五四大遊行,主要訴求就是要求對話。

第三、聯合會隨時聽取代表團與政府交涉的結果。廣大同學應當保持熱情,自治會保留鬥爭的權利。我們仍然可以統一起來,為以後埋個伏筆。

第四、在北京市內廣泛展開演講活動,把今年五四紀念活動介紹給廣大市民。

第三階段：對話

這次五四大遊行，有兩個跟四二七大遊行不一樣的兩個特點，第一、這次總體人數跟四二七大遊行差不多，但是這一次參加的學校有明顯增加。這次參加的學校50多所，四二七是北大、人大等重點大學為主，這一次除了重點院校的學生以外，還包括一些小的院校，比如藝術學院、服裝學院，這都是過去沒有參加四二七大遊行專業學院，這次他們也參加了。

還有就是這次遊行開始出現了外地高校的學生，尤其是比較近的，比如南開大學有30多名學生騎腳踏車，在5月3號晚上到了北大，是我們接待的，5月4號他們也參加了遊行。河北大學也靠得比較近，該校有30多個學生也出現在北師大的隊伍裡。此外，還有一些學校派出的代表，比如直接從香港飛過來的香港中文大學的代表、廣州中山醫科大學、深圳大學、海南大學、華北電力學院、吉林大學等，外地有20多所高校派了學生代表，舉著他們的校旗參加了遊行這是第二個特點。

第二個特點，這是史上第一次！四二七都沒有，四二七基本都是圍觀——這次有200多名新聞記者、媒體工作者直接進入了遊行隊伍，跟學生一起遊行。在此之前，整個八〇年代，學潮都是以學生為主體，其他階層或有聲援支持，但未曾直接參與；但這次有200多位新聞媒體工作者直接就參加進遊行來了。

後來我們聽說的情況是，其實他們原來也沒準備進入到學生隊伍，只是圍觀，但他們已聚集在一起了，大概有200多人，看到浩浩蕩蕩的學生隊伍過去，非常激動人心。他們原本也準備了橫幅，打算在路上展示，遂直接拉著橫幅，由幾個人帶著說：「那我們也進去吧！」200多人呼啦啦地就加了進來，而且舉出了旗幟。

新聞界的不滿，主要是因為上海市委書記江澤民鎮壓《世界經濟導報》，所以新聞界非常不滿。他們直接走進學生隊伍，打出橫幅「新聞公開，有利於安定團結」，還有一個橫幅「我們有筆，想寫文章不能寫；我們有口，想說真話不能說」，還有一個橫幅「欲說不能」等等。

六四日誌：從 4 月 15 到 6 月 4 日

他們也開始喊他們的口號：「反對整頓《世界經濟導報》」、「首都新聞界要洗刷恥辱」，還有一個新聞界的大橫幅非常有名：「不要逼我們造謠」，另外一個很有名的橫幅，在後來很多照片上出現過，就是「新聞要講真話，重大新聞要讓人民知道」等等，這些都是首都的 200 多位媒體工作者打出的橫幅；

這是這次大遊行三個特點：小院校和外地學生開始出現，另外第一次有其他新聞界的人開始加入遊行。

另外要講的是，因為這一天是五四 70 週年，除了北京之外，全國各大城市都出現了學生遊行，大概 30 多個城市 130 多所高校舉行了空前規模的紀念五四運動大遊行。有一些圖片記錄了這一時刻，其中有一張一直是我珍視的照片，那是我們從北大走出來的照片。我都快認不出自己了，當時我穿的好像還挺時髦的，帶著北大的隊伍從我們北大正南門走出來。大家可以看見我們北京大學的橫幅，我在指揮。我記得當時我跟封從德（也是我們北大自治會的常委）我們兩個帶隊走在最前頭。那時候我在隊伍裡指揮，有個喇叭，大家可以看到那個喇叭其實也很小（我那時候天天嗓子是啞的，到今天也沒好），我們整個隊伍從北大走出來。這張照片後來很有名，也到處都有刊登過。

另外一張是學生開始進入天安門廣場的照片，大家可以看到整個天安門廣場人山人海，是哪個學校的我都分不清楚了，但是可以看到大家都是手挽著手，一排一排隊伍。當時整個長安街學生滿滿的，都是一排一排，每排大概 10 幾到 20 多個人，手挽手走一排，有無數排隊伍走，數都數不清，當時的特點就是這樣；為了防止別人搗亂或者防止軍警衝擊，所以學生都是手挽著手，一排一排。天安門廣場，人山人海。

另外有一張照片，這個是我們北京大學的，畫面上顯示我們走到了哪兒，我已經記不得這個地點了，在紅旗的引導下，一路上北大的遊行隊伍聲勢浩蕩，我們北大的標誌也非常清楚，大家可以看到這張照片上的宣傳標語，大標題叫「袁木求愚」，求的「魚」是愚蠢的「愚」，這

個就是我們的諧音梗！早就有了，不是現在才開始流行諧音梗；凡是有群眾運動，都有諧音梗出現，這是當年我們的諧音梗：「袁木求愚」。

底下這兩條大家可能看不清楚，左邊寫的是「這副嘴臉，何以立本」、「如此對話」，好像是「無法東昌」的意思，諷刺的是袁立本和何東昌，這是因為袁立本、何東昌那次對話讓學生非常不滿，才有這個橫幅，袁是北京市委秘書長，就是諷刺他們，都用諧音梗。袁木求愚主要表達的就是對對話的不滿。

另外這幅照片就比較清楚了，這應該是快到長安街上了，軍警在這裡阻攔，被學生團團包圍，軍警也是手挽著手，但顯然人數已經不如學生了，軍警也很無奈……這個人我還認得出來，是楊朝暉，當時我們經常在一起，他是北師大的職工子弟，不是學生，但他很早就開始參與到學生運動中來，跟開希那些人非常熟，但現在都沒有什麼聯繫了。

大家可以看到警察阻攔的隊伍，警察這次連皮帶都沒有，後面還有女警，就是為了避免衝突，只想用人牆阻擋住學生，然後跟學生發生衝撞。你看，兩邊密密麻麻站著的都是圍觀的學生，因為真正衝撞軍警的是北京市民，學生在旁邊等著，等著市民幫忙把警察給衝開；但是也有學生在衝擊，各種旗幟等等。

還有一張照片，大家可以看到各個學校旗幟招展在天安門前面，天安門廣場上各個大學，我看到有北京地質大學、廣播學院，還有北京一所大學的地理學系，不光是各校校旗，各系的系旗也都展現出來，所以整個長安街就不光是人，還是旗幟的海洋，當時的一個標準的口號是：「德先生你好！Democracy！」那時候就是民主的呼籲，是當時的橫幅，在天安門廣場集會舉出的標語。

另外還有一所學校，按圖片的解說，是「當軍警被衝開之後，學生一片歡呼」。市民幫我們衝開了路以後，學生歡呼著趕快衝過警察。

還有不少當時的大張照片，這個是在路上市民為了表示支援，學生

開始籌款印印刷品、橫幅等等。當時學運需要錢，所以有學校便拿出這個小捐款箱，邀市民踴躍捐款，那個時候捐款也沒有人登記，當然沒人敢留下姓名，所以當時收到的捐款非常多，各個學校自然就上繳到校自治會。

然後中科院的遊行隊伍出來了。有一張照片很有意思，上面綁著皮帶加上皮鞋，這是指什麼呢？指的就是新華門血案，抗議新華門血案，說這個「皮鞋加皮帶不等於立本」，就是國家要以人民為本，不能用這種鎮壓的方式；打出了這個橫幅。當時各個學生隊伍都是想盡了辦法，不管是諧音梗還是像政法舉出的憲法招牌，或包括拿皮帶和皮鞋綁在一起。

還有最有名的一張照片，這個最能反映當時盛況：長安街密密麻麻的人，看不到盡頭。這是我們北大的隊伍，我忘了前線指揮的叫什麼名字了。那時候我跟封從德他們來回跑，組織大家，這是前線指揮，氣勢磅礡，這一排大概十幾個人，是走在第一排，第二排20、30個人，不管男女同學都是手挽著手，後面滿滿的都是北大人潮，兩邊還有車隊等等，整個長安街水洩不通，這是當時中國的情況。

1989年的中國人民第二次自主的大遊行——五四大遊行！這樣的情況到現在，35年過去了，再也沒有出現過了！為什麼我老說那是中國的高光時刻？因為人民站出來呼籲民主權利，要求人權，要求自由，反對政府專制，人山人海。這也是我為什麼講北京市是傾城一戰，因為包括新聞記者，全都參加進來了。

另外還有一些小股部隊，比如北科大的一小股部隊，跑到《新華社》門口去，脫離了大隊伍。他們在《新華社》門口抗議《新華社》、《人民日報》，說他們造謠。當時我們有個非常流行的口號，叫「光明日報，一片漆黑」、「人民日報，沒有真話」；我忘了人家怎麼喊了，當年在場的同學應該都還記得。大家能看到北京科技大學，這代表著科技大學在《新華社》門口抗議的遊行情況。

第三階段:對話

在這一天,除了五四大遊行之外還發生了一件影響整個運動的事件:下午趙紫陽出面會見了亞洲開發銀行會議的部分代表,趙紫陽的亞銀講話是非常重要的一次講話,他這次講話,已經鮮明地表示了他的立場。他提出了一個著名的論點——要在民主與法制的軌道上解決問題。他的這次講話,等於完全否定了四·二六社論。

趙紫陽會見亞洲銀行的會議代表時說:「我想強調指出,學生遊行的基本口號是擁護共產黨擁護社會主義。」那時候我們提出這個口號,等於給趙紫陽提供了一個機會,讓他可以講這樣的話,說學生擁護憲法。所以他說:「這反映了遊行隊伍中的絕大多數學生對共產黨和政府的基本態度是又滿意又不滿意,但他們絕對不是要反對我們的根本制度。」趙紫陽這話講出來,就等於直接批駁了四·二六社論。

他要求共產黨員把工作中的弊病改掉,這跟四·二六社論完全不是一個腔調。趙紫陽說:「我深信,事態將會逐漸平息,中國不會出現大的動亂。」四·二六社論說中國已經出現了大的動亂,趙紫陽在5月4號的講話中說中國不會出現大的動亂,中共高層的分歧,到此已經是一目了然。當然,李鵬、鄧小平這些人看到了這個講話。

然後趙紫陽說:「應該在民主和法制的軌道上解決,應該用符合理性和秩序的辦法來解決。」那麼怎麼解決呢?趙紫陽講了很重要的一段話,他說:「為什麼有這麼多的人對我們有意見?」當時的中共領導人還能講出這樣的話,大家可以聽聽,他所說為什麼群眾對政府有意見:「一是由於我們的法制不健全,缺乏民主監督,以至某些方面確實存在的腐敗現象,不能及時的得到舉報和處理。二是由於公開化不夠,透明度不夠。有些傳言或是張冠李戴,或是無限擴大了,所以要增加透明化。」

至於到底要怎麼來處理學潮,趙紫陽在這次講話中明確提出:「現在需要廣泛的進行協商對話。」這就是趙紫陽著名的五四講話。

五四講話可以說把中共內部處理學潮問題的分析，進一步的給擴大出來，讓所有人都看到，趙紫陽的立場是站在同情學生這一面的。趙紫陽提出在民主與法制的軌道上來解決問題，鄧小平和李鵬主張用軍隊鎮壓來解決，兩條路線至此已經非常清晰，他們黨內的兩條路線鬥爭也是越鬥越激烈。

以上是5月4號的情況，5號的情況，我們明天繼續向大家介紹。

五月五日

大家好，我們繼續聊聊1989年天安門民主運動的前後經過。

昨天我們講到了五四大遊行，在這次大遊行中，由周勇軍代表北高聯在天安門廣場宣布全市的罷課結束，全市會復課，這個決定其實引起了很多同學的反應（這點以後我再細述），在參加學運的不管是領導層還是學生中，都引起了很大的爭議。有很多人支持北高聯，認為應該復課；但也有很多人認為不應該復課，我就是其中之一。

5月5號這天，據記者到各校採訪的報導，大部分的學校已經開始復課了；但在北大，復課情況幾乎沒怎麼發生，少數的教室有幾個學生，好像連老師都找不到，事實上北大基本上沒有復課，還是停課中，學生都在三角地進行討論。如果我沒記錯的話，我跟封從德的立場是比較一致的，我們都認為當時還不是該復課的時候。

我跟封從德還有一個討論，我們決定向北大籌委會提案——北大不應該再次像四二七大遊行一樣，不應該聽北高聯的，北大應該堅持自己的立場，北大還是要繼續罷課。過了這麼多年，可能會有人問：「**為什麼你們在北高聯都宣布全市復課的情況下，還要繼續罷課？**」我這裡正好有一篇當時貼在北大的一份大字報，署名叫「幾條漢子」，這張大字報講的道理跟我和封從德的想法差不多。這張大字報寫了反對復課的

124

理由——這也反映了當時的復課決定在學生裡頭是有爭議的，大字報寫道：

「聽說是高聯宣布今日復課，我們有些異議。請注意目前的形勢，第一，學運至今，除了政策的態度有所緩和外，我們沒有取得任何實質性的進展；第二，目前的學運已正在全國範圍內蓬勃展開，上海、西安、天津、長沙等地的同學們紛紛行動起來聲援北京，北京——尤其是北大——作為這次運動裡面的先鋒大旗，絕不能無緣無故的倒下；第三，參加這幾次遊行的同學，對首都群眾夾道歡迎的熱烈場面是記憶猶新的，我們的要求道出了廣大人民群眾的心聲，並且他們對學運寄予了深切的期望；第四，已經有越來越多的有影響力的人士站出來，劉賓雁等人聯名抗議上海市委對《世經導報》的制裁，包括嚴家祺、李澤厚、蘇曉康等一百多位知名人士，聯名給中共中央寫了一封公開信，勇敢的站出來支持我們。

在昨天的遊行中，首都新聞界數百記者終於不甘沉默，舉著橫幅、標語加入了我們的隊伍，可以預見，將會有更多具有愛國心和正義感的人站出來。罷課、遊行、散發傳單、發表演講，是我們向廣大群眾宣傳對政府施加壓力的手段。

特別是罷課，具有幾點：一，可以使廣大絕大多數同學參加，不管你身體狀況如何；二，可以持續進行；三，不需要物質方面的準備等等，有其他抗爭方式不可替代的優點，如果萬一復課，到時候人心渙散，再加上沉重的學習負擔，會直接影響到遊行宣傳的進行，失去這些手段，就失去了給政府的壓力。一些人所持的邊上課邊對話的願望，肯定會成為泡影，所以我們反對復課的要求。

這次復課決定能做出，具體情況我們不清楚，但是憑我們的良心認為，不論在什麼情況和壓力下，都絕不能作出復課的決定，復課就意味著倒退與背叛，我們想，廣大同學是絕不會答應的。70年了，是堅持鬥爭呢？還是要再等70年？」

這是在北大出現的一份大字報,反映了北大同學內部的分歧。不過在北大還好,因為北大大部分同學其實態度是比較堅定的。

再回到我個人經歷的,我後來和封從德也討論過這個問題,晚上我們又到北大廣播站去發表了一番講話,宣布我們退出北大籌委會;並用個人身分表達我們對於北大應該堅持罷課的意見。因為北大籌委會按理應服從北高聯的決議,既然北高聯決定全市復課,北大表面上也應該遵守北高聯的決議復課,因此若我們仍是北大籌委會的常委,就顯得有點衝突,或者立場就很難拿捏,所以我跟小封討論後便退出了籌委會。

我們倆在廣播站分別作了講話。小封講什麼我不太記得了,他自己也寫了很多。我講的大概意思是,我和封從德宣布:「**即日起,我們退出北大籌委會。**」我說我們退出當然不是因為我們害怕,只是覺得運動從4月15號到5月4號,將近20天,我們兩個作常委作了也將近三周,我們認為學運的領導階層應該有更多更成熟的學生,我點名尤其是研究生和博士生,應該有更多人加入,應該讓我們學運的領導階層有新鮮血液,不要總是這幾個人。當時我出於這個理由,宣布退出北大籌委會。

到這個時候,我已經恢復自由身了,不再是北大籌委會的常委,也不是北高聯的常委,這是後話,但就是從5月5號這一天開始的。我也表達了我的意見,就是跟剛才念的北大幾條漢子的那個大字報差不多的意思。我覺得整個運動好不容易才剛起來,政府還沒有什麼實質的答覆,這個時候如果學生復課,整個校園的環境就重歸平靜,那這次運動就無疾而終了。

整個運動一開始,我們這些推動學運的骨幹一直有個堅定的信念,我們認為這次好不容易動員起這麼多人來,就一定要讓這次運動取得一些具體的成果。什麼具體成果呢?比如說對話,如果真的能夠舉行,那就是具體成功。在沒有得到具體成果之前,我們認為不宜讓這場學生運動逐漸熄火,要不然就是「幾條漢子」講的,70年了,我們還在等,還不去堅持要到一個成果,還在等民主自由等等。所以我覺得在當前的

情況下,既然政府也沒有給我們實質的答覆,在學生與全國的熱情都起來的情況下我們復課,我認為是不合適的。我反對復課!

我記得在我跟小封宣布了我們的意見後,當時的北大籌委會便決定進行民調來決定北大是否復課,還是繼續罷課。他們第二天就開始到各個宿舍去做民調,調查學生對於北大罷課、復課的看法,那是後話。這是這一天我的經歷。

這一天,全國的形勢主要便是學生圍繞著是繼續罷課還是復課展開討論。像北師大吾爾開希便直接宣布,北師大不聽北高聯的,北師大要繼續罷課。所以那時北師大也是明確罷課的,北大也沒有復課,但北大還需要多一天的時間去透過民調決定學生是復課還是罷課;所以當時整個北京基本上就是北大、北師大兩個學校仍在罷課。我記得當時清華基本上已復課,就北大、北師大等學校還是堅持罷課,但這個情況很快就會改變。

實際上5月5號的事情實在是不多,但我覺得有一份不能稱之為文件的內容,我想在這引用一下,便是5月4號學生所發表的《新五四宣言》。《新五四宣言》是北高聯發布的。我覺得這個《新五四宣言》,還是非常重要的一個記錄,當時學生的整個心態是非常激動的,這份宣言應該是一些秀才所寫。

我覺得《新五四宣言》能夠反映當時八○年代大學生的一些想法。那些用語處在今天這個年代,大家可能覺得挺陳腐,充滿了革命信息,可是放在當時的時代環境下,這個《新五四宣言》還是震撼了很多的人;包括新聞記者都是聽了這個宣言之後加入遊行的。對我來說,這個宣言也打動了很多人,非常具有代表性的一個歷史記錄。這是蠻長的一篇文章,我不可能全部引用,因此給大家提供幾個重要段落:

「同學們、同胞們,70年前的今天,天安門前也曾聚集了大批學子,中國的歷史從此開始了偉大的新篇章。今天,我們再次雲集,不光

是為了紀念這偉大的一天,更是為了把五四的民主科學精神發揚光大。今天在我們古老民族的象徵天安門前,我們可以自豪地向全國人民宣稱,我們無愧於 70 年前的先驅們。100 多年以來,中華民族的精英們一直在探索著古老破舊中國的現代化道路。巴黎和會後,面對帝國主義列強的分割踐躪,面對著封建勢力的死而不僵,他們挺身而出,舉起了民主科學的大旗,開展了轟轟烈烈的五四運動。五四運動及其後的民主主義革命,是中國學生民主愛國運動的第一步,是中國現代化建設的第一步,從此中國開始了新的一步。」

這裏我們跳過部分內容,主要是對五四運動的回顧與肯定,然後接下來說:

「同學們、同胞們,民主的精神就是集思廣益,真正發揮每個人的能力,保護每個人的利益。科學的精神就是尊重理性,科學立國。五四以來,歷次學生愛國民主運動的經驗教訓,使民主和理性成為一種制度、一種程序。五四提出的課題,才能夠進一步深化,五四精神才能夠發揚光大,中華民族崛起的願望才能在地球上實現。」

我覺得這段寫得非常好,說的正是要把我們過去提出的民主和理性的口號化為具體的制度,化為民主決定的程序,這代表當時學生對民主的認知水平還是相當高的,能夠提升到制度和程序層面。現在我回頭來看,都覺得我們當時能講出這些話來,就算放在今天來看也不過時。然後也講到了四二七大遊行和高自聯的成立。接下來說:

「但是我們目前的勝利是極其微弱的。幾千年的農業文明不僅無法為我們拿出一個富國強民的現成方案,長期帶封建色彩的政治經濟體制,極大地影響了我們的現代化建設。為此,我們目前的任務是首先在學運的發祥地——校園裡——率先實行民主改革,使校園生活民主化、制度化。第二,堅持要求與政府對話,促進政府的民主政治體制改革,反對貪污腐化,促進新聞立法。我們認為這些近期目標,雖然只是民主改革的第一步,而且是細小而蹣跚的一步,但確實也是偉大的一步,是

可喜的一步。」

　　最後說：「同學們、同胞們，民族昌盛是我們學生愛國民主運動的目標，民主、科學、自由、人權、法治，是我們數十萬大學生共同奮鬥的理想，幾千年璀璨的文明希望著，幾億人民注視著，我們有什麼可顧慮的呢？同學們、同胞們，讓我們在這象徵著中華民族的天安門下，再次高舉民主、科學、自由、人權、法治的大旗，為中國的富強而共同探索，共同奮鬥！讓我們的吶喊，喚醒年輕的共和國！」

　　這就是我們的《新五四宣言》，由北高聯發布。

　　以上就是 5 月 5 號的情況。

第四階段：對話

五月六日

　　大家好，現在是2024年的5月6號，我們繼續向大家回顧35年前發生的八九民運和六四鎮壓的狀況。

　　35年前的今天──5月6號──因為時間已經過去了這麼長的歲月，有些細節我確實記不清了。像5月6號這一天，我具體在什麼地方，做了什麼，那時我也沒有時間寫日記，現在真的想不起來了。總體來講，這一天大概的情勢就是，北大各個宿舍都在激烈討論是不是繼續罷課並表決，表決的結果應該第二天就會出來。其他各校也還有類似的民主集會討論。應該說，到這個時候，五四大遊行結束以後，整個學運稍微有點平靜下來，但是大家對於前景，對於這次學生運動能夠取得什麼成果尚未可知，仍處於一個比較迷茫的階段。

　　那麼從建制派的角度考慮，當時學生運動內部的對話代表團再一次向中共相關主管部門提出要求對話，並提出對話主張。因為五四大遊行時提出的這個主張，政府始終沒有回應，所以五四之後一直到5月13號學生決定絕食以前，我們都可稱之為對話階段。在這個階段對話代表團幾乎每天都在跟政府相關部門磋商要不要進行對話。當然，政府部門根本是以拖延的態度在扯牛皮糖。所以，儘管此後仍零零散散的還有一些遊行，但沒什麼特別集中的大遊行。

　　我正好利用這個想不起有什麼具體可講的空檔時間，藉此對有關八九民運一些較大的問題進行回顧與反思。因為若等到5月11號以後才要開始討論，可能又沒時間講了。5月6號、7號、8號、9號、10號這幾天，我可以趁現在這個時間總結一下。

　　首先是一個很大的問題：「到底是什麼導致了八九民運的爆發？」

六四日誌：從 4 月 15 到 6 月 4 日

這是個大哉問。因為外界很多人都很不理解，整個 1980 年代的中國看來順風順水，雖然難免有小小的反覆和挫折，但總體來講，國家的形勢是向上發展的。我常講當時某種程度上也可以說朝野之間有點同心同德的狀況。那麼在高層，從胡耀邦到趙紫陽，基本上也是開明派掌握政權，經濟也逐漸發展得越來越快，按理說這是一個我們稱為黃金時代，怎麼反倒是在黃金時代引發了最大規模的人民不滿？

這當然是個涉及到歷史認識的問題，其實現在中國已經到了黑暗時代，也看不到大規模的抗議，反倒是在最黃金的時代出現了大規模的抗議，為什麼呢？難道說那個時候的人民有不滿嗎？確實是有，這個當然會引發我更多舉一反三的討論，但是具體到八九民運的爆發，見仁見智。

導致八九民運爆發，我基本上歸納為四點原因：第一、我們可以稱為不滿，因為不滿爆發。為什麼不滿？中國的經濟改革從 1978 年左右開始，到了八〇年代的末期已長達 10 年，儘管經濟改革取得了很大的成就，但當時改革所存在的問題也開始呈現了出來。因為中共啟動改革的路徑就是所謂的「讓一部分人先富起來」，所以它的優點是可以擺脫舊體制的束縛，快速的激發社會潛藏的各種自主生產力。但缺點是它人為地拉開了社會不同階層的貧富差距，導致了嚴重的社會不公現象。

我們今天所批評譴責中國社會的一切，其實從八〇年代後半段就已開始出現。這些負面的東西我們今天當然看得更清楚了。在當時，這些表現形式正是為人所詬病的，建立在價格雙軌制基礎上的所謂的官倒現象，放到今天我們稱之為腐敗現象，是這種腐敗現象導致了人民的不滿。當時的人民比起今天的中國人來說，相對單純一些，那時我們對腐敗的忍耐程度較小，不像今天我們對腐敗的忍耐程度已經相當高了，你貪污個一億、兩個億我們都覺得不算什麼，一般的官員一貪污恨不得就是幾百上千億了。

但那個時候，只要有一點腐敗現象，就會迅速在人民中間形成非常

強烈的不滿，這種由於經濟改革的設計不當而產生的腐敗現象，我覺得也是日後中國發展的一個縮影，它在八○年代末期就出現了，於人民心中引起了不滿。所以社會運動的群體心理就此具備，我覺得這是第一個原因——即改革本身由於只搞經濟改革，沒搞政治改革，導致腐敗現象的滋生，導致人民內心積累了強烈的不滿，這個不滿就是八九民運的基礎，是導致八九民運爆發的第一個原因。

第二個原因可以說得更具體一點，就是擔憂。為什麼這麼說呢？從1986年開始，當時的中共中央曾討論要進行物價改革，原來的物價都是由國家計委制訂的，是不是應改由市場來決定物價？物價改革關係到經濟改革的成敗，所以中共那邊一開始也是比較慎重的，這點從1986年就開始討論。

到了1988年，在鄧小平的強行壓制下強行闖關進行物價放開，結果迅速引起了通貨膨脹。這個結果導致黨內關於改革的意見出現了明顯的分歧，比如說1988年物價闖關失敗後，趙紫陽承擔了責任，李鵬擔任總理時提出了「治理整頓」這樣的口號。所謂治理整頓，就是要政策調整，要對改革開放進行調整。這個口號的提出，使得黨內關於改革具體怎麼進行下去的分歧公開化。

當時以趙紫陽為代表的改革派，在鄧小平的支援下，主張要在深化改革的過程，以解決改革所出現的問題，所以立足於繼續推進改革。而以李鵬為代表的保守派，在陳雲等黨內保守派的支持下，則是主張暫時停止進一步推動改革，這就叫治理整頓。這實際上就是要修正趙紫陽或鄧小平的改革路線，也削弱趙紫陽的權威。這當然有黨內權力鬥爭的基礎。

所以到了1988年的下半年和1989年上半年，黨內就出現了保守勢力的回潮，使得廣大知識分子和大學生都極為憂心。比如說當時著名的知識分子社科院政治所所長嚴家祺跟原科技大學副校長溫元凱，在1989年初曾發表一篇公開對話。在對談中提出「改革不能停滯」這樣的問題，

此問題一出，在社會上和校園內引發極大迴響。所以當時社會上有種對改革停滯的集體擔憂，也可說是焦慮感，這種擔憂和焦慮感成了很多人後來投身入民主運動的重要原因之一。

第一個原因是不滿，百姓對腐敗官倒不滿；第二個就是對政府改革停滯的集體焦慮感和擔憂。

第三個原因，我把它總結為長期的期待，期待什麼呢？就是自從所謂的粉碎「四人幫」和文革結束以後，從黨內到社會上都對過去的文革有強烈的反思，認為文革的這場災難源自於中共一黨專政的政治制度，這點連鄧小平都曾多少觸及到，所以後來他廢除了領導幹部終身制。當然，但現在又被恢復了。

那麼在社會上，尤其從知識界開始，那是個啟蒙事業。1980年代，社會上要求解放思想、推進民主化、進行政治改革的呼聲，從知識界到大學生，一直都沒有中斷過。這種要求政治改革的呼聲幾乎成為整個八○年代的時代主題。但是與此同時，在整個1980年代，要求民主的這種願望實際上也歷經挫折，比如說鄧小平從八○年代改革一開始，就提出了四項基本原則，這就是個緊箍咒，想堅持黨的領導，堅持人民民主專政，那當然就不可能搞政治改革。

另外，歷史上也發起過清除精神污染運動，1987年反對資產階級自由化，開除了方勵之、劉賓雁、王若望的黨籍等等。八○年代雖然是個啟蒙的年代，改革的年代，但仍有一系列的政治運動，黨內的保守派反覆在阻撓社會大眾對政治改革的這種努力，使得這種期待變得更加強烈。而且有種受挫感使得民間要求民主的願望已經到了壓不住要噴發出來的邊緣。社會對於民主化及政治改革的期待到了1989年時已到達了一個臨界點。這個對民主自由的期待，也是1989年民主運動迅速得到社會各界呼應的最重要原因之一，這是我講的第三個原因：期待。

假如說前三個原因就是對腐敗的不滿、對改革可能停頓的焦慮和擔

憂，以及對於民主的這種期待，是整個八九民運之所以能夠爆發，可說是 10 年來長期積累所造成，因為這三點才爆發了 89 年的民主運動和學生運動。那麼第四個原因，就可說是個突發事件，純粹是歷史的偶然因素──胡耀邦 4 月 15 號突然去世。儘管整個社會都有預感 1989 年會出事，但會事發在 4 月，完全是因為胡耀邦去世所導致的。

胡耀邦在知識分子心目中一直形象良好，他 1987 年含冤下台，主要原因就是黨內批評他沒有積極執行鎮壓學生運動的政策，這也使得在校的大學生對他心存同情，所以他的逝世具有強烈的象徵意義，象徵著人民對黨內改革派的期待的落空，象徵著人民對保守派的不滿，象徵著人民對未來改革是否繼續的擔憂。也就是說，這個偶然因素之所以能夠成為引爆整個八九民運的導火線，也是由於前三個必然因素所導致的。所以這些期待、不滿、擔憂，再加上胡耀邦的逝世，借悼念胡耀邦的機會，就爆發出來了。

1989 年的民主運動，在整個八〇年代可說是一個歷史車輪轉動的必然結果，作為一種必然的結果，在 1989 年就此爆發。所以綜觀總結，是政府改革自身所存在的問題導致了人民對腐敗的不滿，以及黨內保守派的奪權動作導致社會精英階層對改革開放是否能繼續充滿擔憂，與人民素來對民主化和自由的長久期待與嚮往，再加上偶然發生受人同情愛戴的黨內改革派領袖胡耀邦去世，是這四個原因導致 1989 年民主運動發生的主要原因。當然這是我個人的看法，可能歷史還會有更多的分析，我只是拋磚引玉。

這是 5 月 6 號的情況，今天我就介紹到這裡。7 號發生了什麼事情，我明天再向大家介紹。

五月七日

大家好，現在是 2024 年的 5 月 7 號，我繼續向大家介紹 35 年前發

生的八九民運和六四屠殺的情況。

我們原來講過,在5月4日大遊行之後,整個學潮稍微有一些平復,但是大家的熱情依然存在。與此同時,5月7號這天,或者說這個階段,中共高層也在進行角力,開明派和保守派對如何平息學潮,也分別在進行各自的動作。

就開明派這一部分來說,5月7號各個單位都傳達了一份文件。這個文件蠻重要,就是趙紫陽在5月6號召見了主管新聞宣傳工作的政治局常委胡啟立,以及當時的書記處書記、主管意識形態工作的芮杏文。趙紫陽在5月6專門跟胡啟立和芮杏文進行了一次談話。這個談話的要點,於5月7號開始向包括《新華社》在內的各大新聞單位傳達,這是5月7號一件很重要的事情。

這個講話的重點是什麼?他主要講的是新聞自由問題,他說:「目前新聞自由是一個焦點,解決這個問題要通過立法,」提出了新聞立法的問題。「立法完全按照老觀念是不行的,立法應該保證憲法的貫徹執行。」這說的是,第一要保證新聞自由,第二要防止利用新聞自由。他說:「這段時間內,新聞報導實際上有了很大的突破,可以據此總結一些經驗⋯⋯新聞報導前一段時間控制得嚴,那麼後一段時間開放,對一些遊行作了報導,看來新聞公開程度增加一點風險不大。」

這段話非常重要,等於趙紫陽作出了一個具體的指示,那就是關於這次學生運動的新聞報導可以放開一些。從此以後,中國所有的官方媒體開始全面的正面報導學生運動;在這之前,報紙基本上保持沉默。我過去講過,好像4月22號學生為胡耀邦送行,《科技日報》作了報導,後來《科技日報》總編被迫辭職,上海《世經導報》也受到打壓,所以在這之前,新聞界一片肅殺。

趙紫陽5月6號的這個講話在5月7號傳達到各新聞單位,是個極大的震動,所以從5月7號開始,中國官方媒體在中華人民共和國歷史

上,第一次突然短期的集體放開,這可說是新聞界之春,新聞自由完全實現,對於學生的示威抗議活動開始自由報導,這是來自趙紫陽5月6號同胡啟立論新聞的講話。

在這個講話裡趙紫陽還提了一些重要的問題,從這些問題可以看到趙紫陽當時的心態,趙說:「對國內人心所向,面對國際進步潮流,我們只能因勢利導,不能違背人民的意願。社會主義民主化的進程包括公開化和透明度,因為政治上透明度不高,黨、政府和人民之間就會缺乏理解和信任,現在很多問題就出在透明度不高。我們不搞全盤西化,但要民主不等於搞自由化,自由化也不等於反對憲法賦予的公民自由,這次學潮中成立的北京高校自治聯合會,組織上是不合法的,不能承認。但是我們高校應當改革,學生會應當改革,使他們在學生中成為真正享有威望的學生自治組織。今後報紙揭露一小撮壞人挑動破壞,一定得注意要有真憑實據,而且法律上也能站得住」等等。

這是趙紫陽的底線,他也向保守派做出了一定的讓步,不承認北高聯的合法性,但委婉地提出讓學生會進行改革的問題。這是當時中共中央總書記趙紫陽的想法,這個談話完全代表了黨內開明派的基本立場。

我常常講,都說是學生把政府逼到牆角,可是這可是中共中央總書記趙紫陽的講話,包括新聞要放開報導,包括黨政要進行透明化的改革,包括我們要推進民主等等。如果當時的中共中央真的按照他們的總書記所指示的這樣做下去,就不會有後來的失控局勢了。

如果真的開始政府與人民對話,走入一個正常軌道,這怎麼能說是人民把政府逼到牆角呢?政府的代表是誰?政府的代表就是趙紫陽,趙紫陽當時是總書記,所以是共產黨自己推翻了自己總書記的要求,搞了宮廷政變,保守派上台,是政府把人民逼到了牆角。大家可以從趙紫陽的談話裡看得出,以趙紫陽為代表的黨內改革派,跟人民的立場是一致的,跟學生的立場也是一致的,那麼談何學生把政府逼到牆角呢?這當然是不了解事實真相的無稽之談。

我們再回過頭來說學生這一邊。我以前講過,北大當時決定通過民調的方式,在5月6號對全校進行一次民調,基本上是以每宿舍一票為單位,派出各路人馬,一個一個到學生宿舍樓去進行調查。根據當時的調查結果,北大籌委會發布了89050701號通告,也就是5月7號的第一份通告。北大籌委會那時每天都有各種宣傳通告出來,編號就是八九開頭,然後零五零七指的是5月7號,然後零一指的是今天的第一份通告——自5月7號起,北大進行有條件的罷課。

這個結論出自我手頭的《八九中國民運歷史資料》這本書,這本書對當時的調查數據作了統計,我覺得數字不一定準確,也有另外的數字跟這個數字不一定完全符合,我們先姑且採納。本書收集了當時的一些原始文件,我們公布了這個調查結果,當時贊成罷課的有992票,反對繼續罷課,主張復課的有354票,棄權130票,一共1476票,67.2%的票數贊成繼續罷課,24%主張復課,8.8%棄權。所以在這種情況下,同意罷課是壓倒性多數,因此北大宣布自5月7號起,北大有條件罷課。這個條件當時就提出,即要跟政府進行對話,配合北京市高校學生對話代表團跟政府對話。

以前我講過,北師大也還在繼續罷課,但其他一些學校像清華等,應該已經復課了。只有北大和師大始終還是堅持罷課,從5月7號繼續罷課。到5月13號,局勢又發展到一波高潮,中間的這段時間,校園的整個氣氛是相對比較平緩的。有人會說,在這種情況下,為什麼後來又出現了局勢再次緊張?

我作為當事人對這點要作一點說明,即雖然北京大部分院校已經開始復課,表面上看來,整個學潮已經平緩下來,但是廣大學生愛國民主運動的熱情被激發出來後,卻沒有那麼容易平淡下去;而且這次運動到5月7號為止,並未取得什麼特別的實質性進展,連唯一的訴求「要求對話」政府也一直在拖延,很多同學其實是非常不甘心的⋯⋯這些人不過是因為高自聯已通過復課決議才配合復課,但像是北大、北師大這些

第四階段：對話

走在運動前頭的學校，便主張繼續罷課。

我引用一份當時貼在北大的大字報，這是《八九中國民運資料冊》收集來的一份原始文件，頗能反映五四大遊行到5月13號之間一部分同學的情緒，正是因為這些同學這樣的情緒，後來才有了第二波的高潮——絕食。這份大字報說：

「虎頭蛇尾的民主學運就這樣漸漸的平靜下去，一無所獲，我陡然生出一種莫名的悲哀。我發誓，下一次這樣的運動，我絕不再這樣傻傻的跟著瞎鬧了。人民對我們寄予那麼大的希望、那麼高的評價，他們是那樣的支持和鼓勵我們，可我們拿什麼回報他們呢？我們有什麼顏面再見江東父老？我們不要再自己吹捧自己了，我們不過是現在文明社會的一次大規模的沿街乞討。我不是乞丐，我曾不止一次的在車站街頭打發過無數乞丐，每當我塞給他一個麵包、一個蘋果、一角錢時，他們都會感激涕零的連聲說：『謝謝你，好心人！你會長壽的。』

想想我們的遊行吧，學生們一個個面黃肌瘦、灰頭土面，每當有人拋給我們麵包、冰棍、香煙時，我們就感動的喊：『人民萬歲，感謝人民！』想想我們爭搶冰棍的勁頭吧，跟乞丐有什麼差別？

今天一位騎車的中年婦女到學校大罵我們：『你們學生沒種！胡鬧！什麼結果也沒有就復課了！我們捐了那麼多錢給你們，都幹嘛了？你們這個胡鬧，可知道多少工人跟著受處分？什麼愛國青年，狗屁！』

我聽了，只能默默忍受著，無言以對。讓我怎麼回答她呢？我們被人打了一巴掌，說我們是陰謀，是動亂。人家又塞我們一個甜棗，說青年學生是愛國的，於是我們就忘記了那一巴掌的疼痛，津津有味的挑起人家的甜棗來了。嗚呼！我們是什麼？我們不過是現在社會中一群正在接受高等教育的乞丐！我們給養育了我們的人民帶來了什麼？我們能為他們做些什麼？就這樣心甘情願地沉淪下去？

我們也將會失去人民的支持，別再指望在以後的各項活動中，會得

到人民的同情理解和支持，人民只會把我們視為給社會帶來動亂的關鍵因素。我們大學生知識分子在人民心中的形象，將更是空虛無聊無用垮掉的一代，臭老九將繼續臭下去，國人將更加不重視教育，不重視知識分子。中國的教育危機也將向更深處更高處發展，中華民族將會成為一個無知愚昧的野蠻民族。我不敢再想下去了！嗚呼！中國的知識分子乞丐們，嗚呼哀哉！」

　　這是 1989 年 5 月 7 號張貼在北大三角地的一份大字報，我認為頗能解釋為什麼當時北大主張繼續罷課，也頗能代表當時不僅是北大，甚至整個北京以及全國很多高校大學生的心聲，就是大家不甘心，覺得這次運動還沒有取得任何成果，就這樣平靜下去了。四‧二六社論說我們是動亂，我們也沒拿到任何成果，竟然就復課了，重新讀書上學去了，很多的同學不甘心，認為這辜負了老百姓對我們的支持，期待著運動能有進步的發展，能夠取得真正的結果。這個就是當時瀰漫全國高校的普遍心態和氣氛。

　　後來我們提出絕食，希望把運動提升到一個新的高度，希望給政府更大的壓力，就是建立在這種廣泛的群眾——尤其是學生——的集體情緒上。

　　以上是我對 5 月 7 號作的一點介紹。5 月 8 號的發展，明天繼續向大家介紹。

五月八日

　　大家好，今天是 5 月 8 號。我現在繼續介紹 1989 年民主運動和後來六四鎮壓的情況。

　　我們曾介紹過 5 月 7 號時，北大籌委會在北高聯宣布全面復課的情況下跟北師大一起決定，不服從北高聯的決議，透過民意基礎決定繼續

罷課。5月8號這天,根據現有的資料記載,上午在北大的三角地還有中關村的各個路口,北大籌委會提出了關於復課的5個條件:

第一、《人民日報》就四·二六社論公開糾正錯誤,給這次學生運動重新作一客觀公正的評價。

第二、承認學生自治會的合法性。

第三、國務院立即公布調查官倒的統計數據,成立審查官倒小組,著手懲治官倒。

第四、立即給《世界經濟導報》總編輯欽本立復職。

第五、重新審議北京市關於遊行示威的十條規定。

這是北大單獨提出來復課的5個條件,達成這5個條件才能結束罷課。與此同時,北高聯雖然已經宣布全市復課,但是北高聯也提出了運動的下一個目標,就北京市的學生運動,北高聯提出了開展校園民主建設的建議。

所以在5月8號這天的下午,在北大、北師大一些高等院校,都貼出了北高聯的通知,提出了校園民主建設的主要內容,包括以下幾點:一是要搞自治會的民主選舉,二是要保住校園民主牆和自由論壇,三是要政府承認學生自治會的合法化,自治會可以考慮與學生會合併,四是要繼續對民眾進行普法,普及民主自由思想的宣傳活動。這是當時北高聯對接下來一段時期學生運動發展的具體想法,就是回歸校園民主建設。這大概是5月8號的情況。

我過去講過,這幾天是整個運動比較平靜的階段,記得我好像這幾天都有抽空回家。我父母都是北大畢業的,由於我父親本身就是北大老師,我家裡的態度一開始總體來講對我是相當支持的。當然了,作父母的一定會有擔心,所以運動剛開始的時候他也來找過我,跟我說無論如

何要注意安全等等,我母親後來也跟我講要注意安全,但對於參與組織學生運動,他們並沒有從根本上進行阻攔。我知道,有的學生甚至是被家長給強行拉走的。所以我還是非常幸運的,我記得 5 月 8 號還是 9 號,我還曾回家去看了一看、換換衣服,或拿一點換洗衣服回來。

由於這幾天整個校園基本上比較平靜,我們還是利用這個空檔,就一些比較大的問題作一些介紹。首先就是 4 月 15 號胡耀邦去世,一直到 5 月 8 號,這段時間基本上是絕食以前,以遊行示威請願對話為整個學運的主軸,今天我們對這段時間來作一個回顧。

我根據的是 2009 年 4 月 27 日我們發布的《「六・四」事件民間白皮書》——我要特別說明的是,這個六四事件的民間白皮書的文稿起草者,是現已過世的李進進律師,此外,包括我、王軍濤、胡平、嚴家祺、楊建利、徐文立、陳破空、王天成等人,我們一起參與修改、定稿,很多人參與討論,形成了這個《「六・四」事件民間白皮書》,那是 2009 年的事,是對六四做一個整體的從法律角度的一個回顧。

對於 4 月 15 號到 5 月 8 號的這段時間,政府說這段時間是學生在製造動亂,但《「六・四」事件民間白皮書》對這段日子則作了這樣的一個總結:

「北京的學生在 1989 年 4 月走上街頭,在反官倒爭自由的號召下,獲得了全國絕大多數人民的支持,一個學潮在政府僵硬的態度下,引發了一場廣泛的愛國民主運動,人們稱之為愛國,是因為學生們追求的是人民的自由和國家的富強,人們稱之為民主運動,指的是當時人民要求更多的自由,和對政府進行的批評,甚至要求總理李鵬下台等等,從整個運動的訴求和形式來看,這場愛國民主運動,是一個大規模的人民和平請願活動。」

《「六・四」事件民間白皮書》[註8] 基本就是一個總結性質的歷史紀錄:「請願是公民向政府提出各種訴求的活動 請願往往通過言論自

由或遊行示威集會的自由權利來表達 在多數情況下請願的活動,是承諾或願意在現有憲法和法律的秩序內進行。八九民主運動正符合請願的基本特點:人民行使憲法規定的自由權利,要求政府落實憲法。」

這是對八九民運作的一個定性,我覺得這個定性是很重要的。李進進在起草的時候,從法律角度來定性,提出來這是:「人民行使憲法規定的自由權利,要求政府落實憲法,或稱之為『行憲』。就運動的主流來看,人們沒有提出超出憲法之外的要求,它是一個『維憲』運動,而不是一個『修憲』,它也沒有提出『廢除』憲法和推翻政府的主張,所以還不是一場革命。」

2018年,習近平直接修改了憲法,實現個人統治權利的終身制,而八九民運要做的是維護憲法給予人民的權利。《「六‧四」事件民間白皮書》說八九請願的主要訴求是4月17日學生們在天安門人民英雄紀念碑前提出的七條,這七條歸納起來,就是包括新聞自由在內的言論表達自由,和包括制定陽光法在內的反官倒及反腐敗的要求。

在以鄧小平為首的中國當局4月25日認定學生的請願活動是動亂以後,學生們加上了摘掉動亂帽子的內容。在當局決定在北京市區實行戒嚴後,請願者提出了通過全國人大常委會罷免李鵬。這裡要特別強調,《「六‧四」事件民間白皮書》要強調的是,請願是在憲法允許的範圍內,所以《「六‧四」事件民間白皮書》說以上所有的請願要求,都在中國憲法和法律允許的範圍之內。

關於表達自由,憲法第35條規定,中華人民共和國公民有言論出版、集會結社、遊行示威的自由。所以學生所要求的是當局保證和落實這些自由。

關於人民的請願權利,憲法第41條規定,中華人民共和國公民對於任何國家機關和國家工作人員有提出批評和建議的權利,對任何國家

註8. 本篇關於引用《「六‧四」事件民間白皮書》之內容,請參考原著,由紀念「六四」事件委員會編,非羊書屋(紐約)2009年4月出版第一版,第12頁。

機關工作人員的違法事實行為有向有關國家機關提出申訴、控告或檢舉的權利，憲法第 27 條規定，一切國家機關和國家工作人員必須依靠人民的支持，經常保持與人民的密切聯繫，傾聽人民的意見和建議，接受人民的監督，努力為人民服務。

所以至少在這之前的學運，所有我們提出的訴求採取的行動，都是完全符合當時中國憲法的。我記得後來我被抓進秦城監獄接受審訊，以及後來判我刑的時候，在法庭上，我都有列舉出剛才《「六・四」事件民間白皮書》所講的憲法第 41 條。他們說我們要求李鵬下台，說我們攻擊國家領導人，我說這是中華人民共和國憲法中所明確規定，公民有對任何國家機關和國家工作人員的違法事實行為提出控告或檢舉的權利，完全是符合憲法規定。

另外，《「六・四」事件民間白皮書》也指出，關於人民通過人民代表大會實行罷免權和監督權，憲法第 2 條已經規定了，中華人民共和國的一切權利屬於人民，人民行使國家權利的機關是全國人民代表大會和地方各級人民代表大會。憲法第 62 條和 63 條也規定，全國人民代表大會監督憲法的實施，選舉產生國務院總理，並可以罷免之，所以要求通過全國人大進行常委會，罷免總理李鵬和取消戒嚴，是憲法賦予人民的權利。

當時請願者還要求鄧小平下台，這是要求在中國革除軍事寡頭政治，因為當時鄧小平只是一個中央軍事委員會主席，但卻實際操縱中國的政治，所以這個要求是合理的。

換句話說，這個《「六・四」事件民間白皮書》主要是從法律角度論證一件事情，即整個八九民運，即使按中國人民共和國，即中共自己制定的法律來講，都是合乎相關法律規定的，所以後來政府從四・二六社論就指控學生是動亂，指控學生違法等等，這根本就是顛倒黑白。

李進進這批人都是做憲法學研究的，就從憲法的角度講，根本就沒

有違法的事情，所有學生的請願遊行示威，以及提出的那些要求，包括李鵬下台這樣的要求，都是符合憲法的。這是 2009 年 4 月 27 號的這份《「六‧四」事件民間白皮書》中對六四事件，尤其對於官方的指控，作出的一個有力的法律上的回答，也是向大家作一個一般性的介紹。

否則的話，我會擔心年輕人有誤解，說：「你們還是採取了非法的手段，即使你們要求民主自由，但是你們採取非法手段就不對。」然而，當時的學生所採取的所有手段，不管是遊行、示威、請願、要求對話，不管提出什麼樣的口號，統統都符合當時中共的憲法和相關法律，沒有任何違法犯法的地方；但是中共最後仍然決定開槍鎮壓。這點是有必要向大家鄭重說明的。

5 月 9 號的情況，我明天再向大家介紹。

五月九日

大家好，我們繼續向大家介紹 35 年前在北京所發生的事情，包括我個人的經歷。

今天是 5 月 9 號，35 年前的今天，就是 1989 年的 5 月 9 號，有一件很重要的事情，因 4 月 24 日上海《世界經濟導報》總編欽本立被解職，新聞界為此在 5 月 9 日公開向上級遞交了請願書。由於《世界經濟導報》被上海市委書記江澤民鎮壓，所以整個新聞界群情沸騰；5 月 9 號，新聞界具體展開了行動。當時有兩名記者代表帶著一群記者，來到了中華全國新聞工作者協會門口，去遞交請願書。其中之一是當時是《中國青年報》學校教育部兼科技部的主任李大同，後來編了《冰點》周刊。這份請願書共有 1013 名首都新聞工作者簽名。這可是 1000 多位當時北京的媒體記者簽名的一次與學生運動平行的社會運動。當時除了學生在校園裡組織的校園民主運動之外，媒體界在李大同的帶領下，也開始了請

願活動。這份請願書的全文是這樣的:

「全國記協書記處,根據國務院發言人,最近『對話層次可高可低,對話有助於溝通思想,增進理解』的談話精神,我們認為有必要就中國新聞界近日內發生的事情,與黨中央分管宣傳工作的負責同志進行一次對話。」

這是除了學生以外,開始有其他的群體——媒體、新聞記者——要求跟政府對話。那這封有著 1013 名媒體記者簽名的公開信中說道:

我們認為需要對話的主要問題為:

一、 上海市《世界經濟導報》被整頓,該報總編輯欽本立同志被停職的問題。

二、 4月15日胡耀邦同志逝世後的一段時間內,首都新聞界因種種限制,無法全面客觀公正的進行報導,以及在若干報導中出現的不正常情況,因而嚴重損害了中國新聞界在國內外公眾中的聲譽問題。我們認為,在這次重大事件的報導上,首都新聞界受到了種種限制,直接違背了黨的十三大報告提出的「重大情況讓人民知道」的基本原則。

三、 國務院發言人袁木在4月29日同首都大學生的對話中說,我國新聞報導工作實行的是報社總編輯負責制,我們的新聞是自由的,我們認為這與中國新聞界的現狀嚴重不符。

我們希望近日就上述問題與黨中央負責新聞宣傳工作的同志,中央書記處書記芮杏文同志、宣傳部長王忍之同志、新聞出版署署長杜導正同志進行一次對話,這個請求請記協書記處轉呈黨中央。

這封請願信點名要求跟芮杏文、王忍之和杜導正對話,這是5月9

日發生的事。

這個行動我忘了具體細節,但我們事先是知情的,所以那天由北大、北師大等學校約有1500多個學生到現場聲援,雖然現場記者不多,就李大同等幾個記者,但是人山人海的全是聲援的學生,包括我在內。

我記得我們這次是騎自行車,從北大校園去記者協會門口。記協在哪呢?我也記不很清楚了,但是我們騎了很久。我記得北大出來的人非常多,至少有幾百上千號人,騎著自行車,我那時和其他幾個北大籌委會的人騎著自行車;我們也很累,由於我們當時都非常注意不得干擾市民的正常生活,因此要求自行車隊不能兩個人、三個人併排騎,只能單獨騎,這樣才能留出更多空間,以免影響其他車輛。但這樣的話隊伍就會拉得很長,很容易互相掉隊,有的人騎得快,有的人騎得慢,所以我們得來來回回從隊伍前頭騎到後頭等一下後面的人,真是忙得不亦樂乎。一直到了下午,我們才騎到了記協門口,大家也看到李大同他們入內談話。當時全國記者協會書記處的書記唐非還出來當面接收了李大同的聯名信,並答應要負責轉交。我們這才鳴金收兵,這個是這天發生且我親自參與的一件事,這也反映出整個新聞界已經被《世界經濟導報》的事件給激發起來。

我們現在談到八九民運,基本上大家都知道是學生運動,請願、示威、絕食等等。其實與此同時,社會各界還有很多人,包括知識分子,像嚴家祺、蘇曉康這些人,不斷的有聯名的公開信在聲援學生所提出的改革要求。現在新聞界也開始要求跟政府對話,這些都構成整個1989年北京發生的民主運動的全貌,我們不能把目光僅僅盯在學生身上,其實其他各界都有行動。

另外,這一天學生對話代表團正式成立。我們過去講過,當時是由政法大學的項小吉,現在紐約任職律師的項小吉當團長,這個對話代表團囊括了29所高校的學生代表,關於與政府對話的具體問題也提了出來。

現在經常有人質疑說：「你們當年只是在這裡抗爭，有沒有什麼具體的建設呢？」當然有！以項小吉為團長的對話代表團，每天都在緊鑼密鼓地開會，只要政府答應跟學生對話，對話代表團已準備好就以下七個問題跟政府代表進行對話，提出學生的一些建議、意見和主張。是哪七個問題呢？

第一、討論由胡耀邦的辭職引發的中共黨內的民主問題。

第二、由《人民日報》等報導引出來的新聞出版自由的問題。

第三、由官僚腐敗現象所引起的政治決策的科學化、民主化問題。

第四、由於黨和國家領導人不負責任、推卸責任所引出的國家權力結構問題。

第五、由經濟利益分配不公引出的利益分配機制問題。

第六、由掠奪性剪刀差導致農業危機引發的整體的政治體制改革問題。

第七、國家四大機關運轉不正常引起的政治經濟文化等綜合的政治經濟一體化問題。

從以上七個問題就看得出來，當時北京的大學生對話代表團分7個小組準備跟政府代表對話。從這7點可以看到，從政治到經濟，非常詳盡，就整個國家、政治、社會、生活，學生希望提出自己的意見和建議。這些問題包括分配不公的、黨和國家領導人的不負責任、黨的民主等等，都是非常切實的問題；如果當時政府能跟學生進行對話，接受這些意見的話，中國早就開始民主化進程了。

問題是學生提出了7個問題希望與政府對話，卻始終得不到當局的回應，這就是後來引發絕食抗議的一個原因。我們對話代表團所提出的要求如此詳盡，而且每天都在催促有關部門，希望跟我們就以上7個問題展開對話，但政府卻完全沒有任何反饋。

第四階段：對話

　　這一天還有一件事情也挺有意思，就是晚上我在北大籌委會的廣播站發表了一次演講。當時我已經是以個人身份發言。我那時天天晚上都會到廣播站去逛一逛，正好那天隨機作了篇演講，連我自己都忘記說了些什麼；但《新華社》記者張萬舒的這本書裡面居然有一段詳細的記錄，我估計當時演說大概是被公安機關給錄了下來，所以《新華社》內部才會接觸到。我大概是這麼說的：

　　我現在已經從籌委會退出來了，說什麼都不幹了。不過我把話說在前面，可能過幾天我還會再出來。有人說我害怕，壓力太大了，如果我害怕，我早就退出了，當時何必站出來呢？進入下個階段，如果還需要我的話，我還是要站出來的。面對鬥爭的黑暗，我個人覺得他們並不那麼強大，我們不要自己嚇唬自己，不就那幾百萬軍隊嗎？咱們背後十億人民。

　　我講這些話，就是希望在關鍵的時候有同學能夠加入進來。我說要新鮮血液進來。我們這次學生運動作為愛國啟蒙運動有兩點：第一、要啟群眾之蒙，就是要煥發各階層人民的熱情，我想這一點通過四二七、五四大遊行，高呼口號，沿街散發傳單，我們已經達到目的了。

　　第二、我們要啟自己之蒙，就是自己啟蒙自己，我們應該切實按照憲法做起，不要管他政府允許不允許，只要憲法允許了，我們就應該做，憲法不是允許言論自由嗎？我們就說我們想要說的話。憲法規定的出版自由，我們就印我們自己的報紙

　　所以下一個階段的主要任務，就是校園民主建設。校園民主主要包括學生要辦自己的報紙、辦自己的廣播、辦一些講座，邀請哪些學者，不必經過黨委或校領導來批准。我們應該有自己的民主牆，應該有與校方對話的機制。我相信我們今天的行動，歷史一定會給我們做出公正的判斷。

　　我講這些，就是希望有更多的同學在關鍵時刻站出來，加入籌委

會。與此同時,外界有議論,以為我退縮了才退出北大籌委會,我的演講就是出來作個闢謠。這是我5月9號晚上8點,在北大廣播站演講的大概內容。我能找到歷史材料,配合我的回憶。我只記得我作了演講,具體內容其實還要謝謝歷史材料的搜集者。

以上是5月9號我的活動,從10號開始,整個運動又開始進入到一個新的階段,即開始醞釀絕食;這個明天再向大家介紹。

五月十日

大家好!我們繼續介紹1989年的民主運動的經歷。

今天是5月10號,35年前的今天──1989年的5月10號──發生了哪些事情?這一天,發生了萬人大遊行,雖然規模跟四二七大遊行和五四大遊行不能比,但這次遊行有個非常明顯的特點,就是所有遊行的人都是騎自行車,這是很有名的一次大遊行。

五一〇自行車大遊行,由北大、清華、政法、北方交大、北師大等多所高校聯合行動,大概一萬多名學生參加,一萬多輛自行車,騎在北京街頭確實浩浩蕩蕩。我也參加了這次遊行。這次遊行是下午1點多開始,遊行的主要目的是聲援新聞記者。

我前面講過,李大同等1013名新聞記者聯名要求跟中共進行對話,抗議上海市委書記江澤民對《世界經濟導報》的整頓和鎮壓,學生是為了聲援這些新聞記者,發起了五一〇自行車大遊行。上萬人的大遊行,大概有29所高校的學生參加,而且提出了請願書,主要訴求就是新聞自由。

細節我記不清了,但是我們有到《人民日報》門口,後來又騎到《新華社》門口去高喊口號、表達意見,喊完了又騎車回北大。相對其他遊

第四階段：對話

行來說，這個就省事的多，至少是騎腳踏車，過去我們都是走路的。

我曾講過，在這不到一個月的時間裡，我們從北大到城裡去遊行，走也好、騎腳踏車也好，不知道多少次了，那時候真的非常有精力。這次遊行，我們主要抗議新華門血案，以及在之前的歪曲報導，包括四·二六社論對學生的抹黑，因此學生對當時的媒體非常有意見，所以萬人大遊行的主要目標就是這些官方媒體《人民日報》、《中央電視台》。

因此，這次遊行的口號也非常有創意，最有名的口號，我記得是「人民日報，胡說八道」、「中央電台，顛倒黑白」、「光明日報，一片漆黑」，堵住這幾個媒體的門口，上萬人不斷地高喊。「人民日報，胡說八道」、「光明日報，一片漆黑」。這已經成了非常經典的口號。這是5月10號北京市高聯發起的萬人自行車大遊行。

另外，在全國各地，一個比較有意思的就是天津的南開大學，在5月10號這天發起了和平民主進京的倡議，進京就是進北京。這時開始有大量的外地學生準備進入北京，我記得最早就是從天津開始發起的倡議。南開大學首先出了一個大字報，主張和平民主進京，去聲援北京的大學生。

當時他們準備在5月14號，從天津騎車，沿路宣傳民主口號，一直騎到北京。這次騎行的目的有三，一是歡迎蘇共總書記戈爾巴喬夫（又譯戈巴契夫）訪華（月14號要來北京）；二是聲援北大，敦促政府盡快與學生進行平等對話；三是要求深化政體改革，加快民主化進程。

35年前的今晚，天津市高自聯連勝德這批人，他們在南開大學召開了天津市各高校學生自治會的負責人聯席會議，在這次會議上，他們宣布天津的大學生將在5月14號這天組成和平民主請願團赴北京。大家學過民國史就知道，這次的行動有點像民國時期經常有事時外地的這種進京請願團，1989年這次民主運動也有，正是天津學生當時報名了500多人參加，這是外地的情況。

另外，就政府這個部分來講，5月10號這天，全國人大委員長萬里主持召開了全國人大常委會委員長會議，決定了第七屆全國人大常委會第八次會議將於6月20號左右在北京召開。這聽來是一則例行的常規事件，但後來卻發生了很大作用；大家記住！就是5月10號這天召開的人大常委會決定要在6月20號召開第七屆全國人大常委會第八次會議。

按照人大常委會的相關規定，這個常委會的會議是有相當大權威的，比如說如果國務院發布戒嚴令，全國人大常委會的會議是可以審核該命令的，甚至可以駁回。所以決定6月20號要召開這個會議，這個事兒始終就被學生們記在心裡了。

後來絕食行動開始後，大家看到政府已經不會再後退了，我們轉將希望寄託在即將於6月20號召開的這次會議上。這點說來話長，這就是之後我們講為什麼絕食遲遲不能停止，很多人不願意停止絕食的原因之一，就是因為很多學生寄希望於能將天安門廣場的絕食行動延續到6月20號，希望6月20號召開的全國第七屆人大第八次會議能夠否決國務院的戒嚴令，這是5月10號在萬里主持的會議上決定通過的。

當時我們沒想到有這個後續效應，但5月10號這個人大的決定，對後來我們絕食後對萬里的態度與對全國人大的期待都產生了很大的影響。

另外，這次全國人大委員長會議還建議，6月20號要召開的那次常委會（後來沒有召開，因為六四就開槍了；但如果照原定計畫召開而沒有開槍的話），就準備聽取關於學生這次遊行示威和罷課問題的匯報，還要審議國務院關於修改《遊行示威法》草案等，聽取清理整頓公司的報告等等。

其實這些都能部分回應這次學生運動所提出的訴求，所以如果六四屠殺沒有發生，6月20號召開的這次人大常委會將至少能部分解決並

滿足學生的要求。所以我剛才強調，很多學生希望等到 6 月 20 號的這次人大常委會召開，希望萬里能夠出來主持公道。

當然，後來我們都知道，連萬里也被軟禁在上海了，這個人大常委會沒有開成。而且六四提前鎮壓了民運，最終沒能等到、錯過了這個歷史機會。

由於這天除了萬人大遊行之外，沒什麼別的情況，那麼我們有時間再補充一些回憶，讓大家對整個 1989 年的民主運動事件有個完整的了解。

在整個八九民運中，除了學生市民的聲援與政府內部保守派和改革派的爭奪之外，還有另一方面，那就是有一批長期在公民社會裡從事推動民主運動的人士，比如說已經去世的陳子明、現在非常活躍的王軍濤，這批人起了哪些作用？這批人被政府認為是學生背後的黑手。

其實他們根本就不是什麼黑手，至少在學生絕食之前，他們完全沒有介入學運。可是後來大家都知道，陳子明、王軍濤兩人被認定為學運背後的黑手，分別判處了 13 年的重刑；我才判 4 年，他們兩各判 13 年。所以要了解整個八九民運，陳子明、王軍濤、陳小平（就是現任《美國之音》的記者陳小平），還有六四研究的真正的權威吳仁華，他們這一批知識分子起了什麼作用，也是八九民運中很重要的一個方面。要是不了解這一部分，也無法全面了解八九民運。

我在這裡給大家引用一段陳子明的回憶，現在已經過世的子明曾寫過回憶文章，我只引用他的一段回憶，讓大家對這方面歷史多少有點了解，他說：

「1989 年 4 月，我去西北考察，從西安到延安，再到榆林，最後到寧夏銀川，與寧夏鄉鎮企業局尋求合作項目。4 月 15 號晚，聽到耀邦逝世的消息，我立即感到中國要出大事了。我迅即趕回北京，那時已經發生武警在新華門外毆打學生的事件。當時我的心情很複雜，一方面

六四日誌：從4月15到6月4日

出於對耀邦的尊敬和所受冤屈的不平之情，我為學生主持公道的正義之舉感到欣慰，對國家機器的野蠻行為感到憤怒。但另一方面，我又擔心八六年底學潮的直接後果會再度出現。耀邦就是那個時候下台的，而且改革幾乎逆轉，我希望事態發展能夠適可而止。」

這是陳子明當時的心態：「那時我對執政者抓住機會進行大規模政治改革不抱希望，因為根據以往經驗，執政者採取強制措施會控制住局勢，隨後就將是政治整肅，預防今後發生類似事件。」陳子明一開始是比較悲觀的，接下來他的回憶就有意思了。子明是個料事如神的人，但連他都算錯了。

他說：「然而，4月22日和27日不斷升級的大規模遊行表明，這一次政治風潮業已產生了足夠壓力，導致政體變革，而且已經不可能輕易化解了，這可能導致嚴厲的政治高壓，也可能提供創制的機會，就是新的一個機遇。我的姿態逐漸由觀望開始轉向介入。」這是當時子明作為一個具有豐富民間抗爭鬥爭經驗的一個人，他的心態轉換。

一開始他以為這個學潮搞不好還會導致趙紫陽下台，改革要停頓，但是四二七大遊行使很多人改變了想法——這也是為什麼我強調四二七大遊行那麼重要——對子明也有影響 子明覺得這個壓力已經大到可能中共政府承受不了。搞不好機會就來了，所以子明說他逐漸由觀望轉向介入。

他接著回憶：「一開始不直接介入學潮，是因為我們是被公安部門列入黑名單而被長期跟蹤的人。」他這裏說的「我們」就是他和軍濤、小平這些人。

他說：「如果我們再介入，會引起有關方面的鎮壓。後來由於我過去的政治經歷，不斷有學生找我徵求意見。4月27日學生遊行前，我告訴學生，要注意口號，設置好糾察隊，控制遊行秩序。4月27日以後，我告訴北京大學學自聯的領導……」這實際上是在說我呢！因為我那時

候我跟子明和軍濤開始有接觸。

子明建議：「一定要把握好局勢，在運動中控制亂局的關鍵是擴音器和糾察隊。」畢竟是老江湖，比較有經驗。他說：「在一場運動中，最重要的是控制，一旦出現亂局，最重要的關鍵就是誰拿著擴音器，誰負責糾察隊，誰就能影響整個運動的局勢。」這都可以為以後類似的社會運動——如果再次發生抗爭運動——提供很實際的操作經驗。

子明接著回憶：「我認為事態已經到非嚴厲鎮壓，或者徹底改革就不能控制的地步，只有運動能保持秩序，才有可能爭取體制改革，避免鎮壓。另一方面，我們積極活動，爭取各界對學潮的理解，並且向中央建言忠告，以改革而不是鎮壓來解決問題。我本人為此還拜訪過楚莊等領導。」楚莊是當時民主黨派的負責人。

子明回憶說：「四月底，袁木、何東昌等與學生對話，中央電視台播出的對話異乎尋常的將矛頭指向趙紫陽，顯然這是黨內保守派在借趙紫陽出國訪問之際，把握局勢，爭取人心，和打擊趙代表的改革。這時大家普遍擔心會重蹈八六年學潮後果的覆轍。

五月初，團隊骨幹（這裡的團隊指的就是陳子明、王軍濤他們的北京社會經濟研究所）開會分析局勢，討論工作，作出決定。一方面繼續強化我們已有的工作專案，另一方面提升對學潮和運動發展可能影響時局和推進改革的關注。

我們本來就有一體兩翼的政治影響機制，但在八〇年代更多的是通過影響公共輿論、專業人士和政府來推進改革。現在我們認為要加強對民運的作用的估計，並研究適當的工作方式。團隊決定由我對此進行調研，並協調已經進入學潮或徘徊在邊緣的骨幹，以及我們的關係網絡，盡力使學潮保持理性和平，以避免失控而被鎮壓和隨後的政治清洗這樣的後果。會後，我開始認真分析學潮的源頭、動力機制、構成成分，並評估走勢和潛在後果，直到絕食前，我沒有真正的介入。」

我為什麼要介紹子明的這一段回憶呢？因為這一段對於後來事態的發展很重要，在此之前，就像子明說的，他們始終都沒有介入。雖然他們那些知識分子都非常的關注學潮的發展，也做各種各樣的分析，有各種擔憂和焦慮，但始終都沒有直接介入，怕的就是外人說學生運動有黑手推動。但是5月以後，我們會講到，就是5月13號絕食以後，即使他們不想介入也不可能了，因為政府請他們出來斡旋，他們自己也覺得為了這場學運，已經到了這個地步，只有保持住秩序，才有可能取得比較好的結果，否則可能招來鎮壓。

於是大概到了5月10號、11號這個階段，剛才子明在回憶錄也講了，他和軍濤的那個團隊已經決定，要用團隊的力量開始真正的介入民運。知識分子開始介入，大概是從這個時候開始的，絕食以後，才真正大規模的進入，尤其到了戒嚴以後，知識分子整個就完全與學運融成一體了。

就我自己個人反思，在這整個學生運動中，一開始領導階層都是我們這些在校學生，像我，當時才大學一年級，我們對整個中國的狀況與鬥爭經驗的了解都非常欠缺，當時因為我個人和知識界的聯繫非常廣泛，所以我非常希望子明、軍濤他們能夠加入我們，但一直到絕食之前，他們都沒有直接介入民運。坦率講，當時我是很不滿的，也挺著急的。好在絕食以後，他們就介入了。

直到今天，我還是覺得，如果知識界這些真正長鬍子的人能早一點介入的話，學生運動可能會有更具規範、更好的一個發展走向；因為畢竟他們都更有經驗。但問題是，子明和軍濤他們也只是其中的一個團隊，當時的知識界還有很多的團隊，包括李盛平等，他們都有不同的知識分子群體。那些人都曾上山下鄉、插隊、經歷文革，有非常豐富的社會經驗；如果當時他們都能站出來走在第一排，也許這場民主運動的結果就會不一樣。

但事實上，沒有！大部分知識分子都抱持著一種觀望的態度，即他

們是鼓勵支持學生的，但卻不願意站出來。我覺得這是一個教訓，在這種歷史的關鍵時刻，中國的知識分子階層只有少數像陳子明、王軍濤這樣的人決定站出來直接介入。我覺得這些知識分子本身也要作出反思：他們的沒有介入，也是這次運動最後失敗的諸多原因之一。這是我個人的一點回顧和反思。

以上是 5 月 10 號的情況，11 號絕食開始提上日程，我們明天再介紹。

五月十一日

大家好，我們繼續回顧 1989 年的民主運動和六四鎮壓。

今天是 5 月 11 號，35 年前的今天，1989 年的 5 月 11 號，是整個這場學運非常關鍵的一天。為什麼這麼講呢？因為就在這天，一些同學商議，決定發起絕食，而我就是那些同學中的一個。絕食的這個想法在 5 月 11 號這天正式提出，而且開始發動。

這整個過程，我個人都親身經歷，因此作為當事人，我在這裡跟大家做一個完整的介紹，不需要任何相關的材料，也沒有這方面的材料。到目前為止，因為當下的參與者並不多，所以我就盡我的記憶，作個直接的見證。

在這之前，包括我、開希這些學運早期的組織者，此時都已慢慢退出了第一線。因為各校的學生自治會已經都在換屆，不斷地有新人進來。我自己講過，我和封從德早在五四大遊行之後，就宣布退出北大籌委會了，況且我們也不是高自聯的常委，所以原則上我們就是以個人身份，包括我、吾爾開希還不斷地在討論運動進程。我們早期的這些組織者之間，當然還是有密切的聯繫。

六四日誌：從 4 月 15 到 6 月 4 日

　　5 月 11 號這天中午，我們幾個人約在現在的人民大學對面的一間小飯館一起吃飯（我後來還一直打聽那個小飯館，但是聽說那間小飯館已經拆掉了，否則的話，那還真是個值得紀念的地方）。當時吃飯的有這麼幾個人：我、吾爾開希、現在在洛杉磯的程真，她當時是北師大中文系四年級的女同學，和原來的高自聯常委馬少方，當時他是電影學院的，還有楊朝暉，我過去提過的，他不完全是學生，是北師大職工子弟，常跟著開希一起，另外還有農業大學的王文，大概還有 1、2 個人，我記不太清楚了，我能比較記得清的主要就是上面提到的大概 7、8 個人。

　　我們討論當時學運的局勢，在討論的過程中，具體是誰最先提的我已忘了，但是話題很快就聊到了一個問題上，那就是大家都覺得現在整個學潮的局勢有點曖昧不明，整個氣勢有點往下降，學潮沒有一個新的高潮。但另一方面，由於學潮尚未取得任何實質成果，就是我們最終提出來的對話要求，到現在政府還是沒有答應，都到 5 月 11 號了，早從 4 月 22 號我們就提出要跟政府對話，這都拖到 5 月 11 號了，政府就是不跟我們對話。學潮完全沒有取得實際成果，而學生的情緒已經慢慢淡下去了，在這種情況下，怎樣確保這次學生運動跟往常不同，能夠取得一些成果，真正推動中國的民主化進程，這是我們幾個人討論的重點。

　　在這次討論中，大家都說，看來我們要採取絕食這個策略。當時我們討論決定在 5 月 13 號開始絕食。當時我們的討論是說以個人名義發起，我們也沒想到後來會有那麼多人響應，我覺得我們當時對絕食行動實際上是挺悲觀的。因為絕食可是真刀實槍的：你一到了廣場坐在那，所有媒體都圍著你，你真的就得絕食，一直絕食下去，萬一政府就是不答應，搞不好連絕食都有死亡的可能，所以這真是個重大的決定，我們實在沒有想到會有那麼多人響應。我們只是準備以個人名義發起，用個人的這些行動，希望能推動這場運動走向高潮，從沒想通過有準備的組織去進行推動。大家在這個聚會上作出了絕食的決定。

　　這個決議其實也不是我們的突發奇想。當時北大有個作家班，張伯

第四階段：對話

笠就在那個作家班裏，還有著名的作家鄭毅，也常往作家班跑；我有時也會去作家班跟他們聊天，因此認識伯笠、鄭義；我記得最早就是聽到鄭義這麼講過。更早在新華門血案之前的 4 月 19 號時，我就曾在新華門前見過有人舉著一個小字報說「**我們要絕食**」等等，那時候我都沒太在意⋯⋯

我記得後來鄭義跟我們講過，他說大規模的社會運動，其實還有一招就是絕食，他說若有學生昏倒，全國的注意力就都會聚焦在學生身上，而且如果有人昏倒，大家一宣傳，那麼全國人民的心都會揪起來，這對促進整個運動，包括對政府施加壓力，都是別的方式所不能比擬的。在四二七大遊行之前，我們北大的男生宿舍也曾貼出過絕食這樣的呼籲。其實，在整個運動中，陸陸續續都有這樣的一些建議和呼聲出現過，所以我們才有絕食的這個想法。這次我們討論，便打算以個人名義發起絕食。

那麼為什麼選在 5 月 13 號呢？這個大家可能也都知道，就是因為當時官方已經宣布了 5 月 13 號蘇共中央總書記戈爾巴喬夫要訪問北京。蘇聯共產黨跟中國共產黨原來是好兄弟，中共原來是蘇共的小兄弟、分支部，後來中蘇分裂，30 年沒有來往，因此中蘇重新建交，關係緩和，這是一個國際大事件、世界大事件。當時世界各國的記者已經雲集北京，據後來統計，至少外面來採訪的包括香港、台灣記者大概都有上千名，媒體上千家；我們認為這是一個非常好的機會，讓全世界聽到中國青年人的聲音，讓全世界看到中國人要求民主，要求自由的決心。所以我們決定選在 5 月 13 號戈爾巴喬夫訪華的時候，也是因為考慮到那時候媒體關注度非常高，來發起絕食。

我再強調一遍，當時我們覺得之所以發起絕食，主要目的就是進一步升高對政府的壓力，以期待學運取得一定成果，這完全是我們當時的動機。現在事隔這麼多年，我們自己反思起來，這事很多都是只有我們這幾個人才知道的，我們不提，外面人真的不會知道。當時我們在討論

絕食的時候，完全沒有想到後來絕食真正發起後的情形。過兩天我會講到，絕食發起以後，全國都動起來了，廣場上和長安街滿滿都是人。

可是 11 號我們在小飯館討論的時候，其實是非常悲觀的。第一、我們覺得不會有太多人響應，可能就只有我們這些人，但仍希望經由我們少數人的犧牲能推動運動，這是第一；當然，這個想法在現在看來是我們錯判了局勢。

第二點，我們當時有個很重要的判斷，我記得這是我說的，所以我承認是我的誤判——由於 5 月 13 號戈爾巴喬夫要到北京，當時中國習慣在天安門廣場舉辦國家元首來訪的歡迎儀式，我自己小學時還曾在天安門廣場邊的人民大會堂前參加過。所以我預估如果我們 13 號開始絕食，政府不可能允許我們停留在廣場，因為要騰出地方來歡迎戈爾巴喬夫。

所以我當時打的如意算盤是：我們上去絕食，引起媒體極大關注，然後估計當天晚上我們就會被政府給清場，把我們給抬出去。因為當時我們預計沒多少人會去，估計幾十人，頂多上百人，政府隨便就可以把我們清場（我們知道四五運動上萬人很快就被清場了），所以我們當時想的是，當天晚上我們就會被抬下廣場，廣場會重新封起來，來完成迎接蘇聯元首的國事任務。這是我們當時的判斷。

現在過了這麼多年，後來我們也都知道了，局勢並沒有這麼發展。我實事求是的說，這確實是個誤判。如果當時我們知道，一旦上去絕食，結果是上得去下不來，上來的人越來越多，我覺得我們可能會考慮的更多一些。我必須承認，當時我沒有想這麼多；畢竟我才大一，也只是個二十歲的孩子，對事態可能的發展確實想的比較簡單。但我到現在我也不曾後悔，畢竟 20 歲的我不可能具有像現在 55 歲一般的社會閱歷，這根本是不可能的事情，因此，我不會去過度苛責自己。

但是實事求是的回憶，當時我們的考慮就是這樣。第一、我們希望

給政府施加壓力,讓學運有一個新的高潮,最終的目的是希望這次學運能有實際的成果,而不要慢慢的被政府給拖得師老兵疲,拖的整個運動最後沒有任何結果。我們是出於這個動機發起絕食。第二、我們認為我們這個具體行動有點類似今天的快閃行動,形成一個新的高潮之後,我們應該馬上就會被政府給驅逐出天安門廣場,待我們重返校園,我們認為這時一個新的高潮就會起來。這是當時我們簡單的想法,在這個想法下,我們決定分頭回到各個學校聯繫各校組織動員,開希和程真他們返回北師大動員,其他人怎們做我就不知道了。

我記得少方跟我回到北大,我隨即前往北大籌委會,找到柴玲和王有才這些北大籌委會的主幹。當時柴玲已經開始進入北大籌委會,我過去講過,柴玲一開始只是以封從德妻子的身分熱心參與其中,她那時已是北師大的研究生,不是北大學生,但因為封從德是北大的研究生,所以她基本上都在我們北大這邊活動。一開始她只相當於是我們北大籌委會的秘書,但是後來經過幾次換屆,大家都覺得柴玲的表現很好,她也很積極活躍,所以柴玲慢慢地以一個北師大研究生的身分進入到北大籌委會的主導工作。現居紐約的物理系學生王有才,後來也名列21個通緝名單之中。

我記得我當場跟他們講了有關發起絕食的決定,柴玲和有才都非常支持。我們遂開始緊鑼密鼓地討論,起草絕食動員書。我還記得我們起草動員書的時候,說到絕食的條件,一旦達到什麼條件我們便停止絕食。我們提出的就是後來的那兩個條件:第一、修改四‧二六社論;第二、要求政府跟我們對話。這本來就是我們一直的要求。這個是當時我們跟開希他們吃飯的時候討論過的。

可是回來北大之後,我突然覺得這兩條內容是不是太過空泛?當時我有個想法,我覺得我們所提的絕食訴求如果越是直接具體,政府答應、妥協的可能性就越大。因為如果提得太空泛,像是「**我們要民主**」,你要政府怎麼答應?怎們給你?於是在當時的這個想法下,我提議在絕

食訴求中再加入第三條：要求何東昌下台。

何東昌是國家教委副主任，實際上是常務副主任，主管教育工作，那時我們對中國的教育很有意見，教師的工資很低，教育很不自由，所以我建議加上這條。我覺得這個要求政府可能會答應，那麼我們絕食至少能取得一條成果，就是政府可能會把何東昌拋出來作替罪羊。

我忘了當時是柴玲還是有才不贊成這個建議，因此我們最後還是按原來那兩條擬了一個很簡單的動員書，表示我們是以個人身份決定在5月13號前往天安門廣場絕食抗議。我們的訴求是要求對話，要求修改四‧二六社論，如果願意跟我們去絕食的同學，歡迎參加。當天我們就把這個動員書大字報貼到了三角地，很快就有很多人，包括常勁等等在上面簽名。後來我沒再跟進，當天晚上也有人簽名，簽的人應該不多。這就是我們在北大發動絕食的情況。

從最早5月11號我、開希、少方、程真、楊朝暉、王文我們幾個人決定絕食，然後到各校發動；我一回北大得到了柴玲和王有才的支持，北大籌委會態度堅決，北大很快就發動起來。從11號晚上開始，其他學校也聽到了這個風聲，很多人認同絕食的方法，各校展開動員。

以上大概就是11號的情況。12號進入到絕食前的最後動員，我們明天再向大介紹。

五月十二日

大家好，繼續向大家介紹35年前的今天，中國發生的八九民運和六四鎮壓的情況。

現在時間來到了絕食的前一天，5月12號，1989年的今天。這一天各個學校都已經緊鑼密鼓地開始了絕食前的動員報名工作。那麼主要

的兩個學校,北大和北師大——我講過,這是 5 月 11 號我和吾爾開希等人發起的,幾個主要的發起同學分屬北大和北師大,所以我們分別在北大和北師大貼出了不同的絕食呼籲。為了讓大家更詳細了解當時我們的具體訴求,我為大家引用一下當時北大的絕食呼籲書:

> 各位同胞,在前幾次聲勢浩大的遊行示威活動之後,今天我們號召在天安門廣場進行絕食鬥爭。絕食原因:第一、抗議政府對北京學生罷課採取的麻木冷淡態度;第二、抗議政府拖延與北京高校代表團的對話;第三、抗議政府一直對這次學生民主愛國運動冠以動亂的帽子,及一系列歪曲報導。絕食要求如下:第一、要求政府迅速與北京高校對話代表團進行實質性的、具體的平等對話;第二、要求政府為這次學生運動正名,並給予公正評價,肯定這是一場愛國民主的學生運動。絕食時間定為 5 月 13 日下午 2 點出發,絕食地點為天安門廣場。」

> 絕食口號:
> 「不是動亂,立即平反」
> 「立即對話,不許拖延」
> 「吾愛真理,勝過米飯」
> 「生命誠可貴,愛情才更高;若為民主故,二者皆可拋。」

首都高校自願絕食者

這是 5 月 12 號在北大提出來的口號。很快地,包括柴玲、王有才、王池英等,大概第一波有 200 多人簽名,在北大的這個絕食宣言裡,把我們絕食的兩項訴求說得非常清楚,在以後長達一周多的絕食過程中,我們始終要求的就是這兩點,要求政府跟學生進行實質性的平等對話,以及修改四・二六社論,給學生運動正名,承認我們是愛國民主運動。

後來有人批評說學生激進,把政府逼到牆角,大家可以想想看,這兩條要求並不過分,那麼多的大學生用自己的生命,不惜以絕食的方式

要求政府答應的，不過就是把《人民日報》的社論修改一下，肯定學生愛國熱情，這能算是非常激進的要求嗎？我們要求跟政府對話，也沒有說要推翻政府、取代政府，甚至連批評政府都沒有，只是要求跟政府對話。但是政府始終不跟我們對話，逼得我們只能用絕食的方式要求政府出來跟我們對話。這叫什麼激進的要求？所以外界說學生絕食的訴求過於激進，把政府逼到牆角，我覺得是毫無道理的。

　　普天之下的抗議運動，大規模壓力團體的請願行動，請仔細看看歷史上的這些運動，沒有哪一次行動的訴求像這兩條這麼溫和，這麼節制。要求對話，要求修改社論，肯定我們是愛國的，就是這點要求。我們不是動亂，政府只要承認這點，我們就停止絕食，政府只要願意跟同學們對話，討論中國的未來，我們就停止絕食。就這兩條訴求，竟招致後來政府寧願出動幾十萬正規軍大開殺機，血洗北京，也不肯答應這兩條要求！請問，到底是誰激進？這是後話，我們以後再討論。

　　另外在北師大，開希他們寫的絕食宣言，我也要引用一下，他們的宣言比較簡單，他們說：

　　在偉大的四月民主愛國運動中，為了促進中國的民主化進程，我們相繼進行了四二〇新華門靜坐請願、四・二二天安門請願、四二七環城大遊行、五四大遊行等一系列和平請願活動，要求和政府進行平等公開直接的對話，但是政府對我們的請願，公然採取欺騙和污衊態度。在5月6號，我們又一次向政府遞交了請願書，要求5月8號給予明確答覆，但政府採取拖延手段，說11號給予我們答覆，但11號政府卻說盡量在本週內給予明確答覆。對於這種一再拖延的欺騙，我們再也無法忍受，為了表示我們的決心和強烈的抗議，我們決定採取絕食請願手段，敦促政府立即與北京高校學生代表團進行真正的對話。

　　這是在北師大提出來的，我覺得北師大的這份絕食動員書寫得也很好，雖然簡短，但它講出了一個關鍵問題，就是當有人在回顧這場民主運動的時候，若指責學生為什麼一定要採取絕食這麼激烈的方式時，那

麼師大的這份絕食宣言已經講得非常清楚——從4月15號胡耀邦逝世，一直到我們5月12號發起絕食，在這將近一個月的時間裏，如果大家聽了我過去從4月15號到今天每天的回顧的話，就可以非常清晰地看到，作為提出請願的大學生，我們從遞交請願書，到去人民大會堂廣場新華門前靜坐，再到四二七大遊行、五四大遊行、自行車大遊行，以至於到知識界的聯名信，所有最溫和的手段都已窮盡，在這種情況下，政府始終連對話的意願都沒有，所以並不是說我們非得採取絕食這種方式，我們完全是被迫的。

當所有可能的手段都使盡，仍然沒有效果的時候，只能採取我們最不願意採取的一種方式，那就是絕食，用這種自殘的方式，希望政府能夠出於同情，接受學生的要求，這幾乎可說是卑微的要求，跟學生對話，聽見我們對於中國的意見。寧願以自殘來要求，完全是學生被逼到了牆角。我們並不是沒採取過合法的手段，我們連鄭幼梅這樣的新聞局長都見了，各種努力地寫信，通過各種管道，通過學生會遊行示威，幾次大遊行都是傾城出動，這個聲音政府不可能沒有聽到。這麼大的動靜，政府卻是一味地拒絕跟學生對話。那學生能怎麼辦？只能採取更進一步的方式。所以嚴格來講，從歷史回顧的角度講，完全是政府的蠻悍態度，迫使學生只能採取激烈的手段。

這天各個學校都在進行動員。我原來講過，在這之前一年，我每週三都會在北大辦民主沙龍。12號好像是禮拜三，自4月19號那次的民主沙龍在成立北大籌委會之後舉辦，後來忙著遊行請願示威，沙龍就一直沒辦。到5月12號這天，很多沙龍的同學反映，不管怎麼樣，沙龍是校園民主建設的重要一環，所以12號下午，我們在北大塞萬提斯雕像前的草坪上組織民主沙龍，這應該是第17期，上一次4月19號是第16期。

第17次民主沙龍是我主持的，這也是最後一次的民主沙龍。這次民主沙龍我特別邀請了當時知識界的領軍人物包遵信先生，包先生是中

國社會科學院歷史研究所研究員,包先生已經過世了,他後來也被說成是黑手,也遭到判刑,先是關在秦城監獄,後來跟我一起被關到北京二監,我們一路可說是患難的忘年之交。這一期我請了包先生來講,以五四為主題。

因為五四 70 周年,包先生發表了一個很激動人心的講話,我還記得他講得非常動情,他說他認為 1989 年這次學生運動的偉大意義,已超越了五四運動。當然現聽來這好像有點在吹捧學生,但包先生是出於真情,如果你問當時見證過這場運動的知識分子,他們那一代的老知識分子,經歷或研究過五四運動的人,都有著同樣的評價,包括許成鋼的父親許良英先生都講過這樣的話,他們認為這次八九民運的意義超過了五四運動。

其實五四運動我們都知道,多少有些背後是共產黨在內部去推動左翼思想,有一些政黨操縱的因素。可是這次八九年的民主運動為什麼說超越五四,就因為它完全是人民自發的要求民主與科學,沒有那麼多強烈的民族主義東西在裡頭,這跟五四是很大的區別。包先生發表了兩篇演講,高度肯定當時的學生運動,有很多學生來聽。後來包先生大概因為這場演說,成了他後來遭到重判的關鍵證據之一。這是下午的事情。

晚上我跟柴玲一起到北大廣播站,進行了絕食的動員,這個我記得很清楚,我們兩個分別演講。如果還有當時北大的同學記得的話,我的演講比較冷靜一點,雖然也試圖煽情,但我不是那種性格。我仍然強調:

「大家不要怕,就算共產黨有幾百萬軍隊要鎮壓,但是我們背後有十億的老百姓支持我們。通過幾個大遊行,我們都可以看到。為了取得這次運動的成果,我們被迫採取這樣的方式,呼籲更多的同學能夠參加,要讓我們這次民主運動取得成功。」我大概就講了這次發起絕食的意義。

柴玲的講話就非常激動人心了,這些都有錄音的。我已經忘了柴玲

講什麼,但是我記得柴玲聲音非常高亢,而且一邊講一邊流著眼淚,我當時印象很深,站在旁邊的我都被她打動,那是很感人的一篇講話。她大概念了這個絕食的宣言,包括我們後來都知道的有名的「**要用我們的心去晴朗共和國的天空**」等等。我們兩個的講話,據別的同學說,在北大的影響非常大。

原來的大字報貼出去,一開始大概簽署了將近 200 人,據說當天就迅速增加到了 300 多人。實際上到第二天,出發的人數出乎我們預料的多,很多人沒簽名,但還是參加了絕食,這是後話,我們明天再講。5月 12 號晚上,我跟柴玲做的這個類似戰前動員的講話,呼籲大家去參與這個絕食。

這一天還有件挺有意思的事,說起來跟這場絕食沒有直接的關係,但是有間接的關係。就是 5 月 12 號這天,在北京的穆斯林學生,大概以民族學院為主,向北京市政府提交了遊行申請,並經過北京市的許可,也搞了一次抗議遊行,大概有 1000 多人參加。是在京的穆斯林學生,主張抗議有一本叫《性風俗》的書,具體原因我不知道,大概《性風俗》那本書裡有些內容觸犯了穆斯林的宗教信條,所以他們舉行遊行。他們一直走到統戰部,提交了請願書,大概是要求查禁《性風俗》一書,這也算是一個小插曲了。在當時那麼活躍的氣氛下,民族學院的穆斯林同學提出這個遊行,還得到當時北京市政府的許可,這可能是整個八〇年代少見的一次向政府提出遊行申請且得到政府許可的一次遊行,這也發生在 5 月 12 號。

5 月 12 號晚上,各個學校的氣氛都非常緊張,因為第二天就要開始絕食行動。我也必須得說說當時北高聯的態度。當時主持北高聯工作的是王超華,今天聊起來,我們兩人常開玩笑,說當時我們是對立方。

當時超華和北高聯的態度是反對絕食的,他們認為這不是一個好的時機,但因為我跟開希是用個人名義發起的,所以他們也沒辦法。但由於馬少方也支持我們的絕食,馬少方還是北高聯的常委,所以我記得少

方曾跟我講，北高聯內部曾為此發生過激烈的爭吵，他還跟他們拍了桌子等等。所以絕食行動一開始北高聯是反對的，但是明天，5月13號，北高聯的態度也發生了轉變，因為學生一到了廣場，事實就是事實。我得講清楚，原本學生內部對是否發動絕食是有分歧的。

那麼接下來就是5月13號絕食正式開始，我們明天再向大家介紹。

第五階段：絕食

五月十三日

大家好，今天是2024年5月13號，35年前的今天，中國爆發的民主運動來到了最高潮，這也可以說是整個這場運動中最驚天地泣鬼神的一天。在這一天，北京市高校學生發起了大絕食。

我就以我自己經歷的全過程，給大家先講一講我的見證。我們北京大學的隊伍是大概上午10點多在三角地開始集合，很快就集合了大概幾百個學生，但人數大大超出了我們當初所估計。在我們11號下午貼出絕食動員書的時候，才有10幾20個人簽名，到第二天不過200多人簽名，但是到了出發之前上午10點多集合的時候，我看到洶湧的人潮成百上千，我已經數不清人數了，眾人在三角地集結，準備下午出發。

中午發生了一件感人的事情，那就是我們大家都非常熟悉和尊敬的北大中文系的老師，錢理群老師，還有其他一些中青年教師，他們在錢老師的帶領下，在當時的學生食堂席開十幾桌，出錢辦了十幾桌豐盛的飯菜，為學生送行。在這之前，他們作了準備，我也去現場見了錢老師和其他老師。我們一進那個學生食堂，好像是燕南園食堂，進去之後，牆上已經掛了一個大橫幅「風蕭蕭兮易水寒，壯士一去兮盼歸還」，就是這些青年教師寫的。大家都知道這詩原來作「風蕭蕭兮易水寒，壯士一去兮不復還」而錢理群他們把這首詩改了兩個字，改成「盼歸還」，代表他們的心意。

可是這頓飯我們根本都吃不下去。我記得有個學生站起來說：「老師，這頓飯我們吃不下！雖然我們知道，這也可能就是我們一生的最後一頓飯，但是我們實在吃不下。感謝老師為我們送行。」那些教師也都很激動。

六四日誌：從4月15到6月4日

　　大概下午1、2點的時候，北大的隊伍開始從南門出發。這時候發生了一個小插曲，我站在路邊組織，旁邊有一個中年婦女，我不認識，她拉著我的衣角說：「能不能跟你說幾句話？」我那時候也沒有太強的警惕心，就跟她走到一邊。她說：「我是代表毛毛來的。」毛毛是誰？毛毛就是鄧榕，鄧小平的女兒，當然我不知道她說的是真還是假，她說：「我是代表毛毛來找你的，我知道你是誰，我也知道你對這場學運是有一定影響力的。毛毛的意思是，老爺子那邊……」說的就是鄧小平那邊，大概就是說鄧小平那邊是可以勸的，可以討論的，「但是你們這邊也要做一些配合，不要把老爺子給逼到沒法對話的程度。我們毛毛包括鄧樸方這些家人，都願意去做老爺子的工作。你看看你能不能做學生的工作？註9」聽了這番話，我根本就不信。一個陌生的中年女子，說她是代表鄧榕？

　　當然，後來我反思，這有可能是真的，因為後來我們確切的知道，鄧樸方那也邊派人找了吾爾開希，還跟吾爾開希見了面，大概說的是相同的話，所以找我這件事，可能是鄧家子女分頭去找我們這幾個主要的負責人，那個女的也許真的就是鄧榕的代表，或者代表鄧榕，應該不至於是鄧榕本人。我跟她說：「我沒辦法代表廣大同學答應你什麼，這是廣大學生的意願，我可以把你的意見轉達。」就把她打發掉。這是中間的一個插曲。

　　這次出發跟四二七大遊行一樣，我記得那天天氣是比較陰涼的，如果有參加過絕食的同學還記得的話。我們隊伍走到街上，那裡也是傾城出動。這回就不像四二七大遊行、五四大遊行，那時候氣氛比較高昂。這次是絕食，氣氛比較低沉。我們走到北師大，跟北師大隊伍會合以後，我、吾爾開希、馬少方、楊朝暉、程真，我們5個手挽手走在整個的隊伍的最前面，現在大家還能找到那張照片。

　　大家應該還記得，5月11號我們5個發起的的這次絕食，所以這

註9. 這裡的「做工作」指的是進行遊說，即說服鄧小平、說服學生。

第五階段：絕食

次我們也約好了時間，我們5個手挽手走在隊伍前端，在我們的前面，有幾個同學高舉著北大和北師大的校旗在前面開道，我們5個後面是糾察隊，兩排糾察隊在我們5個人後面，再後面就是一排一排密密麻麻的，黑壓壓的學生人潮，大家都是手挽手，氣氛相當低沉。沿途全是送行的北京市民，喊各種各樣口號的都有，給我們鼓勵打氣。我印象特別深，也非常感人的是，有幾個女性，一看就是工人，還戴著袖套，她們在一起抱頭痛哭，為學生送行。

游行隊伍大概4點多開始進入天安門廣場。到了廣場，已經有將近3000多學生，又有上萬學生組成糾察隊，這遠遠超過我們的想像。我們11號討論的時候，沒有想到會有這麼多人，結果真正到了下午4、5點的時候，廣場已經坐滿了人。由於所有的學生都坐下了，所以我們能統計人數，大概有2000～3000人。所有糾察隊的學生都站在周圍，把整個天安門廣場站滿。天安門廣場有多大？大家可以想像站了多少人，至少有上萬人。

我們北大遊行隊伍後面，跟著長長的一排三輪車，上面拉著棉被、棉大衣等，就是怕同學們晚上冷。還有老師，也一路跟著送行。我們進入天安門廣場以後，小封從北大帶來的旗子，完全是黑色的，很有名的一個旗子，上面寫著「絕食」兩個大字，在毛澤東紀念堂前面的旗桿上升起來。等大家升旗安頓好了之後，我開始上去指揮。有照片記錄了現場那一刻，這張照片很有名，那時我戴上了額標，就是在頭上綁了一塊上面寫著「絕食」兩個字的白布，我拿著大喇叭先帶領學生一句一句宣誓，誓詞是這樣的：

「為了推進中國民主政治進程，為了國家繁榮，我們自願絕食！遵守絕食團的紀律，不達目的，誓不罷休！不達目的，誓不罷休！」今天講到這裏，我還是會非常的感動。學生真的準備豁出性命去，希望推進中國的民主化進程。所以這個誓詞非常簡單：「為了推進中國民主政治進程，為了國家繁榮，我們自願絕食！遵守絕食團的紀律，不達目的，

六四日誌：從 4 月 15 到 6 月 4 日

誓不罷休！不達目的，誓不罷休！」整個天安門廣場都能聽到學生們山鳴海嘯一般的聲音，我們大概宣誓了 3 遍。在這個之後才宣布絕食正式開始。

按照張萬舒《歷史的大爆炸——六四事件全景實錄》中的記載，絕食是從 1989 年 5 月 13 號下午 5 點 20 分正式開始，這可以說是中國當代史上歷史性的一天。根據他的記載，到了晚上，天安門廣場絕食學生已經達 2000 多人，圍觀的群眾，其實就是學生糾察隊，有萬餘人。絕食正式開始之後，我到了旁邊。這時北高聯也派了北高聯秘書長王超華，帶著北高聯的代表到了廣場，跟我們絕食團見了面。

絕食宣布開始之後，我們開了一個小會，我、開希、程真、柴玲等，我們這些發起人迅速決定，成立一個臨時的絕食指揮部，我忘了那個指揮部的負責人是誰了，好像開希還是誰作負責人，柴玲、程真等我們都做常委，這樣就好組織現場的絕食團事務。然後北高聯來跟我們談，說他們雖然前一天的態度是反對學生絕食，但既然這麼多的學生自願來絕食，他們認為北高聯不應該坐視不管，所以大概下午 6 點左右，我跟王超華共同在天安門廣場旁邊的歷史博物館和革命博物館——現在叫國家博物館，我母親就在革命博物館工作。其實我母親那天沒跟我講，她已經進駐到革命博物館，在辦公室打地鋪，陪著我們，就是怕我臨時出什麼事情，這事以後會另講——開了中外記者招待會，當時有非常多的記者。

我們說明了絕食的訴求，現場有很多記者提問，細節我就不講了。超華也代表高自聯，發表聲明支持學生。大概到了 6 點多左右，我們開始組織各校以學校為單位就地坐下，然後安頓、鋪開棉被等，有的同學很累，就躺倒，折騰到很晚。

大概到晚上 8、9 點鐘，有人找我，我一看是周舵，周舵那時是四通集團的人，我們都知道他是萬潤南那個系統的。周舵跟我見過一、兩次，但我們不是很熟，他跟我說：「中央政府部門有人要跟學生代表對

第五階段：絕食

話，希望你能夠去參加。」我便跟著他去了。

進入的是統戰部還是人民大會堂的一間會議室，我已記不清了。當時頭銜是書記處書記、統戰部長的閻明復坐在最前，兩邊有一堆官員，包括李鐵映、各校黨委書記、北京市委的一些人，我們都不認識。但是有一些人，我看了嚇一跳，就是王軍濤、陳小平、周舵，還有一批，就是當時的精英知識分子張倫這批人。後來我才知道他們分別是被閻明復派人用車一個一個給接來。當時閻明復的想法是讓這些知識分子來斡旋，他們認為這些知識分子對我們學生有影響力，所以請他們來。

後來軍濤在法庭給自己辯護得非常有力，他說：「不是我們要介入這場學運，是你們政府請我們出來斡旋，結果你們政府態度強硬，導致我們斡旋不成，然後你們反倒說是我們唆使學生做這些事，天下哪有這麼荒唐的道理？」他講的就是這個。王軍濤他們純粹是被政府，被閻明復三敦四請出來，希望在政府跟學生之間進一步斡旋。

閻明復說：「馬上戈爾巴喬夫就要訪華了，這是重大的國事活動，希望學生能夠撤出廣場。」當時我們去了不少學生代表，像程真他們，開希沒去，高自聯的代表邵江好像也在場。我也有發言，我說：「我們的訴求很簡單，就這兩條。你們只要答應了這兩條，我保證我們馬上就撤出廣場。我們也不願意坐在這裡絕食。我們作為組織者，希望早一天把學生帶回學校。但是這兩條要求，是廣大學生的共同心願。你們也看到了、聽到了幾千學生以生命在那裡宣誓：不達目的，誓不罷休！要求的就這麼簡單的兩條：第一修改四二六社論，第二要求政府跟學生對話。你們只要做到這兩條，我們就撤。你做不到，我沒辦法帶學生撤下來。」我覺得我講得夠誠懇的。我記得包括軍濤、陳小平，好像還有社科院的何懷宏等一批當時的青年知識分子也都有發言。

軍濤大概也有這個意思，就督促政府接受學生的要求，他說：「這個很好解決，你們接受學生的要求，學生就撤。大家都是為了這個國家好，有什麼不能答應的呢？」大概就是這個意思，是不是原話，這可能

需要軍濤自己再來回憶了。閻明復說他也作不了主,但是同學們的意見,他會轉達給更高級領導。這個會議就無疾而終,沒有結果就散了。知識分子回家,政府回他們家。

我回到天安門廣場。這時候已經是深夜,13 號即將結束了。天安門廣場當時一片忙亂,廣場上的燈也都給我們打開了,我看到各個學校的人都躺了一地,我光是找北大營地都找了半天。在我離開之後,絕食指揮部已經開始做了很周密的安排,首先就是成立了一個很龐大的糾察隊,我剛才講有上萬的學生自願做糾察隊,所以整個絕食現場——我指的是天安門廣場,從毛澤東紀念堂到天安門城樓,那半塊廣場都是絕食的現場——被糾察隊的學生團團圍起來,手拉手圍起來,24 小時三班倒,沒有斷過。

當時我們的規定是:沒有學生證不可以進來,或者是要經過批准才可以進來。我們擔心的就是有人搗亂。如果現在搞這樣的運動,也會有同樣的擔心,所以當時這是非常壯觀的景象。大家都知道,天安門廣場那麼一大圈的學生輪班倒,隨時手拉著手形成一個人鏈。同時我們擔心有同學因絕食而體力不支,為了讓救護車隨時進來,我們也開闢了一條生命通道,我們有特意空出一條可以通行汽車的路,讓救護車可以開進來,我們稱為生命線,生命線兩邊也拉起了糾察隊,大家都不可以跨越這條生命線。外圍是整個糾察隊,中間有一條生命線,之間的廣大空間是學生。這時候聞訊而來的其他學校的學生、市民,多到根本就看不清楚了,人山人海。

以上是 5 月 13 號絕食正式開始。既然絕食已經開始,那麼接下來的情況越來越激動人心,明天再繼續向大家介紹。再次抱歉,我剛才情緒有點激動。

第五階段：絕食

五月十四日

大家好，我們繼續回顧 1989 年民運每天的進程。

現在是 5 月 14 號，35 年前的今天，1989 年 5 月 14 號，絕食開始進入了第二天。這一天大概凌晨 2、3 點鐘的時候，北京市長陳希同、市委書記李錫銘帶著市政府一批人來到天安門廣場，試圖跟學生交流，希望勸退學生。那時我也在現場，糾纏隊拉出了一個大圓圈，北京市政府的這些人在中間講話，陳希同這些人我們平時根本也見不到，是學生絕食終於把他們給逼出來了。他們當然講的都是一些廢話「**理解同學愛國熱情，希望你們離開廣場不要干擾國事活動**」云云，但是對於學生提出的絕食要求，完全閉口不談，所以他們講沒多久，學生在底下就是起哄。那個時候在北大，我們對於講得不好的演講者，都是「噓」。所以當時整個廣場噓聲四起，李錫銘和陳希同就灰溜溜走了。這個是大概凌晨的時候發生的時期，然後我就去睡覺去了，太累了，一直睡到了上午。

下午的時候，當時的國家教委主任李鐵映，還有統戰部長閻明復，受趙紫陽委託前來斡旋，還有當時的監察部長尉建行。統戰部跟學生對話代表團進行了一次對話，這個對話的主要參與者是項小吉等對話代表團的成員。當時在廣場絕食團的同學聽說這場對話之後，就產生了不同的意見；學生們認為對話代表團的同學現在已經無法代表在廣場上絕食團的同學。我忘了是在誰的代表下，從天安門廣場來到統戰部，有的同學情緒非常激動，說：「你們不能代表我們！」還試圖衝進會場。

因為我本來就早到現場，後來就有大批廣場的同學。那時候我也留在會場裡面，李鐵映他們坐在前面，柴玲、我也坐在我們的代表席，項小吉主講，提出對話代表團的一些意見，就在這個時候，發生了衝擊事件，就是來自廣場的同學衝擊對話會場。所以這次李鐵映出來跟學生對話沒有成功，這是下午發生的一件事情。超華作為高自聯代表，對這個事非常生氣不滿，但我可以理解廣場上同學的那種情緒，他們在那裡拿

生命絕食，然後這邊有人在跟政府對話，完全沒有絕食團的代表，所以絕食團的同學也不同意。其實大規模的這種社會運動、學生運動，只要是一開始，肯定就會有各種各樣的不同的意見，這從1989年的民運中就可以看出來，我倒覺得這沒有什麼稀奇。

晚上《光明日報》辦了一個座談會，討論當前的局勢，由戴晴邀請了一批學者參與，這批學者都是當時在中國鼎鼎有名的頂尖學者，而且都是自由化學者，對年輕人有著極大的影響。當時主持人是閻明復和陶思亮，陶思亮當時是統戰部的工作人員，是知識分子局的局長，直接負責跟知識分子聯繫，協助閻明復處理這次學潮的問題。好像是在陶思亮的建議，在戴晴的組織下，閻明復找了12位著名的學者談話，希望他們能夠幫助政府去做工作。

這12位學者是誰呢？包括溫元凱，是很有名的改革演說家、《光明日報》記者戴晴、公安部的于浩成、著名作家蘇曉康、原中宣部理論局局長李洪林、社科院政治所所長嚴家祺、包遵信，包先生是歷史學家、著名文學家，社科院文學所所長劉再復、文學所的學者蘇煒、著名的哲學家李澤厚、報導文學作家麥天樞、文學家李陀。這12個人可以說是當時中國知識界的豪華陣容，連李澤厚都出動。

我後來被超華叫到現場，好像就到了統戰部，戴晴就跟閻明復討論，同意12名學者到廣場上去勸說學生。我一路跟超華，就陪著這12個學者。從統戰部走到天安門廣場沒有多遠，我們一路走，沿路都有同學護送。這就是這次運動中著名的「十二學者上廣場」。這些學者到了廣場，就被廣場上的好幾萬學生團團圍住，他們站在中間我們臨時搭的檯子上發表演講。曉康這些人都有上去講過話。這些知識分子在去廣場之前。也緊急起草了一份呼籲書〈我們對今天局勢的緊急呼籲〉，他們提出了3點：

一、中央負責人發表公開講話，宣布這次學潮是愛國民主運動，反對任何形式對參加學潮的學生秋後算帳；第二、由大多數學生通過民主

第五階段：絕食

程序選舉產生的學生組織是合法組織，政府應予承認；第三、反對以任何藉口、任何名義、任何方法對靜坐絕食的學生採取暴力，誰這樣做，誰就將成為歷史的罪人。有個學者（好像是曉康還是誰）一上臺就是宣讀的這3項，是12名學者對政府提出的要求。

同時，12名學者的代表又說，如果政府接受這3條，那麼他們認為：「為了中國改革的長遠利益，為了避免親者痛仇者快的事發生，為了使中蘇最高級會晤能夠順利進行，我們懇請同學們發揚這次學潮中最可寶貴的理性精神，暫時撤出天安門廣場。」

溫元凱講話，戴晴也講，溫元凱在講話中還說：「4月15號以來的學生運動，是一場偉大的愛國運動，將開創中國政治體制改革、政治多元化民主化潮流的新紀元。學生運動無罪！」總之，這12名學者希望以剛才的那個3個條件為前提斡旋，只要政府答應了，肯定學生的愛國民主性質，承認學生的自治組織，不進行秋後算帳，他們建議學生就撤出廣場。

我記得戴晴那時候還要說，但底下的學生開始鼓譟，表示大家不同意，因為政府還沒有答應呢！知識分子代表能代表政府嗎？所以學生根本就不接受斡旋。戴晴還說：「那我們可以請趙紫陽到天安門城樓上通過廣播，向大家宣布他接受這3個條件，可不可以？」學生也是一片鼓譟，有說可以的，有說不可以的。總之，當時的形勢是相當混亂。

我就在台上，我跟開希都在，但是在場的成千上萬的學生，顯然是沒辦法接受這12名知識分子建議撤出廣場的呼籲。原因還是很簡單，就是我們絕食的條件都政府沒有接受。所以12個學者講完了之後，看著情況不對，好像蘇曉康還是誰，就說：「好，那既然你們不接受我們的建議，不撤出廣場，我們這些知識分子就決定坐下來跟你們在一起，共同追求中國民主進程。」有學者這樣講，當然引起學生極大的歡呼。後來講完了，有學者就走了。我記得開希陪著李澤厚走，我留在現場。

留在現場之後,學生開始七嘴八舌的討論,壓倒性的意見是,這12位知識分子的心願是好的,但是他們提的這3條,政府現在沒有答應,所以我們沒辦法現在就先撤出廣場。戴晴的意思是說,你們先撤出去,然後我們知識分子來勸說政府接受那3條。但是事後也證明這只是一廂情願。這是整個14號這天的情況,從早晨的北京市政府出面,到下午的李鐵映教委出面對話,到晚上12學者試圖調停的情況。

在下午的對話會上,我印象特別深的是,我到了現場之後,柴玲在場,我進去時正好聽見柴玲在宣讀絕食書。這個絕食書是誰起草的目前尚有爭論,柴玲說是她寫的,我們有位北大作家班的白夢,說是他寫的,對此有一定的爭論。但這個絕食書非常感動人,包括閻明復在那眼圈都紅了,所有統戰部的工作人員中,我看見一個女的趴在桌子上放聲大哭,就是因為聽柴玲念這份絕食書。因為這個絕食書可說是八九民運中一個非常重要的文本,是非常有代表性的,可說是當時最重要的一份文獻,是北大寫的,我在這裏引用一下:

〈北京大學絕食團絕食書〉

在這陽光燦爛的五月裡,我們絕食了。在這最美好的青春時刻,我們卻不得不將一切生之美好,決然地留在身後了。但是我們是多麼地不喜悅,多麼地不心甘啊!然而,國家已經到了這樣的時刻,物價飛漲,官倒橫流,強權高懸,官僚腐敗。大批仁人志士流亡,流落海外,社會治安日趨混亂。

在這民族存亡的生存關頭,同胞們,一切有良知的同胞們,請聽一聽我們的呼聲吧!國家是我們的國家,人民是我們的人民,政府是我們的政府,我們不喊誰喊?我們不幹誰幹?儘管我們的肩膀還很稚嫩,儘管死亡對於我們來說還顯得過於沉重,但是我們去了,我們卻不得不去了,歷史這樣要求我們。

第五階段：絕食

我們最真誠的愛國感情，我們最優秀的赤子心靈，卻被說成是動亂，說成是別有用心，說成是受一小撮人的利用。我們真誠請求所有正直的中國公民，請求每一個工人、農民、士兵、市民、知識分子、社會名流、政府官員、警察，和那些給我們炮製罪名的人，把你們的手放在你們的心口上，問一問你們的良心，我們有什麼罪？我們是動亂嗎？我們罷課，我們遊行，我們絕食，我們獻身，到底是為了什麼？

可是，我們的感情一再被玩弄，我們忍著飢餓追求真理，卻遭到軍警毒打，幾十萬民族精英跪求民主，卻被視而不見，平等對話的要求已經一再拖延，學生領袖身處危難，我們該怎麼辦？民主是人生最崇高的生存情感，自由是與生俱來的天賦人權，但這些卻需要我們這麼年輕的生命去換取，這難道是中華民族的自豪嗎？絕食乃不得已而為之，且不得不為之。

我們以死的期待，為了生而戰。我們還是孩子，我們還是孩子呀！中國母親，請認真看一看你的兒女們，當飢餓無情地摧殘了他們的青春時，當死亡正向他們逼近時，你們難道無動於衷嗎？我們不想死，我們想好好地活，因為我們正是人生最美好的年齡。我們不想死，我們想好好的學習，祖國還是這樣的貧窮，我們似乎沒有權利留下祖國就這樣去死，死亡絕不是我們的追求。

但是，如果一個人在死，或一些人在死，能夠使更多的人活得更好，能夠使祖國繁榮昌盛，我們就沒有權利去偷生。當我們挨著餓時，爸爸媽媽們，你們不要悲哀，當我們告別生命時，叔叔阿姨們，請不要傷心，我們只有一個希望，那就是讓你們能更好地活著。我們只有一個請求，請你們不要忘記，我們追求的絕不是死亡，因為民主不是幾個人的事情，民主事業也絕不是一代人能夠完成的。死亡在期待著最廣泛而永久的回聲。

在生與死之間，我們想看看，政府的面孔是答覆、不理睬，還是鎮壓？在生與死之間，我們想看看人民的表情，我們想拍一拍民族的良

心。人將去矣,其言也善,鳥將去矣,其鳴也哀。別了,同仁,保重!死者和生者一樣的忠誠!別了,愛人,保重!捨不下你,也不得不別離!別了,父母,請原諒,孩兒不能忠孝兩全!別了,人民,請允許我們以這樣不得已的方式報效祖國母親!在這個自然的嫵媚的五月,我們去絕食,我們用生命寫成的誓言,必將晴朗共和國的天空。

北京大學絕世團全體成員

1989 年 5 月 13 日

這,就是我們的絕食書,謝謝大家。

五月十五日

大家好,我們繼續回顧 1989 年的民主運動。

現在是 5 月 15 號,35 年前的今天,絕食已經進入了第三天,政府遲遲沒有回應,這時已經開始激起了全社會的強烈反應。整個八九民主運動可以粗分為兩個階段:以絕食為分水嶺,此前基本上就是學生運動,絕食之後,由於社會各界都開始介入,就已經變成了一場全民民主運動。

所以絕食是個非常關鍵的轉捩點,它從學生運動開始變成全民民主運動,這個運動一個很明顯的一個標誌,就是 5 月 15 號這一天,首都知識界在一個大字橫幅的帶領下嚴家祺、包遵信兩個人走在最前面領頭,帶領首都知識分子進行大遊行,出來了多少人?兩萬多人。

各社會科學、自然科學單位、新聞媒體,還有大學、高校教師等等,所有的知識分子等兩萬多名知識分子,進行了中國知識界大遊行。大遊

第五階段：絕食

行之前，帶隊人包遵信發表演講，他說：「同學們，從 13 日開始絕食，可是政府一直到現在仍沒有人出來講話，可見這是個無力的政府，不負責任的政府。今天首都 200 多個單位的近兩萬名知識分子代表，前來向你們致意，我們在此發表一個聲明，我們 4 萬名知識分子，在你們的鼓舞和感召下也站起來了。為了全中國的自由，全中國的民主化，同你們戰鬥在一起。」

他說的這 4 萬名知識分子，就是學生絕食以後，社科院為主的知識分子發起了全國的簽名。很快，2 天不到，就有 4 萬多知識分子聯署，聲援學生的絕食行動。這 2 萬名知識分子到了廣場之後，跟學生見面並發表演講。當時很有名的作家，現在華盛頓特區的鄭義，在演講中說：「所有參加這次行動的同學，都是我們的老師，你們教育了我們。今天我們知識分子遊行隊伍有好幾里地長，好幾萬人，顯示了我們知識分子獨立的力量。我們要和同學們戰鬥在一起，為自由和民主的中國而奮鬥。」嚴家祺的簡短講話是：「我們願意和同學們站在一起，中國的自由民主一定能實現。同學們萬歲！」他們幾個人的講話，得到學生們非常熱烈的歡迎，掌聲不斷，現場也是高唱《國際歌》。

這一天全國各地都動起來了，當天鄭州大學 2000 多學生遊行到省政府門口，高喊聲援北京。黑龍江大學十幾所院校 3000 多學生、教師上街遊行，也是到省政府門口，有個青年教師宣讀了《哈爾濱高校學生聲援請願書》，要求省長出來接收。海南師院 400 多學生，當天晚上 11 點多上街遊行，到了海南省人民政府前的廣場靜坐。在遼寧，這時候還正舉行藝術節呢！但聽說北京學生在絕食，遂改為大規模的遊行。瀋陽師院、體院、航院等 3、4 千人到了省政府門口，跟武警形成對峙。在太原，山西大學上萬學生去遊行。這一天全國就是在組織聲援北京學生，社會各界開始聲援。

我前面講過，這幾天中國的媒體難得的全面放開了，所以很多媒體記者開始正面真實的報導事實情況，《科技日報》發表了題為〈國家民

六四日誌：從4月15到6月4日

族利益呼喚著理性和人道〉的這篇報導，就是5月15天安門廣場的紀實報導。為了還原當時的情況，我給大家引用一下這篇報導，35年前的今天的情況，報導說：

5月15號下午，驕陽灼蝕著天安門廣場上的人群，數十萬的靈魂縈繞著人民大會堂上的國徽，巨大的黑幡「絕食」，垂盪在半空，帶著紅十字的旗幟，飄動在眾多的旌旗之間，伴隨著藍色熒光的急救車頻繁的發出的呼救聲，人民英雄紀念碑低垂了頭，一個震驚中外的中國大學生，為爭取民主自由推進改革，未被理解而絕食請願的行動，已經在這裡進行了三天兩夜。

今天呼喊著口號，舉著旗幟走在十里長街和天安門廣場上的，不再僅僅是首都高校的大學生。首都各界從四面八方起來，聲援首都高校學生絕食請願的行動。一批批，一隊隊，人如海，聲如潮，在中國知識界的氣勢下，幾千名教授、研究員、作家、詩人、音樂家、新聞記者，振臂高呼建立民主政治，反對貪污腐敗，聲援學生運動。他們的前後左右，是數以百萬計的北京市民。

「你們是最可愛的人！」有人這樣稱讚為愛國民主而努力的大學生。讓我們來看一看十里長街浩浩蕩蕩的聲援學生的遊行隊伍：中國科學院、中國社會科學院、中國農科院、中國氣象科學院、中國工程物理研究院、國家地質局、機械部等單位的科研人員和機關幹部走過來；北大、人大、北京科技大學、北京理工大學和首都幾十所高校的教授們走過來；《人民日報》《科技日報》《國際商報》《文藝報》《亞太經濟時報》《中國音樂報》、作家出版社等單位的記者、編輯走過來。

中央美院教師打出幾十米長的深藍色橫幅，上面寫著「門前連日動地聲，千呼萬喚是民情。莫惟學生不足論，滿懷憂患九州同。」同時，另一幅橫幅寫著「健全法治為民主，清除腐敗利新風」。作家柯雲路、鄭義、趙瑜、老鬼、王朔、蘇曉康等一批文壇上嶄露頭角的青年作家，自動的走在了隊伍的最前頭。由數千人組成的中國知識界的遊行隊伍，

第五階段：絕食

從出發起就一直受到人們熱情的歡迎。

在隊伍兩邊，無數高舉的臂膀如林似海，學生們舉起大大小小的標語牌「謝謝您，老師！你們是真正的知識分子」。一位婦女哭著向記者隊伍大聲呼喊：「為我們說說真話吧。」一群中國政法大學的男女學生流著淚對記者說：「謝謝您！人民感謝您！」每當見到白髮蒼蒼的老教授、老專家，掌聲就立即變得格外熱烈。一對年輕的夫婦把他們3、4歲的孩子高舉過頭，胖乎乎的小手比成象徵勝利的Ｖ字。在人們發自內心的掌聲歡呼聲中，交流著相知相遇的感情。

對千千萬萬的人來說，今天無疑是人民爭取民主的盛大行動。僅5月15號一天，就有上百萬人次到天安門廣場聲援學生，事態就是如此嚴峻的擺在了黨和政府的面前。人們不需要更多更深的哲理，只要實踐四個字：實事求是。市民們遊行了，知識界遊行了，機關幹部們遊行了，人們仍在保持著理智和克制，但已經發出了最後的呼喊。人們為絕食已60多小時的大學生而焦慮，為國家民族的前途而焦慮。

願不在大，可謂為人，載舟覆舟，所宜深慎。

1989年5月16號，《科技日報》

這篇報導比我本人能夠更真切地描繪出當時的情況，很多的事情我自己都忘了，那時候大概忙得昏了頭。像這樣的場景，我當時都沒有看到，因為我在紀念碑下面的指揮部，這就是為什麼要給大家念《科技日報》的這個報導。這是媒體記者採寫的，更真實地反映出當時的狀況。

最後給大家看張照片，如果大家看了當時的媒體報導，還覺得不能身臨其境的話，這通過照片我們可以直觀地看到天安門廣場絕食的狀況。當時還沒有帳篷，也沒有搭起遮蓋物，學生都是搭起洋傘。這時白天的太陽非常毒辣，所以都坐在地上打著傘，大家可以看上面那一部

分,紅旗招展,各個學校的旗幟,以每個學校的旗幟為標誌,學生圍坐在旗幟周圍。

晚上很冷,所以穿著軍大衣。白天躺在這兒睡覺休息,白天都沒有吃飯,這是絕食。另外一張照片上,一位同學拿紙箱做成一個枷鎖的形式,諷刺政府對人民自由的鉗制,當時很多這種創意,他頭上戴著當時很多大學生頭上都戴著的頭標,上面寫著「絕食」、「民主」等等,另外一位同學也是,頭上也是有這個頭標。

另外一張照片,是當時的遊行隊伍,在長安街上浩浩蕩蕩的遊行隊伍,包括外國記者都走在其中,這個是新聞界的遊行隊伍,後面寫的是他們各個單位的名字。還有中國的英文媒體,就是寫給西方的這個看的媒體,不是西方的,也都有出來參加,是當時的部隊什麼研究所,我看不出是哪個研究所的。這個聲援的隊伍,舉著旗子走在前面。

還有個似乎穿著軍裝的,還有當時捐款的狀況,捐款非常踴躍,很多人捐款,同學們拿著捐款箱,箱子裡頭已經是滿滿的錢。最後,有張照片大家可以看,這張雖然有點小,這是當時廣場的情況,用人山人海來形容絕不為過,背後是人民大會堂,這邊是歷史博物館,整個天安門廣場水洩不通,真是中國人民最高光的時刻。

我還是強調,5月15號,就像《科技日報》所寫的,從這一天開始,接下來每一天長安街上都是滿滿的人潮,都是上百萬的人群。從這一天開始,掀起的是全民民主運動的高潮。不光是首都各界,全中國各界人士都開始加入了這場民主運動。

16號的情況我們明天再向大家介紹。

五月十六日

大家好，繼續介紹1989年民主運動的每日回顧。

現在是5月16號，35年前的5月16號這一天，對我來說，發生了兩件很重要的事情，一件跟我有關係，一件跟我沒有關係。我們先說後者。這天上午，鄧小平會見了戈爾巴喬夫，這是中蘇兩黨鬥了幾十年以來，終於第一次公開見面，等於是破冰。那麼在下午的時候，趙紫陽會見了戈爾巴喬夫，這時就發生了整個八九民運非常重要和著名的那幅景象，是中共上層權力鬥爭中非常重要的一部分。

這次與戈爾巴喬夫的會晤，是先會見鄧小平，下午才見趙紫陽。其實鄧當時候並非中共中央總書記，然而戈爾巴喬夫卻以蘇共中央總書記的身分先與軍委主席的鄧小平見面，然後下午才與中共中央總書記趙紫陽會面。但是會面時趙紫陽特別講了一段後來引起爭議的著名的一段話，他說：

「我們在過去的十三大一次會議上通過了一個決議，雖然鄧小平已經退休，不是政治局委員，也不是政治局常委了，但是中國共產黨的重大決策，還是要由鄧小平來拍板。」這番話一出口，眾所周知鄧家因此勃然大怒，尤其是鄧小平非常生氣，專門派了他的女兒毛毛鄧榕打電話給趙紫陽，罵得非常厲害。

大家可能無法想像鄧家囂張到什麼程度，照說趙紫陽好歹也是中共的中央總書記，但據說毛毛打電話罵了一個小時，而且連「趙紫陽，你混帳！」連這種話都直接罵出來了，可見在鄧小平面前，趙紫陽哪怕是中共中央總書記，其實就跟個奴才一樣，張嘴就連混帳這種話，派他的女兒都罵了出來。狂罵了一個小時，可見鄧小平與鄧家人當時是多麼地生氣。

這件事是關於八九民運的一個歷史公案，很多事後的分析討論都

說這是趙紫陽失去鄧小平的信任、在這次權力鬥爭中失敗的一個重要的失誤,外界很多人都認為趙這樣講,就是把鄧小平給拋出來,讓鄧小平來承擔最終的責任:「反正什麼事都是你拍板,當然結果就應該由你負責。」當然關於這件事,各有各的說法,我只能說,這是發生在他們那邊的事情,我只能向大家介紹,我也沒辦法加上個人判斷。

有些人,包括現在還在巴黎的嚴家祺老師他就認為,趙紫陽不應該講這些話,他說這段話,後來鮑彤承認,是他加上了這段話,把責任承擔了下來。大家知道嚴家祺跟鮑彤關係很好,他們都是政治體制改革辦公室的人,常常合作。可是前兩年,跟我一樣住在美國馬里蘭州經常來往的家祺老師卻跟我說:「這件事我早晚要說,但我要等鮑彤不在的時候。」因為鮑彤人還在中國境內的話,嚴家祺不會落井下石。所以直到前不久鮑彤先生去世後,嚴家祺老師馬上就發表了他的回憶文章,他批評鮑彤不應該加上這段話,這樣做在政治上很沒策略,會激怒鄧家等等。這是非常具代表性的一種說法,認為這是趙紫陽一次重要的政治失策,把鄧和趙之間的關係完全撕裂了,也讓鄧非常的惱火,把鄧逼上了極端的道路上。

但另一方面,不管趙紫陽本人還是鮑彤,也都作了解釋,他們解釋說,其實中共十三大一中全會內部通過的這個決議,說的就是中共真正拍板掌舵的人其實還是鄧小平,這是鄧小平自己提出來的。鄧小平在十三大上就曾講過:「現在外界都很關心中國局勢,說只要鄧小平還在,你們讓外界知道我鄧小平還能拍板,外界就會認為中國局勢穩定,就能夠穩定投資。」他出於這個角度說了這些話。

比如趙紫陽此前不久剛到北韓,就跟當時的北韓領導人金日成講了鄧小平是最後拍板的人這件事。而且據趙紫陽說,他其實在這之前會見外國共產黨領導人的時候,也都會分別這樣講,所以趙的辯護是說:「我不是要推卸責任給鄧,而是說這已經是形成的慣例。不只在這次,我以前也都這樣講過,那麼這次見了戈爾巴喬夫,當然也要向他通報。這是

第五階段：絕食

我們的一個慣例，要向兄弟黨通報的這個情況即是，我們中國共產黨的最高決策者還是鄧小平同志，我完全是照著黨內的這個規矩走的。」鮑彤也認同這番話，鮑彤說：「我加上這句話，考慮的就是我們在其他場合都有講說鄧才是真正決策者。若見了戈爾巴喬夫卻不講，那反倒不對。」當然了，各有各的說法。那麼到底事實是怎麼樣，或者到底當時趙紫陽怎麼想的？鮑彤怎麼想的？很多事情就成為歷史懸案，讓歷史研究的後來者去討論。

這是5月16號一件意義重大的事情，因為這件事在高層鬥爭這個部分，代表著趙紫陽跟鄧完全決裂，從此鄧小平根本就不見趙紫陽。我認為從這天開始，鄧小平就下定決心要把趙紫陽拉下馬。

另外一件事跟我有關。在這段時間，就是5月13號絕食之後，我幾乎每天都會去一次統戰部跟閻明復、陶思亮他們見面討論局勢，因為閻明復當時被趙紫陽指派來跟學生接觸。這天下午我到統戰部的時候，閻明復神色有點不對，他把我和開希兩個單獨叫到了一間辦公室跟我們說：「絕食不能再繼續拖下去了，我們一定要盡快把廣場上的狀態給解除掉。我已經在中央高層爭取到了，你們不是提出修改四・二六社論和直接對話兩個要求嗎？修改四・二六社論早晚會做，要給我們時間。跟高層直接對話，我已經爭取到了，而且我爭取到這個對話可以向全國電視台直播。你們能不能陪我去天安門廣場，讓我把這個情況向同學們說清楚，至少政府已經答應了一個條件，看同學能不能撤出廣場？」他希望我跟開希能幫他做這個工作。

當時我和吾爾開希都跟閻明復已經有過幾次接觸，我們一致認為閻明復在共產黨的高級幹部裏算是比較誠懇的，我們相信民主黨派出身的他，是真正的改革派，是真心希望能解決問題，所以我們願意配合他，於是答應陪他去天安門廣場。開希先走，去廣場作準備，我留下來陪閻明復上車。我們從統戰部開一輛小麵包車出發，後面還有別的車，當時還有一些其他的學生代表。我跟閻明復上了第一輛車。

這時,挺有意思的一個場面出現了(這純粹是我個人的記憶),當時在統戰部還有國家教育委員會主任李鐵映,我親眼見到,李鐵映也想上車跟我們一起去天安門廣場,但閻明復的臉色非常難看,幾乎是一把把李鐵映的手給拍掉說:「你不用去了,我們去就好!」李鐵映當時就傻眼了,只好退下去,站在路邊看著我們的車開走。我真是覺得共產黨內部有很多情況是我們不知內情的人所無法想像的,不親眼看到,簡直都無法相信。

當時閻明復是統戰部長、書記處書記,李鐵英是國家教育委員會主任,位階也不低,而且李鐵映是紅二代,按說並不是閻明復的下屬,可我就親眼看見閻明復上了車,我也上了車,就這麼直接當著我們這些學生的面,把兩方的不和表現得如此明顯,那時我都看傻了。我們都知道,李鐵映實際上是想監督狀況,他是保守派李鵬的人,這閻明復又何嘗不知?所以閻明復直接悍然地拒他而去,李鐵映也沒辦法,只能眼巴巴地看著我們的車直接開走。大概很少有人有機會直接看到這種事,過去我回憶此事,認為這在某種程度上也反映出共產黨內部的一些情況。

我們搭的車一出來,當時長安街上是上百萬人的遊行隊伍,如果走長安街,不知道什麼時候才能走到廣場;所以,那也是我第一次乘坐麵包車從統戰部開出來之後直接進入了中南海。我是北京出生、北京長大的小孩,也曾進過中南海一部分對外開放的區域,比如說毛澤東的書房——菊香書屋,是對外開放的,所以我中學時就曾參觀過中南海;但中南海另一部分是不對外開放的,那時像趙紫陽這些高級領導人都住在裏頭,除了鄧小平不住那兒,胡耀邦也住外頭;但是其他的高級領導人都住那兒,還有他們開會辦公的那一大片區域,都是從不對外開放且高度戒備的。

但那是我平生第一次,當然也是唯一的一次,乘坐閻明復他們統戰部的車進入了那個部分。我覺得院子裏頭空空蕩蕩的沒什麼人,穿過那個中南海真正最核心的機密區域,直接就到了金水橋,在那裏掛著毛澤

第五階段：絕食

東像,便到了天安門廣場邊上。車子無法再走了,我們便下車,工作人員架著閻明復,一路也有些糾察隊的同學幫忙。因為這時開希已經有了一定安排,在金水橋那邊等我們,所以我跟開希左右分開學生隊伍,架著閻明復一路到了廣場中間,搭了個檯子,閻明復便上去發表了一個講話,意思我無法完全概述,但大意是說:

「大家要相信,你們提出的要求我們都是會解決的,但我們需要一定的時間,請你們相信我。你們在廣場絕食,是在摧殘自己的生命,我覺得你們這樣是不對的。你們要保護自己的生命,中國的未來還要靠你們。」他說的跟後來趙紫陽說的話差不多。然後也沒跟我們商量,他就提了一個特別的想法,他說:「如果你們不相信我,今天我就不走了,我願意跟你留下來,只要你們願意撤出廣場,我願意跟你們回到校園去。」他特別點名北大,說:「我願意去北大,你們可以把我軟禁,」直接就說:「你們可以把我扣在北大,一直到中央政府答應你們那兩條要求為止。」

他的意思是說:「你們學生能不能先撤出去,你們要是撤出去,我們政府這邊就努力答應你們學生提出的絕食要求,你們要是不信,我就作人質,」他用了「人質」這個詞,說「我可以做你們的人質,跟你們回學校」,說的是挺誠懇的。不過底下的學生根本不相信,那時學生跟政府之間是相當對立的,你政府也沒答應學生的兩個絕食要求,就想讓學生先撤出廣場,然後你說你要做人質等等,這點聽起來很感人,但是押你作人質有什麼用呢?政府如果不管你的話……學生們還是不答應。他們很清楚,只要一撤出廣場,這場運動就平息下去了,想再回到廣場也不可能了,因為政府一定會馬上把廣場給封起來,所以學生是不會輕易答應撤出廣場的;底下學生也非常焦躁,就是一片的反對之聲。

閻明復講得很激動,可能聽到的全是反對聲浪,學生在那就起哄說:「下來吧,我們不信!」等等。閻明復很無奈,後來還跟我咬耳朵:「這樣也解決不了問題……」便離開了,臨走前他還再三跟我講:「我們一

定會直播對話」等等,我回應:「那您就先回去休息,我們再來試一試做做工作。」後來我就跟吾爾開希留下,閻明復跟工作人員離開,到金水橋坐車從中南海回統戰部去了。

然後開希跟我輪流講話,我們兩個人的意思大概是,我們兩個希望同學能夠好好聽一聽閻明復的建議,我們認為可以考慮他的這個建議,先撤出廣場,同時我也講了,但這只是我們個人的看法,我們認為以我們跟閻明復的接觸,我們相信他的這個態度是真誠的,希望同學能聽聽他的勸,但是決定權還是取決於廣大同學。開希先講,講完了之後他好像身體不舒服,便先走了。

我留下來,當時便在廣場作了一個表決。當時廣場有各個戰地聯席會議,各個學校都有代表,大概有300多人組成了一個決策的機構。所有的重大決策都由這300多人的戰地聯席會議來決定。這個會議的表決結果我忘了,好像是98%的多數決定不接受閻明復的勸降,不接受他提出的要求,要繼續在廣場絕食。所以這次閻明復的五一六嘗試並沒有成功。這是我從頭到尾親身經歷的一件事情。

直到今天,我還是覺得,閻明復可能是真的急了,他是真的希望能解決這個事態,但他也不站在學生的角度想想,我們對政府已經沒有基本的信任了,政府甚至沒有一個正式公布的文告表示願意接受學生的條件,光憑你說這個話,學生沒辦法接受我覺得也是可以理解的。這點是我感到這天所發生的比較大的亮點。

當然,這天還有一些其他的情況我沒辦法詳細講,比如長安街上開始有更多的人大遊行。我原來講,繼知識界大遊行之後,包括我母親所在的單位革命博物館都有5、6百人出來遊行,各個單位包括首鋼的工人也來了,甚至是第一次出現了中學生開始參加遊行,在長安街上來聲援絕食的學生。所以儘管絕食的學生還是維持在廣場上,但整個長安街和廣場四周一直不斷地是人山人海。

第五階段：絕食

這一天我們已進入了絕食的第 4 天了，這時候已經開始出現了絕食昏倒的情況，我忘了具體的數字了，我好像看到一些數字，是根據當時的急救中心統計，大概已經有 600 多人昏倒，昏倒後到醫院打個點滴就醒了，醒了絕大多數同學又要求回到廣場上繼續絕食。有少數人醫生說絕對不能走，再走就會有危險而留治醫院，到第 4 天大概已經有 100 多人留治醫院了。

600 多人昏倒！幸虧我們拉出了那個生命線。到了 5 月 16 號開始（或者其實 15 號起），救護車的叫聲就幾乎沒有停過，因為不斷有學生昏倒，或者身體非常虛弱，周圍同學一旦覺得不對勁，就趕去叫救護車來……所以當時北醫大的學生都穿著白大褂，到處看到他們在忙，北醫大的學生起了很大的作用，不斷地去檢查昏倒的絕食同學身體狀況，不斷有學生昏倒……通過電視轉播與報導，全國都看到了，全國老百姓的心都揪著，因為幾乎每分鐘都有學生昏倒，昏倒了到醫院打點滴，醒過來他們又回到廣場上來，整個情勢把全國的情緒都給調動了起來，更不用講北京了。

這一天的晚上，嚴家祺、包遵信、李澤厚、劉再復這些中國頂尖的知識分子，發表了一個著名的《五一六聲明》，這也是很有名的一份聲明。知識界有兩個很著名的聲明，一就是這個《五一六聲明》，一個是《五一七聲明》。《五一六聲明》簽署的人比較多，210 多人簽了名，當天晚上發表的《五一六聲明》，我簡單地引用一段，這個聲明說：

六〇年代的《五一六通知》開啟文革，在中國人民心目中無疑是專制和黑暗的象徵，23 年後的今天，我們已經強烈感受到民主與光明的召喚，歷史終於到了一個轉折點。當前一場以青年學生為先導的愛國民主運動，正在全國崛起，短短不到一個月的時間裏，在北京和祖國各地大規模的示威遊行此起彼伏，波瀾壯闊，數十萬學生走上街頭抗議腐敗，呼喚民主與法治，表達了工人、農民、軍人、幹部、知識分子及一切勞動階層的共同意志，這是一次繼承和超越五四精神的民族大崛起，這是

一個決定中國命運的偉大的歷史轉折。

這個聲明的詳細內容我就不再講了，這大概是開頭第一段。這個聲明影響非常大，史稱為《五一六聲明》。

以上是 16 號的大致情況。

我最後講一下，我最近開始接到一些反饋，好像我做了一個多月的節目，短短十幾分鐘，不能夠涵蓋整個運動的全貌，這一點我必須得說，這真是超出我能力範圍。我當然只能短短講十幾分鐘，如果我要把所有的詳情都講，大概每天 3 個小時也講不完，我實在是沒那個精力，所以請大家多多包涵。我還是講一些重點，尤其是我個人經歷過的事情。

我們明天繼續。

五月十七日

各位大家好，今天繼續介紹 35 年前中國發生的八九民運和之後的六四鎮壓的情況。

35 年前的今天是 5 月 17 號，這個時候絕食已經進入到第 5 天和第 6 天交界的這個地方了。大家知道這麼長時間的絕食，身體會非常虛弱，所以到了 17 號的時候，廣場上的情勢已經非常危急了，不斷有一批一批的學生因為饑餓倒下被送進醫院，打針後他們仍堅持回到廣場，救護車此起彼伏的呼嘯和鳴笛聲，揪動著全國人民的心。

5 月 17 號我具體在哪裡，做了什麼事我都有點記不太清楚了，我猜共產黨的檔案裡應該記得比我還清楚。我記得那一天主要內容就是激動人心的全城大遊行，創了歷史記錄。據《新華社》記者的報導，當天在天安門廣場周圍的長安街上，有 200 萬人上街遊行。我原來講的都是

第五階段：絕食

我個人的見聞，其實大家可以看一看官方媒體的報導。

我說過有一小段時間的小陽春，新聞媒體可以自由報導，當時《人民日報》派出了大量記者在北京各地採訪，隨後發表了一篇集體採訪的文章，他們這些記者看到的東西可能比我個人的陳述還能更廣泛一點，我給大家簡單的介紹一下這篇報導內容，我們就可以知道當時的情況，這篇文章的題目叫〈歷史將記住這一天：記首都各界五一七聲援學生絕食大遊行〉，我就不全引用了：

「上午起這遊行隊伍一直從四面八方湧向了長安街，這都是我親眼看到的啊！中國科學院數學研究所的汽車上，掛著醒目的條幅：『陳景潤關心學生』」著名的數學家陳景潤。

另外人民大學歷史系的教授韓大成向記者說：「我相信這一天會進入中國史冊。」在遊行隊伍中，有鋼鐵工人、建築工人，大批的工人出現。

另外，外地學生也已經到了北京，來自瀋陽的大學生打著橫幅，上面寫著「東北也在吶喊」。上海的大學生代表在天安門廣場打著橫幅「上海同北京共呼吸」。香港也不落人後，後來香港的專上學聯的代表，帶著香港各個高校的捐款也來到了廣場軍事團這邊。

我母親所在單位，那時候叫中國革命博物館，我從小就在那裡長大，那上面從小看著我長大的叔叔阿姨們從早到晚也沒有閒著，從革命博物館的那個高大建築上垂下一個非常大的橫幅，上面就寫了兩個大字「人道」，想的是政府會要有人道，這其實也道出了廣場上的人的心聲。我媽那時就已經搬到辦公室打地鋪，這樣就能夠陪著我。

「數百萬人自發地走上街頭，數不清的企事業單位的遊行隊伍。」這是《新華社》的報導。下午 6 點半的時候，在東長安街，工人隊伍絡繹不絕地向天安門進發，北京汽車製造廠、北京印染廠、北京起重機廠、北京內燃機總廠、首都鋼鐵公司，工人們都亮出了自己的廠名，高聲地

六四日誌：從 4 月 15 到 6 月 4 日

呼喊出自己的心聲，喊口號「我們工人來了」、「向學生致敬」等等。

這時候，最更感人的一幕出現了：當時中央戲劇學院，中戲的 12 名學生宣布了一個驚人之舉——16 號上午開始絕水。他們旁邊立著中央美術學院同學製做的巨幅畫像，上面畫著個裸體的母親在祈求，寫著兩個大字「救人」，當時學生在絕食，可是他們比絕食的同學更極端，他們認為絕食都不見得餓死自己；為了我們當初的誓言——推動民主化進程，為了祖國的繁榮昌盛，他們決定連水都絕掉，就是快快地想讓大家知道。

我們知道，人絕食若仍喝水，可以撐一個禮拜到兩個禮拜，可是一旦絕水的話，可能連幾十個小時都撐不到。我前不久的節目中有一條留言，那條留言說他就是當時絕水的 12 人之一，我在這裡也特別向他表示致敬，儘管我不知道你的具體名字。

這一天凌晨 2 點半的時候，中戲舞美系的老教授穆白索（具體情況我不清楚，因為我不是中戲的，中戲的同學應該記得）來探望絕水的成員，其中有他的兒子穆峰。穆白索指著東側第 3 個躺著的學生，跟《新華社》的記者說：「那就是我的兒子。」他說：「我現在很激動，不能說出什麼，我只告訴兒子，要聽醫生的話。」然後老教授繼續對記者說：「我和老伴都不願意孩子死去，我只有兩個孩子。但是我覺得為爭取民主，獻出兒子是值得的！」

另外，中央美院的一個副教授叫吳小昌，他本來也是來廣場探望絕水的兒子的，可是他也決定從當天起，跟兒子一起坐下來開始絕水。他對《新華社》記者說：「我們知識分子不是窮的嗎？什麼都沒有，但我們還有膽量，還有勇氣。」「我在廣場這邊感受到，一切都是這麼的美好，這麼的高尚！」這是《新華社》的報導。

這一天，北大來了一批大概 200 多名教師教授，為首的就是著名的季羨林教授。季老先生那時候白髮蒼蒼，掛著一個橫幅在身上，寫著「季

第五階段：絕食

羨林」。所有我們北大的教授都掛著橫幅，包括我們歷史系的一些我認識的老教授都來了，來到天安門廣場探望北大的學生。

另外，當時繞著廣場有一輛轎車，這輛轎車很別緻，一直繞著廣場慢慢地開，上面掛著一個橫幅，這個汽車的側面寫著「學生愛國，我愛學生」，底下署名大家猜是誰？冰心——五四時期的老作家，在當時中國文壇可以說是德高望重。冰心寫的「學生愛國，我愛學生」八個字，派人代表她掛在這汽車上，繞著天安門廣場聲援學生。

與此同時，當時留守在各個學校的學生，比如高自聯，已經在開始編發一些宣傳手冊。當時很有名的就是《快訊》，這些《快訊》的傳單都貼滿了北京的各個角落。還是強調，這些原始資料呈現的狀況，比我個人看到的更全面。這個學運《快訊》好像是在北大印的，每天發行。5月17號是中國政法大學宣傳團發出的傳單《快訊》，就提到當天學運的發展情況，我給大家介紹一下：

今天，

第一、中國社科院的學生家長上街遊行，他們的口號是：「請問鄧小平，我的孩子在絕食，在挨餓，你的孩子在幹什麼？」

第二、國際紅十字會已經派救護隊乘飛機趕來中國，救援絕食學生。

第三、我們知道30名高級檢察官聲援學生，發誓將依法律對付專制的挑戰，保衛祖國新一代最可愛的人。司法部高級律師培訓中心、司法部涉外律師培訓班的同學已經組成了律師團，趕赴天安門廣場聲援同學。

第四、根據香港快訊，香港各大學的學生從16號開始，就在新華社香港分社的門前靜坐絕食，香港中文大學的請願書聲稱「我們堅決絕食，直到北京同學絕食結束，民主運動勝利之日，我們才會停止。」

另外，香港有中國政法大學校友會來電，聲援中國政法大學絕食團。此外，這一天，北京市民自願絕食團成立，上午宣布開始絕食。市民已經組成了絕食團，其實工人這邊也開始有了組織。

第六，今天上午中宣部部分局處級的幹部及年輕工作人員，聯合敦促政府與學生對話，聲援學生的絕食鬥爭。

第七，截至5月17號上午8點，已經有637名絕食同學暈倒。

這是政法大學那天的海報。

這一天，知識界的動作進一步加強。知識界2萬人大遊行之後，200多名著名知識分子發表了《五一六聲明》，5月17號這一天，嚴家祺、包遵信、陳小平、張倫、王軍濤、陳子明等一批人，連署了一個《五一七聲明》。這個《五一七聲明》也是這次八九民運中一個重要的文件，因為《五一六聲明》說的還比較平緩。但《五一七聲明》後來引起一些爭議，有人說是不是太刺激了，但是《五一七聲明》代表了知識分子跟中國政府徹底決裂的決心。

為什麼這麼講？因為在《五一七聲明》裡頭，已經直接點出了鄧小平，開始把他作為批判的對象。這份《五一七聲明》很有名，其中一段是這麼寫的：

清王朝已經滅亡76年了，但是還有一位沒有皇帝頭銜的皇帝，一位年邁昏庸的獨裁者。昨天下午，趙紫陽總書記公開宣布，中國的一切重大決策，都必須經過這位老朽的獨裁者。沒有這個獨裁者說話，4月26日《人民日報》社論就無法否定。在同學們進行了近100小時的絕世鬥爭後，已別無選擇。中國人民再也不能等待獨裁者來承認錯誤，現在只能靠同學們自己，靠人民自己。

在今天，我們向全中國、全世界宣布，從現在起，同學們100小時的偉大絕食鬥爭，已經取得了偉大的勝利！同學們用自己的行動來宣

布,這次學潮不是動亂,而是一場在中國最後埋葬獨裁埋葬帝制的偉大愛國民主運動。

讓我們高呼絕食鬥爭的偉大勝利!非暴力抗議精神萬歲!打倒個人獨裁!獨裁者沒有好下場!老人政治必須結束!獨裁者必須辭職!大學生萬歲!人民萬歲!民主萬歲!自由萬歲!

這就是嚴家祺、包遵信、王軍濤、陳小平這批知識分子發表的著名的知識界《五一七聲明》。《五一七聲明》第一次鮮明地把矛頭指向了鄧小平,而且提出了老人政治必須結束。整個民主運動從學運進入到全民民主運動之後,政治訴求開始進一步的拉升。

與此同時,這一天北大中文系副教授曹文軒,現在國內的朋友應該都知道曹文軒的名字,現在已經是很有名的北大中文系台柱子了。曹文軒等4名北大中文教授發表了大字報〈致函黨中央抵制獨裁〉。大字報說:

〈致函黨中央抵制獨裁〉

值此嚴峻時刻,作為普通黨員,我們不能不以真正的黨性與良知站出來說話。鄧小平4月25日講話,對這次學運作了完全錯誤的定性,以致導致今天嚴重的後果,鄧小平應當立即作檢討,承認錯誤。鄧小平既然不是黨中央主席,卻可以直接向全黨發號施令,這是對黨內民主的蔑視與破壞,是家長制與獨裁的表現,這也暴露了黨中央無視黨的紀律與民主。

中文系副教授曹文軒
中文系副教授溫如敏
中文系博士生董宏利
中文系碩士生楊榮祥

簽名人的這四個人都是中共黨員:中文系副教授曹文軒、中文系副

教授溫如敏、中文系博士生董宏利和中文系的碩士生楊榮祥。

以上是當時全國和全北京聲援學生絕食的情況。

另外，這一天趙紫陽寫信給鄧小平，要求見面，鄧小平終於點頭。鄧小平召集了李鵬、楊尚昆、姚依林、胡啟立、喬石等政治局的一些常委到鄧家。當時鄧是軍委主席，他連政治局委員都不是，但政治局常委會得到他家開會。在這次會議上，鄧小平拍板，決定要對北京部分地區進行戒嚴，對學生運動進行鎮壓，政治局常委要表決，這就是著名的「五一七表決」。

在這次表決中，李鵬、姚依林作為政治局常委，堅決贊成實行戒嚴，趙紫陽、胡啟立明確表態反對戒嚴。喬石最狡猾——棄權，但是他寫了一句：「我服從多數」，這不是廢話嗎？因為五個常委，兩個主張戒嚴，兩個反對戒嚴，他投了棄權票，還說服從多數？他在哪邊哪邊才會是多數啊！根本就不可能有多數。這個是常委會的表決結果，但是鄧小平這些人也跟著拍板。

趙紫陽原來講過，最重要的決策還是要鄧小平最後拍板，所以鄧小平在這種情況下拍板，戒嚴的決定就這樣以多數通過。當時趙紫陽便明確表示說：「這樣的一個決定我作為總書記無法執行」，便提出辭職，鄧小平還說：「你回去再考慮考慮。」但從此趙紫陽應該就被廢除了。

5月17號在鄧小平家召開的這次會議至關重要，這次會議上正式決定從全國調遣軍隊包圍北京，開始戒嚴，趙紫陽明確反對。我還是要強調一下胡啟立這個人，胡啟立在這次作為團派的代表沒有後退，堅決跟趙紫陽站在一起，直接投下了反對票。喬石投了棄權票。這就是六四之後喬石還能夠繼續當人大委員長的原因。

以上是是5月17號的部分的狀況。18號，離19號宣布戒嚴還有一天，明天我們再來介紹18號的狀況。

第五階段：絕食

五月十八日

大家好，繼續向大家介紹35年前北京和全國發生的民主運動，以及後來六四鎮壓的情況。

時間來到了5月18號，這個時候絕食已經進入第6天，廣場上的情況更加危急，不斷地有同學昏倒。這天比較重要的一件事情，就是千呼萬喚，從4月22號胡耀邦追悼會，4萬大學生要求李鵬出來，作為總理，希望李鵬跟學生對話，喊李鵬出來，一直通過絕食的方式，到了5月18號，李鵬終於出來了。這就是著名的學生代表跟李鵬所謂的對話，我一會兒會解釋什麼叫「所謂的對話」。

所謂的對話大概是上午11點舉行的。我記得大概早上8點多的時候，有人來找我——我現在已經記不清是誰了，應該是從團中央來的，大概是政府交給團中央的任務，到各個營地去找學生代表——我還睡得迷迷糊糊的，就把我叫去了，說什麼「中央領導要跟你們對話」，我就去了，先到統戰部集合，然後坐麵包車去人民大會堂。

到了統戰部，見到開希、超華、熊焱、程真、王治新等，我們這一批學生代表去之前也作了個簡單的討論，既然李鵬要跟我們對話，我們就要有個口徑，七嘴八舌的也不好，大家商量的結果是，公推我和開希作為代表主講，其他同學補充意見。我們到了現場，那陣仗很大，是在人民大會堂哪個廳我忘了，李鵬在那兒，李鐵映、各高校黨委書記等等，閻明復這些人也都在。這個場景有照片記錄，大家都可以看到。

當時進去還寒暄了一陣，我是從廣場被揪過來，還穿的挺厚的一個衣服。李鵬過來跟我握手——這點我還挺驕傲的——我記得很清楚，當然有照片為證。我給了他一隻手，李鵬他兩隻手握著，還跟我說什麼：「呀！就穿這一點啊！」什麼？其實我穿的還挺多的，我沒話說。旁邊跟著的人向他介紹說：「這就是王丹。」他說：「我知道，我知道。王丹啊！就穿這點衣服啊？」還摸摸我的衣服等等。我後來想，當時握手

的時候怎麼沒把他給狠狠的握一下,把他握到不能站立為止。

　　假裝打個招呼就分別落座了,那這個時候,我記得我背後坐的就是《新華社》記者,所以後來媒體事後都有些報導,可是這次所謂的對話,第一、所謂的對話完全不符合學生的要求,學生的希望是真正的對話,是能夠向全國直播的,但當時現場其實沒有直播,是到了晚上的新聞聯播,才作為一條新聞播出的,沒有作現場直播。

　　坐下來後,李鵬便講了一番話,李鵬說:「我們今天見面呢,大概就談一個題目:如何使絕食人員解除目前的困境。」他說:「黨和政府對這件事很關心,也為此事深感不安,擔心這些同學的健康,我們呢,先來解決這個問題。」巴拉巴拉的就開始說,他好像說了一句話:「讓我看,你們呢,年紀都不大,都跟我的孩子大小差不多。」大家看,他還套近乎[註10]呢,說我們跟他的孩子年紀差不多。

　　這時候,李鵬還巴拉巴拉的說呢,開希第一個發言了,也就是大家後來都看到了的,開希非常不客氣的把李鵬的話給打斷了說:「李總理說我們應該儘快的進入這個實質性的談話,您剛才說我們只談一個問題,而現在的實際情況是,不是您請我們來談,而是我們廣場這麼多人請您出來談,談幾個問題,應該由我們來說。」這話也很橫:規則不是你李鵬來定,是應該我們來定。因為開希的意思是,我們請你你才出來的,不是你請我們我們才來的。

　　開希說:「好在我們的觀點是一致的,廣場現在已經很多人了,很多人也暈倒了,所以我們希望快點解決問題。」開希講完,按照原來的約定,第二個就是我講,我就說廣場上的情況,我說:「我可以大致的介紹一下,我們現在已經有2000多人次暈倒了,如何使他們能夠離開現場,停止絕食,我覺得這個必須得全面解決我們提出的條件。」

註10.套近乎,是中國北方人的俗語,有客套拉攏、攀關係、套交情的意思。

第五階段：絕食

我跟李鵬再說了一遍：「要使絕食同學離開現場，唯一的辦法，就是答應同學提出的兩個條件：第一、肯定這次學生運動是愛國民主運動，而不是所謂的動亂。第二、要儘快對話，並且現場直播。這兩點如果政府能夠儘快圓滿的回答，我們可以馬上回到絕食現場，給同學們做工作，保證能夠撤離廣場。否則的話，我們不能撤離廣場。如果出了什麼情況，這個責任完全是在你們政府。」我話說得也很重。

後來熊焱也講了話，熊焱說：「不管政府方面，還是其他方面是否承認這次是愛國民主運動，我們歷史是會承認的。我們為什麼特別需要政府來承認呢？就是因為這代表了一種人民的願望。」其他同學也有發言，我旁邊坐的程真，程真當時真的已經累得半死，她就沒怎麼講話。前兩天我還見了程真，說她在現場面對著李鵬這些要人都睡著了，可見那時候同學是多麼的累。

我要特別講一件事，就是當時在座有各個高校的黨委書記或者校長，誰都不敢吭聲。我不能不說一下，雖然有點大校沙文主義，也請大家原諒，只有我們北大的黨委書記王學珍要求發言，其他大學校長、黨委書記根本聲都不敢吭。王學珍直接表示他要講話，過去北大黨委書記一直是跟我作對的，王學珍專門是做政工工作的，我在北大組織了一年沙龍，就是王學珍下令叫校辦找我談話，派了黨委副書記找我談話，讓我停止沙龍等等，所以本來王學珍是黨委，按理說跟我們是對立的，可是在這次與李鵬對話的這個歷史關鍵時刻，你知道王學珍講什麼嗎？

王學珍對李鵬說：「現在我們北大同學在天安門廣場，對同學們的行動，作為老師，我們心裡都很難過。我認為我們廣大的同學是愛國的，應直接否定四・二六社論，說是希望推進國家的經濟政治體制改革，廣大同學不是動亂。我希望政府能夠肯定這次運動，這是第一點。」這等於要求政府答應我們絕食的第一個條件，他接著說：「第二、我希望政府的領導人，也希望您和總書記都能到天安門廣場去給同學們講一講，一方面表示理解同學們的心情，對於官倒、腐敗現象，我們政府要有決

心解決,同時把這些問題當面向同學們講清初,沒有人說廣大同學的運動是動亂。」這跟四·二六社論對著幹呢!「我希望政府能夠跟廣大同學配合,否則的話,這樣下去,對學生的身體是不好的。」

到底是我們北大的黨委書記!我在這裡必須講,王學珍是黨委書記,是中共黨員,但在這個時刻,他能講出這番話來,我作為北大的學生,是相當感動的。雖然他過去反對我們做各種各樣的校園民主活動,但在關鍵時刻,到底是北大,連黨委書記都站在學生這邊,第一肯定學生不是動亂,第二要求政府領導人到廣場去跟學生對話。我當下看到李鵬臉上非常不悅,王學珍就沒有再講話。這是題外話,六四之後沒多久,王學珍就被免職了,我們北大從校長丁石孫到黨委書記王學珍,六四後不到一年,全都免職了。

在那種情況下,北大不要說學生,當時我們學生會主席是肖建華,連肖建華都跑到廣場去看我,還跟我說:「我也想參加絕食。」但被我給拒絕了。不要說這些反抗的學生們,就是連北大體制內的這些人,包括學生會的人、包括黨委書記王學珍,在這個歷史的時刻,立場幾乎都一致,要推進中國的民主,肯定學生的愛國熱情。

後來,其他的一些代表,包括邵江、超華等都有發言,最後李鵬說:「你們都講完了吧?那我就說了。」然後李鵬就開始講。我們前面這堆講話,講了那麼多,包括王學珍在內,都沒有講很久,剩下的大概一個多小時,就是李鵬一個人滔滔不絕地講,而且根本不是一個對話,完全是訓話。

李鵬講什麼呢,李鵬說:「你們不是願意談實質性問題嗎?我就談實質問題。實質性的問題就是你們要撤出廣場。我建議,由紅十字會出面,派車把廣場上絕食的同學送到各個醫院去。我希望你們這些學生代表能夠配合。」

「第二點呢,關於動亂問題,」李鵬講了一個特別有意思的話,他

說：「無論是政府還是黨中央，從來沒有說過廣大同學是搞動亂。」有一點也挺有意思，這是我來做一個見證的，當時我在現場，他還點我和吾爾開希的名，大概因為我們兩個人的名字那時候大概在政府的耳朵裡聽到的最多，所以他還說：「我沒有說你們學生動亂，我沒有說王丹，說吾爾開希，說你們是在搞動亂。」這不等於答應我們的要求了嗎？事實上並沒有。接下來他話鋒一轉說：「但是事情的發展不是以你們善良的願望為轉移的，現在事實上就是已經出現動亂了。」你說這話氣人不？不是剛剛才說我們沒有搞動亂，然後又說事實上已經動亂了。

他扯了一堆什麼上海那邊工人罷工，什麼大橋被堵了、列車停駛了等等，詳細就不說了，因為他嘮叨了一個多小時，幾乎就完全是虛話，結束的時候就說：「好，那就這樣吧。」最後所謂的這個對話就不歡而散。我記得非常非常清楚，散會的時候，他就走了，閻明復留下來跟我們一個個學生代表握手。政法大學的王治新在這個會議結束李鵬還沒走的時候喊：「這根本不是對話嘛！」李鵬也不聽，掉頭就走了。

我也覺得這根本就不是對話。我跟閻明復握手時還跟他說：「這根本不是對話呀！」我非常清楚地記得閻明復也說：「對，對，這不是一次對話，這就是見面。」這一點非常重要，因為歷史過去這麼多年了，外界很多人都對真實的歷史有誤解，說學生不知足，李鵬已經出來跟學生對話了，不是已經滿足你們對話的要求嗎？總理都出來了，你們為什麼還絕食。我在這裡非常清楚地說：這根本不是一次對話！我要強調的是，其實昨天鄧小平在家裏就已經決定要戒嚴，李鵬也在場，政府已經都決定調軍隊來鎮壓學生了，然後把學生代表叫來見面，這是真的想跟學生對話嗎？根本就不是嘛！所以連中共自己的領導人──書記處書記、統戰部長──都承認說「這不是對話，這就是一次見面。」這應該被寫進歷史記錄。

所以我再強調一遍，從來就沒有真正的對話，包括李鵬這次出來，完全不是對話。大家可以想像閻明復的口吻說是見面，甚至可以像我的

口吻，說這就是一個訓話。我記得很清楚，李鵬從一開始，我第一次——當然以後也沒機會了——面對面看到這個國家的總理，他整個就坐不住，而我們其他人都挺穩的坐在沙發上。

有個小插曲，就是開希講完話之後，他太激動了，因為那個時候他是從醫院裡來的，好像心臟不舒服，所以講到一半他就有點吸氧不足，差點昏倒，於是就大喘氣，喘不上來，當時醫生趕快過來把他拉走了，他還穿著病號服，在人民大會堂，就把他帶走了。開希先走了，李鵬整個人坐立不安，不知道為什麼，他的屁股在沙發上坐不住，蹭過來蹭過去。我的印象非常清晰，因為這真是很難得跟中華人民共和國的總理面對面交流或者見面，所以我印象非常深。他的那個手放在沙發的扶手上，一直不停的上下點來點去。比如我們大家一般情況下跟人說話，手就平放在沙發上，心情應該是平靜的聽對方講，但李鵬的手就這麼一直在沙發上點來點去，跟彈鋼琴似的，儘管我不知道他內心想的是什麼，但他的這個肢體語言顯示表示出沒有很認真在聽我們說什麼。

他給我的印象就是他根本就沒想聽我們說什麼。他的意思大概就是：反正我們已經決定出兵了，我們已經準備對你們開槍了，但是我們也出來見你們一下，以後在歷史上我們也有個交代，說我們見過你們。大概就是這樣的一個陰謀。可是那時我們完全不知道，但我覺得閻明復是知道的，所以他才再三跟我們說：「對，這不是對話，這是見面。」我覺得閻明復實際上是已經有點暗示的意思了，可惜我們當時聽不出來。

這是 18 號我經歷的一件大事。這個最完整的事，也是當時全國都關注的一件事情，當天晚上新聞聯播以及第二天的《人民日報》都刊登了這次學生代表跟李鵬的對話。當然，這一天還有很多其他的事情，由於時間關係我就不多講了。主要就是全國各地所有的一線城市、二線城市等大中城市，都開始萬人以上的大規模規模遊行示威，全國都已經陷入沸騰。這個時候趙紫陽已經失去了權力。

第二天，19號，就要宣布戒嚴，這個情況我們明天再向大家介紹。

五月十九日

　　大家好，繼續向大家介紹1989年民主運動的情況。我現在已經在為六四35週年作準備的旅行途中，如果視頻信號或者聲音有什麼不完美的地方，請大家原諒。

　　時間已經來到5月19號，絕食已進入了第7天，這是整個八九民運相當關鍵的一天，因為這一天中共中央宣布戒嚴。這一天事情比較多。首先是趙紫陽反對鄧小平的戒嚴決定，已經被剝奪了實際權力。這時候趙紫陽大概已感到回天無力，所以19號凌晨的時候，他到了天安廣場。這個事情大家都知道，這是趙紫陽最後一次出現在全世界人面前，從此以後就再也沒有公開亮相，一直到去世。

　　趙紫陽不是一個人來的，這裏我要特別說明一下，趙紫陽最後一次亮相，來到廣場看望學生，實際上李鵬也有來，但是李鵬沒有跟趙紫陽站在一起，也沒有發表講話，所以外界好像就不太提這件事。但實際上趙紫陽是跟李鵬一起，陪同他的還有當時的國務院辦公廳主任溫家寶，以及負責政法工作的羅幹等等一群人。那時我沒有目睹現場，因為我在天安門廣場睡著了，趙紫陽來的時候大概凌晨2、3點。

　　第二天我問同學，同學說：「我有推著叫你，但你怎麼也睡不醒。」當時在廣場待過的同學應該都能理解這一點，那時真是太疲乏了，只要一睡著，你就是在我耳邊放炮都不行，什麼聲音都很難把我們吵醒，所以我錯過了親自接待趙紫陽的機會。

　　那我就按照記錄來講，趙紫陽到了廣場，被同學團團圍住，他發表了一篇著名的講話，這也是他最後一次公開講話，他說：「同學們，我們來得太晚了！對不起同學們了！你們說我們、批評我們，都是應當

的。」趙紫陽的態度放得非常低,「我這次來,不是說請你們原諒的,我想說的是,現在同學們身體已經非常的虛弱了,絕食已經到了第七天,不能再這樣下去了,絕食時間長了對身體會造成難以彌補的傷害,這是有生命危險的。現在最重要的,就是希望你們能夠盡快的撤離廣場。」

講這番話之後,他就講了後來成為名言的話,他突然語調一變,意味深長的說了一段話:「你們還年輕,來日方長,你們應該健康地活著,看到我們中國實現四化的那一天。你們不像我們,我們已經老了,無所謂了。」趙紫陽的河南口音說「我們已經老了,無所謂了」,大概就是這個口音。這番話講出來後,在場學生無不動容。而且這番話講出來,在19號白天就傳遍了全國,大家都已經很清楚,趙紫陽已經失去權力了,所以他在講「我們已經老了,無所謂了」時,等於是隱晦的向全國傳達了一個消息,說「我已經被剝奪權力了」。趙紫陽講完了就走了。

他講話的時候,溫家寶就站在旁邊,六四之後,作為當時中央辦公廳主任的溫家寶居然沒有受到處理,據說——我沒有百分百的證據,但是有很多人都有說——是事後溫家寶在六四後作了沉痛的檢討。據說他這次陪趙紫陽來廣場,回去之後便寫了報告,把趙紫陽講了什麼,都向黨中央作了報告,向鄧小平作了報告,溫是個告密者,陪伴趙紫陽其實就是監視趙紫陽,這是後來他沒有受到處理的原因之一。

溫家寶後來被認為是一個多麼多麼好的人,但是在權力鬥爭中可以看到,他其實也不是一個什麼善良之輩。凌晨時趙紫陽講話之後,很多人的心就涼了一半,知道趙紫陽已經回天乏力了,尤其體制內的人,這個時候大概都已經知道在鄧家開會時,趙紫陽已經宣布辭職,而且反對戒嚴,所以體制內的人在這之前都很少公開站出來表態,這一次也公開站出來了,在5月19號,35年前的今天。

在此情況下,鮑彤、陳一諮、杜潤生、李湘魯他們就發表了一個關於時局的六點聲明。這是少見的當時體制內的改革派集體的一個反擊,

第五階段：絕食

當然也是非常虛弱的反擊。當時，以這4個人為負責人的一些體制內的機構，我們叫作三所一會。三所一會都是當時比較積極的改革派，包括中國經濟體制改革研究所李湘魯、陳一諮是所長，國務院農業發展研究中心杜潤生是主任，中信公司國際問題研究所，加上北京青年經濟學會，那麼這四家單位就是所謂的三所一會，三所一會可以說匯集了當時經濟界一批新銳的中青年經濟學家和學者，他們都堅決支持趙紫陽和經濟改革。

鮑彤當時是中央政治局常委會的秘書，中央委員，級別算是最高，陳一諮是國務院經濟體制改革研究所的所長，這是部級的幹部，杜潤生是中共的老幹部，也相當於部級，李湘魯是趙紫陽原來的秘書。六點聲明也提了趙紫陽被迫下台，同時說「由於少數高層領導堅持並擴大自己已有的決策失誤，對這次偉大愛國民主運動採取鎮壓措施，中國目前已經面臨真正的社會大混亂和民族分裂的危險，處於歷史的緊要關頭。」

聲明還點名李鵬：「李鵬5月19號晚上的講話恣意歪曲事實，顛倒黑白，製造事端，激化矛盾，漠視各界人士的呼籲，排斥趙紫陽總書記5月4日以來的一系列正確講話，嚴重惡化了局勢，導致社會動亂。」三所一會的六點聲明最後說：「值此非常時刻，我們再次呼籲全國人大和中國共產黨召開緊急特別會議，行使憲法和黨章賦予的權力，對時局進行干預。」這是三所一會的最後聲明。

這時候陳一諮在醫院裏，他也授權同意發表這個聲明。也正是因為這個聲明，所以後來陳一諮流亡海外，杜潤生後來長期被踢出權力圈，李湘魯也被審查等等。這是體制內的一次相當高級別的幾個部級幹部的公開表態，等於是最後一戰，當然也失敗了。

按照另外一本書，是社科院的歷史學者周良霄，他是我媽在北大歷史系的同學，據他的《八九民運紀實》一書記載，在5月19號的白天，據官方不完全統計，5月15到5月19號，在5天的時間內，北京大概有700多個單位參加了遊行示威，聲援絕食學生，包括高校及成人

六四日誌：從 4 月 15 到 6 月 4 日

高校將近 60 家，中專技校 30 多家，職業高中中小學 120 多家，新聞單位 50 多家，文化部門 40 多家。中央國家機關都有 50 多家上街遊行，包括中宣部。市屬的機關單位 20 多家，民主黨派 9 家，宗教機構 3 家，另外有工廠企業商店公司飯店等 160 多家，醫院 13 家，外地來京的 80 多所高等院校，分別來自 15 個省市自治區。這是當時官方的一個大概統計，我覺得還算是蠻準確的，這是一個概況，對絕食的聲援已經到了最高潮。

同樣是 5 月 19 號這一天，成立了北京工人自治聯合會，這是在李進進的幫助下成立的，進進成為工自聯的法律顧問，協助他們發表聲明，發表了《首都工人宣言》，在金水橋旁邊他們成立了指揮部，北京市工人自治會正式成立。在學生自治會成立以後，工人自治會、市民自治會也已經成立了，現在成立了工自聯。工自聯貼出聲明，要求中共中央國務院，必須在 24 小時內無條件接受學生的兩條要求，否則將從 5 月 20 日上午 12 點開始，發動全市工人總罷工 24 小時，並要根據情況作下一步決定。

這個聲明就是李進進起草，成員包括屈武、白東平、錢玉敏、齊懷鈺等。另外又成立了一個新的組織外高聯，因為外地學生來的很多，56 所外地高校的學生，所以這一天成立了外高聯，由連勝德負責。連勝德現在也在美國。外高聯就在我媽他們那個革命博物館的前面成立了指揮部，好像就是我媽他們單位提供了一個大帳篷，讓他們可以在裡面工作。

同一天，北大在張炳九和現居澳大利亞知名的袁紅冰老師的帶領下，50 多名具有黨員身份的教職工打著北大的旗子來到了天安門東側的觀禮檯上，宣布跟學生一起開始絕食。因為他們聽說已經要戒嚴了，擔心學生的安危，所以 50 多位北大的老師在袁紅冰的帶領下宣布開始絕食，打出了一個很大的橫幅在那個觀禮檯上，內容是「誓與學生共存亡」，這是袁紅冰做的事情。

第五階段：絕食

　　另外，因為形勢已經很危急了，大家知道趙紫陽下台了，高自聯、工自聯絕食團在這天發表了一個聯合聲明，聲明提出4條：第一、要求全國人民代表大會立即召開臨時大會，罷免國務院總理李鵬的職務，罷免國家主席楊尚昆的職務。第二、反對軍管，呼籲市民抵制軍隊進城。第三、反對獨裁者愚弄軍隊，呼籲解放軍官兵槍口倒轉。第四條、宣布不承認即將發布的戒嚴令，發表四點聲明應對局勢。

　　時間來到最關鍵的晚上，我記得大概8、9點的時候，天安門廣場上的旗桿上的大喇叭裡突然開始播放戒嚴令。學生並未控制大喇叭，還是由天安門廣場管理處控制，所以顯然是官方通過大喇叭宣布了國務院的戒嚴令，就是李鵬簽發的關於對北京部分地區的戒嚴令，宣布要對北京進行戒嚴，也轉播了當天晚上李鵬召開的黨政軍大會。這個大會本來指定趙紫陽主持，因為畢竟他還是總書記，但趙紫陽說：「我生病不去，更不去主持。」因此就由李鵬主持了。

　　大家應該還記得那段很有名的錄像：李鵬咬牙切齒，面部猙獰，揮著拳頭說：「我們絕不能容忍」，宣布在北京進行戒嚴，宣布部隊向天安門廣場開進。

　　這個情況很快就傳達到廣場，廣場一片沸騰，當時我在指揮車上。那時絕食指揮部已經從人民英雄紀念碑轉移到一輛大的公交車[註11]上，包括徐昕等一些作家還在車上幫著起草各種聲明等。當時我們大家都群情激憤，柴玲都激動得昏倒被抬走，封從德也是淚流滿面，當時負責絕食指揮的人便決定：既然中共已經宣布戒嚴，看來絕食的要求中共是絕不可能答應了，我們沒必要為了這樣一個法西斯政權犧牲掉我們的生命……於是我們的指揮車繞著天安門廣場不斷繞行，通過大喇叭一遍又一遍地宣布：「高自聯還有絕食團指揮部宣布，所有同學，停止絕食。全體同學，立即改為靜坐，包括沒有參加絕食的同學，立即加入靜坐。」

　　絕食到5月19號晚上9點多正式結束，無疾而終。絕食的那兩條

註11. 公交車，指的是公共交通運輸車輛，即「公車」的意思。

六四日誌：從 4 月 15 到 6 月 4 日

要求，政府始終都沒有答應，我們改為全體靜坐。廣場也是滿滿的學生，不知有多少人。據封從德後來的統計，最終參加絕食的是 3144 人，這 3000 多人都改為靜坐，其他周圍糾察隊上萬人也全部改為靜坐。

在絕食指揮部作出這個決定以後，我跟馬少方商量，他也說既然已停止絕食，政府也發布了戒嚴令，那麼很有可能第二天就會實施戒嚴令。也就是說部隊可能會衝進天安門廣場，這已到了生死存亡的最後關頭。在這樣的情況下，我跟少方說：「我覺得我們得回到自己學校的營地去，跟自己帶出來的同學共生死。」少方也同意，我們倆遂在指揮部的車上通過大喇叭宣布，我們退出絕食團指揮部，回到各自營地。少方去找他的同學，我回來找我的同學。這就是 5 月 19 號晚上我的經歷。

過去我寫過一篇文章，講我這天晚上個人的親身經歷，那篇文章已經講得非常詳細，我在這裡引用一下我這篇文章：

「5 月 18 號上午，我和吾爾開希等十幾名學生代表，在人民大會堂與李鵬對話之後，我已經從李鵬強硬的口氣中感到隱隱的不安，因為對事態如何發展也心裡沒底，回到廣場以後，我整天都與廣場上的北大絕食隊伍在一起。5 月 19 號晚上 9 點左右，廣場上的喇叭突然開始廣播李鵬和楊尚昆發表的講話，宣布在北京部分地區開始戒嚴。同時陳希同頒布了前三號戒嚴令，禁止遊行集會。

刺骨的寒風中，楊、李二人殺氣騰騰的語調顯得十分的陰森，一遍一遍在廣場上迴盪。廣場上一下子沸騰了，怒罵聲蓋倒了廣播，人人都感到震驚與氣憤，秩序也顯得有些混亂。一聽到廣播，我立即趕到不遠處的北京電影學院的營地，找到馬少方，我們一直認為政府有可能在今天晚上動手，強行驅散廣場上的示威者。在這種情況下，我們應當與各自學校的隊伍在一起，組織學生準備應變。

我們匆匆趕到廣場指揮部的廣播車，指揮部臨時駐在這裡。車上很亂，有人告訴我們，柴玲因為情緒激動而昏倒，已經送去醫院，指揮部

第五階段：絕食

的幾名常委也都分散在各個學校，我只見到青年作家，《無主題變奏曲》的作者徐星在車上，為了穩定氣氛，我和馬少方分別發表廣播講話，宣布暫時離開指揮部，與自己的學校共存亡，並呼籲廣場上的同學保持冷靜，準備應變。

講完話後，我從車上下來去找北大隊伍，但這時廣場已經一片混亂，原來各校的位置完全變動，成組織的學生隊伍已經變成分散的人群。大家議論紛紛，有的主張停止絕食，有的主張擴大範圍為20萬人一起絕食。

在人流中，我一眼見到一面北大的旗子，如獲至寶地叫住了他們，據他們說，北大的隊伍已經散開了，不知道大家在什麼地方。我決定重新集結起北大的絕食隊伍，於是我們幾個人打著北大的旗子，在廣場裡來回穿梭，不斷地喊：「請北大同學集合。」

這一招還真的有效，不到一個小時，就聚集了100多人。我向大家宣布，我已退出絕食團指揮部，現在回到北大，北大絕食隊伍現在由我負責，有兩、三名不認識的同學自告奮勇，站出來幫我維持秩序。我們首先把隊伍拉到廣場西側，面對人民大會堂作出了一個方陣。

當時我的想法是，如果政府今天晚上動手，部隊可能會包圍廣場，北大隊伍比較整齊，到時可以從西側衝出一個口子，帶其他各校的學生沿長安街撤回北大，在北大校內繼續採取行動。在安排這個方陣的時候，我特意讓男生坐在四周，女生坐在中間。

隊伍做好以後，我對大家說：「今天晚上有可能要出事，如果軍隊過來，請大家一定不要慌，男生把胳膊挽起來，女生在中間，形成方陣從西側衝出去。我作為負責人，當時手持北大的旗子，衝在最前面，不管出現什麼情況，大家都以旗子為標誌，以保證我們北大的隊伍不散不亂。在衝的時候誰也不要跑，面對軍警，要維持和平理性非暴力原則，做到打不還手。」

六四日誌：從 4 月 15 到 6 月 4 日

這樣北大隊伍成形以後，陸陸續續開始別的北大學生找過來，人數逐漸增加。這個時候有幾名我認識的北京體育學院的同學找到我，他們大概集合了四、五十名體院的男同學，希望與北大隊伍合併在一起，保護比較體弱的同學。這下子隊伍更為壯大，已達到 200 多人。

大概到了晚上 11 點多，十幾個人打著一面「北大教師後援團」旗幟的隊伍走過來。原來他們就是北大教師組成的絕食隊伍，以前一直坐在天安門城樓的觀禮臺上。現在感到情況有變，老師們一致認為在危機情況下必須保護學生，所以一路找了過來。負責這支隊伍的是北大法律系教師袁紅冰。袁老師找到我以後，提了一個要求，說必須把我們這十幾個老師安排坐在學生的前面。

他很動感情地說：「為人師表，就要對學生負責。如果軍隊動手，只要我們老師不倒下，就不會讓學生傷到一分一毫。」我當然不贊成，但十幾個老師根本不管我，一意堅持。我只好答應讓老師坐在前面了，心裡感到熱乎乎的，什麼也說不出。

更令人動容的是其中一位女老師，我堅持讓她跟女同學一起坐在隊伍中間去。我還抬出紀律作為理由，說我們已有規定，女生一定要坐在中間。我甚至請了兩位體院的男生來，準備就是架，也要把這位女老師架到隊伍中間去保護她。但這位女老師態度比我更堅決，她說隊伍中就有她自己的學生，如果學生出了事，她無顏去見學生的父母，所以寧死也要死在學生的前面。說完，就一屁股坐在隊伍的前面，說什麼也不肯動。面對這樣的老師，我知道勉強也是沒有用，只好安排那兩個男生挨著她坐在前面。但見到寒風中，她瘦小的身軀，巍然不動的挺立在隊伍中，不禁覺得眼睛酸酸的。

這時剛安頓好，忽然有個男生把我叫到一邊，說有事商量。我已經忘了這個男生的姓名了，但我在學校見過他，而且知道他一向桀驁不馴、吊兒郎當的，並且以此出名，很是有憤世嫉俗，玩世不恭的樣子，在北大還挺有名的一個學生。我沒想到他也會在學生隊伍裡，他跟我

第五階段：絕食

說，今天晚上政府可能會把坦克開進廣場，如果先從西側進入，他說他將第一個迎上去，用肉身擋住坦克的履帶，希望我不要阻攔他。

他還說了一些什麼我已經記不清了，大意就是說人總有一死，他早已不在乎了。這樣死去，他將感到心裡很平靜等等。我跟他說：「如果軍隊過來，我應該是在隊伍的最前面，輪不到你。」他也沒有爭辯，只說了一句：「反正到時候你別管我。」就回到人群中去了。

到了凌晨兩、三點鐘，這時候已經到了20號了，又有幾名市民走了過來，也是很壯的年輕小夥子。這六七個人都是膀大腰圓的小夥子，每個人頭上紮了一條白布，上面有黑筆寫了一個「死」，死亡的死字，綁在頭上。為首的一個人又高又胖，找到我說：「我們哥兒幾個是聽了今天晚上的廣播，才臨時決定相約到廣場上來，來就是為了來保護學生的。」他們說：「我們沒有什麼文化，講不了什麼大道理，但是我們知道你們學生是國家的未來，你們是為了國家好。政府要鎮壓你們，我們不答應。今天要是坦克來了，不碾過我們這幾個人，哥兒幾個，別想進廣場。」還故意開玩笑說：「你看我們哥們這幾個體格，我們要是被坦克給壓了，坦克就開不動了。」說完之後，也不等我有什麼表示，這幾個市民就坐到了隊伍最前面，坐到了教師的前面。

就這樣，北大的隊伍一夜之間，形成了一個洋蔥一樣的，一圈繞一圈的方陣。最裡面的是女性，外面是男生，再外面一圈是體院的同學，在方陣的前頭是一排北大的老師，把學生擋在身後，在老師們前面是一排市民，把老師擋在身後。大家都抱著面對死亡的決心，等待著可能的鎮壓行動出現。

以上是我1999年寫的《六四備忘錄》一書的回憶，介紹當天晚上的情況。

那個時候我們不知道政府確實已經派出軍隊準備進城，但是19號晚上，大批的軍車、坦克、裝甲車和步兵，在距離天安門廣場十幾里之

外北京的各個方向、各個路口，被上百萬聞訊走上街頭的市民給堵住了，寸步難行，所以沒有發生軍隊衝過來的情況，這就是著名的百萬市民連夜上街堵軍車的情況，發生在19號的深夜。

直到今天，每每想到那個晚上，我仍然會覺得熱血沸騰。這都是一些不知名的普通人，但他們表現出的是非凡的熱情和勇氣。正是這樣千千萬萬的普通人，北京市民奏響了八九民運這一曲輝煌壯闊、莊嚴神聖的交響曲。

戒嚴令19號頒布了，20號的情況我們明天再向大家介紹。

第六階段：戒嚴

五月二十日

大家好，今天是 5 月 20 號，我們繼續介紹 1989 年的八九民運和六四鎮壓的相關情況。

1989 年的 5 月 20 號，可以說是整個八九民運關鍵的一天。在這一天，經總理李鵬簽署，國務院正式發布了戒嚴令。可能有些朋友，尤其是年輕的朋友不太了解，到底什麼是戒嚴令，戒嚴令的具體內容是什麼。我給大家介紹一下：

5 月 20 號上午 10 點，李鵬簽署命令對北京實行戒嚴，具體內容由北京市政府發布。北京市長陳希同簽署了《北京市人民政府戒嚴令》第一號、《戒嚴令》第二號，《戒嚴令》第三號，宣布自 1989 年 5 月 20 號上午 10 點起，對東城區、西城區、崇文區、宣武區、石井山區、海淀區、豐台區、朝陽區等北京的主要城區實行戒嚴。遠的那些區，比如大興那些都沒有。

戒嚴的主要內容分別體現在戒嚴令第一號、第二號、第三號。第一號戒嚴令規定：「嚴禁遊行、請願、罷課、罷工。嚴禁任何人以任何方式製造和散佈謠言。嚴禁進行串聯、演講、散發傳單。嚴禁衝擊黨政軍領導機關。嚴禁擾亂各國駐華使館。」在戒嚴期間，凡是發生上述這些活動的，即遊行、請願、罷課、罷工、串聯、演講、散發傳單等等，「公安幹警、武警部隊和人民解放軍的值勤人員有權採取一切手段強行處置。」這已經埋下了後來六四屠殺的殺機了。這是北京市《戒嚴令》的第一號。

同時發布了第二號《戒嚴令》，第二號戒嚴令針對的是外國人，規定外國人必須遵守第一號《戒嚴令》，第二條還特別指出：「在戒嚴期

間,外國人不准介入中國公民違反戒嚴令的任何活動。」第三號戒嚴令是針對記者,規定得很詳細,嚴禁中外記者利用採訪進行挑唆煽動性的宣傳報導。「所有外國記者、港澳台記者不得進入機關、團體、學校、廠礦、企業和街道進行採訪、拍照、錄像等活動。」這條《戒嚴令》徹底剝奪了記者進行報導的權利。以上就是戒嚴令。

這一天非常重要,整個八九民運到此,政府跟人民之間的對立,經由戒嚴令的頒布,已經是徹底的對立了,甚至是敵對了;因為政府已經開始出動軍隊,而且使用了戒嚴這種方式。所以從5月20號開始,八九民運進入到一個更關鍵、更重要的階段,我們稱為反戒嚴、堵軍車階段。

為什麼說是堵軍車階段呢?這個我昨天講過,從19號的深夜開始,北京市民已經聽說了部隊要進城,因此當天晚上就有上百萬的市民,從家裡、從街道上湧出來走上街頭堵軍車。按照戒嚴令的規定,應該上午10點就完成部署,如果真的完成戒嚴令部署的話,5月20號上午10點,軍隊就應該把天安門廣場佔領。

但實際上,軍隊剛從豐臺那邊出發,在豐臺以及六里橋、沙子口、呼家樓、清河等地,就被廣大的市民和學生給完全堵住,水泄不通,根本走不動。了解北京的人都知道,這還是在戒嚴令所覆蓋的西城、東城、崇文那些區域的外圍;我會給大家看相關的圖片。各界全都動員了起來,我覺得特別令人感動的就是北京市民,現在回想起來,我還是要對北京市民說一聲謝謝。真的,那個才叫作傾城出動。

從5月19號夜裡到5月20號,上百萬北京市民根本睡不著覺,紛紛從家裡、從街道走出來,要沒有他們的話,我們可能在廣場上真的被血洗鎮壓。很多北京老頭、老太太直接就躺在坦克車前頭,說:「你要壓,就從我身上壓過去。」那時候政府還沒有下令開槍,所以坦克根本就不能動。

第六階段：戒嚴

像我們北大歷史系有個老教授，名字叫張廣達，在國際上都很有名的老教授，他現在在台灣，是台灣中研院的院士。我後來見到張先生，了解這一段歷史。當時北大像張廣達這樣的教授組成北大教授團，每一個都是白髮蒼蒼的老教授，在身上掛著橫幅，寫上自己的名字。張廣達身上寫著「北大歷史系張廣達」，組成北大教授團去堵軍車。這批白髮蒼蒼的老教授就擋在軍車、坦克前頭，導致軍車和坦克根本寸步難行。

我昨天有講，我們本來抱著必死的決心，不管是來聲援的市民，還是學生，還是老師，都以必死的決心準備迎接戒嚴部隊衝進天安門廣場，我們還一排一排的安排靜坐隊伍，結果一直等到了5月20號早上，我們都睡著了，醒來一看，什麼事情都沒有發生。為什麼？就是因為勇敢的北京市民，北京市民整個八九民運過程中一路支持我們，包括四二七大遊行，五四大遊行，層層的軍警，都是市民給衝開的。到了這個階段，又是市民把坦克和軍車替我們用身體給擋在了很遠很遠的地方，保護我們的安全。

所以我一直在講，八九民運真正的英雄，應該是北京市民。當然學生也是英雄，可是市民更勇敢，市民是這次運動中湧現出來的英雄。中國人民在這個時刻，你看得出來，真的是不怕死。這些老頭、老太太，平時就是一般的市民，也沒有那麼關心政治，可是那一刻，他們就躺在坦克前頭去擋住，這就是1989年中國的社會氣氛。

5月20號這一天是個高潮，全國的關注焦點就是反戒嚴，以及戒嚴令的頒布帶來的社會的這種更進一步的尖銳的對立。在這個危機關頭，包遵信、嚴家祺、蘇曉康等十個最著名的知識分子聯合發布了一份誓言，叫作《首都知識界的誓言》，這個誓言表示，絕不出賣自己的良知，絕不向專制屈服，絕不向八〇年代的中國末代皇帝稱臣。

這份戒嚴令激怒了當時的知識分子，他們於是發這種寧死的誓言。我見證了這些知識分子的一生，他們實現了自己的誓言，包先生後來被關秦城監獄，一直堅持反對派，到去世都沒有服過軟[註12]。嚴家祺先生、

註12. 服軟，是低頭、認錯的意思。

六四日誌：從 4 月 15 到 6 月 4 日

蘇曉康先生，他們現在還流亡在國外，回不了中國，即使回不了中國流亡在海外這麼多年，仍然不出賣良知，絕不向專制屈服，絕不向末代皇帝鄧小平稱臣，實現了他們 35 年前的誓言。現在嚴先生都 80 歲了，曉康也 70 多了，但這些知識分子用自己的一生，實現了自己的誓言。這是 5 月 20 號的情況。

這一天，全國各地都爆發了反戒嚴的活動。我必須要講就是，因為我主要講的是我個人經歷的情況，因為我在北京，外地的情況我不是很了解，所以講到的不多。但我再強調一下，這是一次全國民主運動，各地就都爆發了大規模的遊行示威請願，整個的中國都有動起來，最有名的就是廣州、上海，還有就是成都。

成都的規模相當大，5 月 20 號這一天，成都有 10 多所高校的上萬名學生高喊著「打倒軍閥」等這樣的口號。冒雨在人民南路廣場靜坐，後來就一直靜坐在人民廣場，成都也是後來除北京之外，唯二的遭到開槍鎮壓的一個城市。我有點不太知道為什麼他們要喊打倒軍閥。山東大學 3000 多學生反對李鵬講話，上街遊行。昆明上千人上街，高喊「頭可斷，血可流，民主精神不可丟」等等。這是各地的聲援情況。

補充一下，19 號趙紫陽到廣場的照片，大家可以看到溫家寶就站在旁邊。當時的溫家寶一言不發，趙紫陽看他，旁邊有學生在這裡陪伴。還有戒嚴令頒布以後，當時很有名的兩外國記者已經開始被打擾，被錄了下來，在外國記者採訪時已有軍警上前阻攔。另一張照片是 CNN 的記者，很有名的老記者 Dan Rosser，我想美國人都很了解他，Dan Rosser 在採訪的時候被警察干涉。另張照片介紹文字說：「下圖左的這個女士姓氏不詳，是美聯社的翻譯員，這位女士在旁邊幫著解釋……」其實這個我認得出來，就是包柏漪嘛！當時的美國大使夫人，她陪著 Dan Rosser，在採訪的時候幫他做一些翻譯，他們被警察阻攔。這個是戒嚴令頒布的時候，反對戒嚴令的情形。

廣場上絕食已經停止了，改為靜坐，廣場人非常多，雖然發布了戒

第六階段：戒嚴

嚴令，但人民繼續上街。從照片就可以看到堵軍車，當時士兵手裡還沒有拿槍，但是底下密密麻麻的被群眾圍住，在向戒嚴部隊說些什麼。這是當時典型的活動，就是堵住軍車之後，不停地有人向戒嚴部隊的士兵解釋到底發生了什麼情況，因為這些戒嚴部隊的士兵實際上很早就調過來了，在北京郊區集訓。據我們後來知道的情況，當局不允許他們聽廣播、看報紙，反覆地給他們洗腦，說北京發生了反革命暴亂。這些士兵都是年輕小孩，他們也不知道發生什麼事，可能他們還真的抱著一腔熱情，聽說北京暴亂了，要去解救人民政府等。

所以當時的大學生、市民、堵軍車的人，就一遍一遍地反覆向他們說明，北京沒有發生動亂，更沒有什麼暴亂，北京有的是愛國民主學生運動。這是當時非常典型的一個照片，堵軍車，包括底下的這個軍車⋯⋯這是當時戒嚴部隊調動的狀況。另外這張是在上海，上海市政府門口人們把自由女神像豎了起來，後來看到的這個自由女神像，是中央美院的學生受到啟發，也雕了這麼一個自由女神像，放在天安門廣場，成了整個這次運動的一個象徵；但實際上更早在上海的市政府門口就已經有這個自由女神雕像。照片中成千上萬的學生在靜坐請願，聲援北京學生，這是上海的狀況。上海市人民政府、上海市委門口，都坐著請願的人。當時的上海市長是朱鎔基，市委書記是江澤民，那麼這幅照片也比較有代表性。

當時的長安街也相當緊張，大家樂意看到長安街人山人海，把路都給站滿了。為了防止坦克進來，那時徵用了很多公交車，當時公交公司的人也都是聲援學生，把大客車都橫在長安街上，想用這些車來形成路障，擋住天安部隊的軍車的行進。挺有意思的是，挺有名的獨一居餐館的老闆宣布，獨一居全體職工都來聲援學生。另外還有個法號圓池的大和尚，是中國佛教協會的成員，這個大和尚也在這支持學生，反對戒嚴，連佛教協會的人都站出來發表講話。

還有個照片大家可以看看，是一些人開始阻攔戒嚴部隊，使他們不

能往前行進,不但堵軍車,也堵戒嚴部隊士兵。還有一張照片可以看到,長長的戒嚴部隊的軍車隊伍一動也不能動,完全被堵住,前面是北京市民躺在地上,躺成一排一排,軍車就開不動了。這個多麼長一串的軍車,這應該是在豐臺地區,豐臺離天安門廣場還非常遠呢!在這裡軍車就已經無法開動了。

另外有一張照片,這是戒嚴令頒布之後,天安門上空開始出現了解放軍的直升飛機恐嚇學生,直升飛機還往下撒傳單,撒的是戒嚴令,搞得真的跟戰爭似的,政府印了大批的戒嚴令,用這些直升機在天安門廣場上空不斷盤旋,往下撒傳單,撒各種政府的宣傳品,這情景我當時在現場都有看到。但是我們同時看到,底下的群眾,在天安門廣場的學生和其他市民,正朝著直升飛機喊口號、罵他們,或者揮舞著旗幟,形成了一種奇特的空對地的對抗之對峙的局勢。

大家可以看到,當時都成了什麼情況!在北京核心區域的天安門廣場上空,武裝直升機不斷地在那裡盤旋,試圖給我們製造心理上的緊張感。但是你看,我們緊張嗎?這也是非常有代表性的一張照片,後來被西方媒體廣泛地採用:廣場上的同學載歌載舞地慶祝戒嚴部隊的使命沒有實現,軍車被擋住。

這個時候因為民運已停止絕食,改為靜坐,所以廣場上也組織了各種各樣的活動;包括崔健,當時最有名的搖滾明星,都到廣場來舉辦了音樂會。廣場上的學生還是盡量在一種比較輕鬆的理性氣氛下繼續堅持鬥爭,並沒有被戒嚴部隊嚇到。當時的市民對戒嚴部隊還是非常友好的,希望能夠感化他們,還給他們往軍車上送水,希望能夠勸服他們。

實際上那個時候,很多的市民即使阻擋軍車,包括我在內,都還不太相信政府真的會朝學生開槍,所以還是用一種很友好的態度去擋軍車,並沒有暴力阻擋,或者見了軍人就打,完全沒有。大家看到剛才的照片,眾人往上遞水,把小孩都抱給他們,用非常友善的態度,希望能感化他們。這是當時北京市民英勇的表現。

第六階段：戒嚴

整個 5 月 20 號這一天，掀起了反戒嚴，罷免李鵬，堵住軍車，要求軍隊撤出北京的反抗活動。

21 號的情況我們明天再介紹。

五月二十一日

大家好，繼續介紹 1989 年民主運動的情況。

現在時間來到了 5 月 21 號，戒嚴令施行的第 2 天。35 年前今天的狀況大概是這樣的：這一天，在天安門廣場白天聚集的人數比前幾天有所減少，現場大概有 10 萬多人。但是到了晚上，人們又逐漸的都回來了。所以到了晚上又達到了 30 多萬人的規模。我們絕食以後改宣布靜坐。

為什麼白天的人數比較少呢？這有幾個原因，一個就是很多學生實在太疲勞了。從 5 月 13 號開始絕食至今已經是第 8 天了，餓了那麼多天，又改回就地靜坐，很多同學就回學校休息了，尤其是北京的那些同學。我忘了是哪一天，我自己都回了一趟新街口，到家裡去拿換洗衣服，跟家裡打個招呼等等。北京的部分大學生都回校休息，是一個原因。

第二個原因是，陽光實在太大了。到了 5 月底，北京的溫差很大，中午的時候非常熱，所以很多同學都躲在帳篷裡或長安街兩側的樹蔭下休息，廣場上人就比較少一些。第三個最主要的原因，就是很多同學堵軍車去了。這個時戒嚴部隊還是試圖往北京城裡進發，有些軍隊還很努力地要執行戒嚴部隊任務。但軍隊進城的所有重要路口都被學生和市民給堵住了，比如德勝門、崇文門、大北窯、呼家堡、八王墳、廣渠門、農展館、東直門，一直到長安街、東單等等，路上全是學生和市民，把路堵得水洩不通，所以軍隊完全沒有辦法進來。

六四日誌：從 4 月 15 到 6 月 4 日

　　我昨天講過，這時我們想了個辦法，用公車作為路障阻擋坦克進城。據說當時一共徵調了 227 輛既大又長的公車攔在路上。市民在也在沿途舉著橫幅聲援學生，其中有一個橫幅很有意思，寫的是「四九年解放軍進城，我們夾道歡迎；八九年解放軍進城，讓你寸步難行」。1949 年共產黨進城，北京市民都是夾道歡迎的，1989 年這次進城，多麼不受老百姓的歡迎，老百姓說：「我們要讓你寸步難行。」

　　這天還發生了一件很有名的事情，就是所謂的「八上將上書」事件。戒嚴令宣布之後，當時一些退休的老軍頭是非常不滿的。這些老軍頭懂得一個道理，那就是軍隊不能朝人民開槍，一些上將和元帥其實也都這麼認為。徐向前、聶榮臻等人都有跟學生代表接觸表示：「我們調動軍隊進城，不是針對學生，你們放心，不會朝你們開槍……」等等。這是他們說的，當然鄧小平有鄧小平的想法，而且我覺得徐向前和聶榮臻多少有點欺騙學生的意思。但那個時候，軍隊裡的一些人，甚至一些老帥，都覺得這個命令最好不要變成真的開槍，相信他們也都作過了一定的努力。

　　我記不得是哪一天了，可能是 21 號或 22 號晚上，我去革命博物館我媽媽所在的單位，一進門的門衛那邊，從小看我長大的叔叔阿姨都聚集在那裡，因為在那能直接看到廣場上的動態。我坐在那的時候，突然接到電話，我當下也沒法判斷來電所言是否屬實，電話裏對方說他們是徐向前元帥（當時十大元帥之一）的辦公室，「希望你能到徐帥這邊來，徐帥想跟你聊一聊。」但我還是跟當初碰到號稱是鄧小平家代表的那位中年婦女一樣回絕了。

　　我的想法是：第一、我真的摸不清對方說的是真是假，如果我就跟著去了，那萬一去的不是徐向前家該怎麼辦？這個警惕心我還有。第二、那時候學生真的非常單純，我們的想法就是學生運動盡量減少其他外部勢力介入，如果我見了徐向前，可能會涉入中共黨內高層的權力鬥爭。時至今日我回顧反思，覺得學生想得太幼稚，這時的民運已經變成

第六階段：戒嚴

是全民民主運動了，當時各種政治手段跟不同政治力量的結合應當是必要的。但那時我們才只是19、20、21歲的年輕孩子，哪懂得這麼老謀深算的政治考量？到現在我們有了這個考量，卻又沒機會了……

所以那時候我對這種電話，都哼哼哈哈的帶過，說會討論啊等等，但都沒有接觸。其實，我也曾接到過自稱來自中南海的電話。但是現在我們知道，當時包括徐向前、聶榮臻在內的十大元帥中的一些人，都在表達不同的意見，鄧小平不聽，而且鄧小平、楊尚昆這些共產黨的大家長，他們堅持認為這些老帥們的話都沒用，包括鄧穎超的話也沒用。

但各方表態的方式還是不一樣，解放軍有8位高級將領，包括後來擔任過國防部長的張愛萍，還包括肖克、葉飛、楊得志、宋時輪、陳再道、李聚奎、王平這些老將軍。原來計劃的是如果攻打臺灣，將由肖克擔任總指揮，楊得志當總參謀長，宋時輪當大軍區軍司令，陳再道當華南區軍軍司令。後來王平又派人跟學生聯繫，這個消息我們經再三確認屬實，事後的歷史資料也證明是真實的。這8位解放軍上將聯名寫了一個軍方的聲明給當時已經成立的戒嚴總指揮部，聲明的內容很短，全文如下：

北京戒嚴總指揮部、中央軍委：

鑒於目前事態極為嚴重，我們以老軍人的名義提出下面的要求：人民軍隊屬於人民，不能同人民對立，更不能鎮壓人民，絕不能向人民開槍。為了避免事態的進一步惡化，軍隊不能進城。

這是以張愛萍為首的8位上將聯名給中央軍委（其實就是給鄧小平的）上書，但是鄧看了，沒用！這就是我講的，共產黨的本質就是一個專制的、獨裁的一個政黨，誰是老大誰說了算，其他人說了不算。當然這些人功高蓋世，整個中華人民共和國就是他們打下來的，所以事後也沒有對他們進行多大的追究，但是由此可以看到，當時軍隊意見是不統一的，包括元帥，這8位上將就特別強調「絕不能朝人民開槍」，軍隊

內部的意見也是有分化的。

這正是歷史教訓,可見未來如果再有類似的事發生,也一定會導致軍隊的內部分化。像八九運動中被要求執行鎮壓命令的 38 軍軍長徐勤先,徐向前、聶榮臻兩位元帥,還包括張愛萍、肖克、葉飛、王平等 8 位上將,他們都反對開槍,跟鄧小平是對立的,所以只要有大規模的人民壓力出現的話,就算是共產黨,包括共產黨的軍隊內部都是會分裂的,這樣的例子八九年就曾出現過。

同時這天,香港也搞了一次聲援大遊行,這是一次香港全市的環市大遊行,香港人也是傾巢出動,沿著香港走了一圈,模擬北京學生四二七和五四大遊行的環城遊行,據說參加的人數粗估是 50 萬人。大家不要小看 50 萬人,那時候香港沒多少人,當時香港總人口數是 600 多萬還是 500 多萬,顯示這次出來遊行的人幾乎是全港人口的十分之一,以後出來的更多,若再加上沿途圍觀的人,估計有將近百萬人。據香港的居民講,這麼大規模的遊行,在香港也是近 20 年來所罕見的,沒有見過的這麼大規模的遊行,這是香港的聲援情況。

在美國,留學生也行動起來了,20 日(北京時間 21 號)在美國的華盛頓,整個東岸各高校的中國學子蜂擁至華盛頓,後來我到了美國,也聽說了很多人參加這次請願,包括現在有名的黃慈萍、學自聯的那些骨幹們。當時在美國的中國留學生並不太多,但僅僅在東岸的各個高校,就集結了 3000 名留學生,他們連夜趕到華盛頓集合,在中國的領館門口舉行了大遊行,並向中國駐美使館遞交了一份中國留美學生學者聯誼會、全美聯合會發表的〈告全國同胞書〉,這批海外留學生的〈告全國同胞書〉說:

「我們在美國的四萬名留學生和訪問學者,對國內學友的壯舉深感欽佩與驕傲,並給予堅決地、無條件地聲援。」這 4 萬人就是日後拿到「六四綠卡」的那批人。同時,這一天在美國紐約、三藩市(又譯舊金山)、洛杉磯、休斯頓領事館門口,也都有了示威抗議活動。

第六階段：戒嚴

　　這一天在日本東京也有 2000 多位在日本的中國留學生集會示威遊行（人在東京的王進忠就參加過）。日本留學生更少，出來了 2000 多人，我估計基本上至少一半以上的中國留學生都出來了。在英國倫敦，有 1000 多名中國留學生和學者，也在這天舉行了集會遊行，而且喊出口號，抗議在北京實行軍管，聲援北京學生。此外如巴黎、西德、澳大利亞、瑞典的斯德哥爾摩、蘇聯，都有中國留學生走上街頭，表達對學生的聲援。

　　就我個人來說，這天發生的事情是 5 月 21 號晚上，我們在廣場的絕食指揮部召開了一次會議，因為戒嚴已經進入第 2 天，形勢也比較緊張。柴玲、李祿、還有王文等原來絕食指揮部的一些同學已找不到人，後來才知道他們去天津串聯去了，但他們也沒跟我們講，所以我又重新回到絕食指揮部主持了 21 號晚上的會議。這次會議投票達成了一個決議，這個決議是──我們不撤出，繼續堅守廣場，不向政府的戒嚴令屈服。我自己都忘記了具體的票數，根據周良霄老師的記載，各校代表投票，有 32 票贊成，那是高自聯的票，不是我們戰地聯席會議的票數，可說是以壓倒性的多數通過了這項決議。我當下通過廣播站的大喇叭向全廣場上的同學廣播了絕食指揮部的這個決議。

　　另外，這天還發生了一件事情，即所謂的 57 名人大常委向中共中央上書事件，這個事件主要的策劃人是萬潤南──萬潤南現在人在巴黎，明天應該就能見到。萬潤南當初是中國民企第一人，最有錢的私營企業家，他的四通公司是當時最大的私營企業，四通公司很早就專門成立了社會發展研究所，負責人就是著名的憲法專家曹思源，在萬潤南的支持下，曹思源做了大量的活動，說服了 57 位全國人大的常委，包括政法大學校長江平、北大經濟系教授厲以寧、胡代光、許嘉璐、《人民日報》社長胡績偉、《人民日報》前社長秦川，來自台灣的台灣人大代表黃順興，甚至包括了霍英東、馬萬祺這些人，以及黨內的像劉延東、馬洪、民主黨派的楚莊、胡克實、葉篤正等等。

這 57 名人大常委發表了一封公開的建議書，建議政府立即召開全國人大緊急會議，這個時人大常委會的負責人萬里還在加拿大和美國訪問，尚未返國。57 名常委呼籲萬里趕快回來召集全國人大常委會，按照中華人民共和國憲法，全國人大是最高權力機關，人大常委會召開的話，很有可能在萬里的支持下取消戒嚴令，撤掉國務院總理李鵬。至少這些常委是準備動議提出這個議案。

這個會議原來準備在 6 月 20 號召開，這也就是後來為什麼我們沒有撤出廣場，決定要堅持到 6 月 20 號的原因。因為我們想等到人大常委會召開，就像趙紫陽講的，通過民主與法治的手段解決問題。如果人大常委會的決議撤銷戒嚴令、撤銷李鵬，學生可能也就會撤出廣場，那麼事情就能圓滿解決。但後來事態的發展證明，現實並未按照我們期待的方向發展，政府悍然地提前出動了軍隊，朝學生開槍。

以上是 21 號大概情況。表面上看，21 號好像比前些天顯得風平浪靜，但實際上，卻可說是暗流湧動。明天的情況，明天再向大家介紹。

五月二十二日

大家好，繼續向大家介紹 89 民運每天發展的情況。

現在我們已經來到了 5 月 22 號，這個時候戒嚴令從 19 號起已經頒布第 4 天了。這天主要發生的幾個事情，一個焦點就是知識界開始全面介入學運。我以前講過，在這之前，知識界大部分人對民運都抱持著觀望的態度。當然，這也是出於好意，因為那時一些學生運動組織者都很在意保持學生運動的純潔性，比如柴玲。同時知識界也有這個自覺，儘量避免直接介入運動。但是戒嚴令發布之後，知識界的很多人感到他們不能再袖手旁觀，應該要直接進入到運動中去，參與運動的領導，他們在陳子明、王軍濤等人的推動下，開始緊鑼密鼓的活動。

第六階段：戒嚴

　　這天下午，部分知識分子發起了一次會議，包括社科院政治所所長嚴家祺、馬列所所長蘇紹智、馬列所高級研究員張顯陽、還有包遵信等，他們在社科院政治學研究所開會，這個會議可說是一次知識界出席人數最多、代表方面最廣的一次會議，在會議上這些知識分子討論形式，討論對策，準備成立北京知識界聯合會，以組織的方式介入運動。

　　這個會議也提議由包遵信主辦，並出版《新聞快訊》，要把在北京發生的事情及時向全國通報，後來一共出版了五期，都是很珍貴的歷史文獻，可惜我現在也找不到⋯⋯如果有聽我講這段歷史、經歷過當時歷史的人，誰手裡要有這五期《新聞快訊》的話，麻煩請跟我聯繫。這也是為什麼社科院事後被共產黨說成是六四事件的「重災區」，因為社科院的幾個所長都站出來聲援學生。另外還有《人民日報》的副總編輯王若水、著名作家鄭義等。

　　當天下午知識界就出版了第一期《新聞快訊》，這個快訊由後來由知名的新左派代表人物甘陽主筆，甘陽當時是非常積極的自由派，他還起草了社論，社論的名字就叫〈保衛廣場，保衛首都，保衛共和國〉。另外，在陳子明和王軍濤緊鑼密鼓的推動下，當天晚上我也參加了這個會議，在紀念碑的臺階上，召開了準備籌辦首都各界愛國維憲聯席會議的最後一次籌辦會，明天就會正式成立。陳子明、包遵信都參加了這個會議，也介紹了白天知識界討論的情況。當時我們便決定：基於當時已經有各個組織，如北高聯、高自聯、外高聯、絕食團指揮部、市民糾察隊、工人自治會、知識界聯合會等等，這麼多組織之間需要一個協調機構，所以我們決定成立首都各界愛國維憲聯席會議，這是晚上我們在天安門廣場討論的情況。

　　在這天傍晚時，我還去了北京飯店，當時已結束絕食，有人請我們吃飯。是誰？就是萬潤南，四通集團的老闆，當時全國最大的私人企業家。萬潤南非常積極地關注學生運動的發展，所以後來他也被通緝出逃，現人在巴黎。當時萬潤南派了手下邀請了幾十個各校學生代表，我

記得好像柴玲也在場,在北京飯店喝咖啡或喝茶,跟我們討論局勢。萬潤南說,鑒於目前的狀況,他建議學生撤出廣場,有條件地撤出,這個條件就是要撤軍隊,或者取消戒嚴令,或者李鵬下臺。他說這三個條件,只要政府肯答應一個,學生就撤出廣場,讓這場運動能有一定的成果。

他說軍隊撤,我們學生就撤。後來萬潤南寫回錄寫到了這一段。真的是不好意思,在他講這些的時候,我卻不巧歪著腦袋睡著了⋯⋯你可以想見我當時是多麼的疲倦。身為大公司總裁的萬潤南自然不太高興:「我把你叫來,給你提建議,你卻睡著了?」不過我真不是故意要怠慢老萬,實在是太疲倦了,當時我都忙多少天了,從4月15號胡耀邦逝世到5月13號絕食,再一直到5月20幾號,我幾乎是馬不停蹄,每天隨時隨地都能睡著,這是我的狀況。

當天外地的聲援也非常熱烈,比如武漢大學有4000多學生在學校裡集會,宣布成立武漢大學學生自治會,還提出了口號,要同李鵬政府鬥爭到底,大家把矛頭都對上了李鵬。當時這幾千名大學生也有一個宣誓,幾千人一起宣誓,我不知道武大同學是否還記得,誓言是「團結一致,不怕犧牲。毫不妥協,爭取勝利」。他們還提出了最高綱領、中級綱領和最低綱領。

最高綱領是:「共產黨必須領導全國人民實現真正意義上的現代化,拯救民族危機」;中級綱領是:「反對倒退,打擊保守派的復舊,穩定物價,剷除通貨膨脹,在政治上尊重民意,順應民心,整頓政治機構,保證建立一個人民信賴的政治集體,在文化思想上實現思想言論新聞自由,讓人民生活在自由民主的文化環境中」,這是中級綱領。中級綱領現在看來讓人覺得不可思議,可是放在當時那個情景,我還是強調:那時人民還對共產黨有一定的期待,因為當時的總書記是趙紫陽,這些綱領說出了當時學生的主要訴求。學生為什麼會有那麼大的熱情上街,這個中級綱領都囊括了。最低綱領是:「馬上召開全國人民代表大會,討論國是,制定國策,讓人民代表評價運動,檢查李鵬的行動,罷免他的

總理職務,取締李鵬政府對學生運動的污蔑,成立新的人民政府,敦促湖北省政府站在人民一邊,脫離李鵬政府,公開否定李鵬五一九講話,支持民主運動。」這是武漢大學學生自治會通過的綱領。

另外,這天還發生了一件令我個人非常欽佩的事情,就是張煒辭職事件。張煒原來是跟胡平、王軍濤同期的北大七七級大學生,也跟王軍濤、胡平一起競選人大代表,並輸給了胡平。張煒是共產黨刻意培養的接班人,那時候是北大學生會主席,以後畢業了就是全國青聯主席,然後會進入到團中央,會到書記處,然後當總書記,這幾乎是當時共產黨,尤其是團派培養自己幹部的固定路線,張煒很早就被團派作為中國最高領導人定向培養。

那時候張煒非常年輕,才30多歲就已經是天津市委外事辦工委書記,天津市是全國直轄市,所以他幾乎已經相當於部級幹部了,或者接近部級的這個級別,而且他是天津市的外經貿委主任,鄧小平到天津視察,都是張煒陪同。當時的天津市委書記李瑞環非常非常欣賞張煒,所以張煒是整個中國政壇當時最閃亮的明星,那時根本沒什麼人聽過李克強,習近平更不知道在哪裡呢!張煒才是當時真正的中共準備培養的接班人,且因為他的這個身分,已內定是下一屆天津市政府改組時的常務副市長,可以想見這個培養的速度之快,那時張煒的前途確實是一片光明,如果他支持了鄧小平,那現在的總書記鐵定就是張煒。

張煒在自4月15號運動開始便密切關注運動進展,但礙於其官方身份,他始終沒有講話。他對學生運動當然有自己的看法,後來我跟他多次聊天,他說是戒嚴令的宣布刺激了他,讓把他自己所有光明的大好前途給完全放棄了。在5月20號,他向向中共天津市委、市人民政府和市人大常委會三個機構提交了辭職書,在23號上午天津市委市政府的大會上,張煒公布了他的決定,宣布辭去他所有的職務,甩手而去。

據說李瑞環都快給氣死了。張煒的意思是,不論如何,學生的策略是對或不對還是怎麼樣,學生終歸是好意,政府不能用戒嚴這種方式

來回應學生。他說:「我不能跟這樣的政府站在一起。」張煒這樣的行為非常的光明磊落,當然,張煒六四之後仍被關押審訊了半年多。不過他在黨內人脈深厚,大家對他本來也都抱著很高的期望,包括李瑞環,於是在最後一刻,當局還是對他網開一面,過了一年多後還讓他到美國去。到美國後,他先去了哈佛,後來到了英國劍橋,一路刻苦學習。他到底是北大出身,不僅拿了碩士、博士學位,後來還成為劍橋的中國中心主任,至於現在在做什麼,我就不方便透露了。這麼高級的幹部,是當時比較高的行政級別,相當於副部級幹部,就這樣放棄了自己的政治前途,宣布辭職,抗議戒嚴令。這是外界聲援的情況。

因為我個人的視野是有限的,為了讓大家更了解當時的具體情況,我們可以來看看當時的報紙,尤其是北京《科技日報》,我一再強調,《科技日報》一直是自由派的,該報非常關注學生運動,派了大批記者採訪,以下就是北京《科技日報》所做的一篇報導,題為〈人間自有真情在——1989年5月20到22日 首都街頭目擊記〉,這篇報導向我們描述了20號戒嚴令之後到23號之間的大致情況,這個報導說:

有人說,如果你沒有體驗過什麼是悲壯,只要匯入了眼含淚花,一曲高歌《起來,飢寒交迫的奴隸》的人群中,就會永遠刻骨銘心。如果你不懂得人民的力量有多大,只要你走上街頭,看到這幾天發生的一切,你就會發自肺腑地喊出「人民萬歲」。建國以來前所未有的戒嚴令,引起了北京市民前所未有的行動,請看這一組組真實的鏡頭:

5月20日凌晨,要進入北京市的軍隊被普通市民攔截在各個路口,人們將一切可以放倒的東西橫在馬路中間,有的乾脆坐在了軍車前。早晨,天安門廣場的學生對軍車未能開進廣場而激憤,感謝首都人民。9點40分,廣場的大喇叭播出了李鵬簽發的戒嚴令。早10點左右,五架軍用直升機從東長安街方向飛進廣場盤旋。大學生們用高音喇叭對天空高喊:「直升飛機,請說明來意。直升飛機,請說明來意。」在21天中,直升飛機在廣場上空共飛行了十餘次,每次1～5架不等。下午5點半

第六階段：戒嚴

左右，一架直升機向廣場拋撒傳單，據說傳單上是戒嚴令。

由於市政府領導說，戒嚴部隊有權採取一切手段，強行處置。在天安門廣場的許多同學都寫了遺書，一名穿白大褂的學生，高舉了一個小旗幟，上面寫著「今晚在此光榮」。一個記者手拿遺書，上面寫著「我兒寧寧：」，具體內容就沒有寫，寫給他兒子的遺書，這個遺書赫赫在目。北京市民給廣場的同學送水、送糧，並送來了數以十萬計的防毒物品，口罩、濕毛巾、濕手絹等等。

其實後來香港人2019年「反送中」也是用這些物資，大家都以為是香港人發明的，其實沒有。1989年的時候，我們已經知道，有可能戒嚴部隊會進攻天安門廣場，有可能會用毒氣，所以我們那時已知道需大量收集口罩、濕毛巾和濕手絹等等。

5月20日晚11點，在勁松東口，五輛28路汽車橫臥馬路，大學生敢死隊的同志站在汽車頂上進行宣傳。數千名群眾屏息靜聽，並不斷報以熱烈掌聲。當學生們說：「我們希望大家不要走開」時，人們異口同聲地高呼：「我們不走！」當學生們說：「請市民來幾名代表」的時候，幾名青年毫不猶豫地爬上車頂，向群眾介紹了自己，大家同聲高唱《國際歌》，雄壯的歌聲迴盪在寂靜的夜空。

5月21日凌晨，童、丁兩位留美學生代表，代表全美學生學者聯誼會及全美華人，從美國飛到了天安門廣場，聲援北京學生的愛國民主運動，對政府出兵表示憤怒，要求人大常委會立即召開緊急會議，解決當前問題，並告知洛杉磯已經有十幾萬華人準備為此上街遊行。5月21日早上7點左右，一輛軍人專列駛進北京站，鐵路工人汽笛長鳴，站台上的群眾和學生圍上前去，大學生們淚流滿面，向士兵們介紹所謂的「動亂」真相，以及北京市民對學生的支持。

一些解放軍官兵的眼圈紅了，學生們將全市人民贈送給自己的煙、食品等送上列車，還為戒嚴部隊的戰士送去了熱氣騰騰的大米粥，有許

六四日誌：從 4 月 15 到 6 月 4 日

多人提出提來清水，把濕毛巾遞給戰士，讓他們擦擦臉，據一位乘警介紹，戰士們只知道他們是來執勤的。

5 月 21 日 9 點 50 分，六里橋空軍招待所南院外，聚集了數百名群眾，院內 10～20 米遠處停放著許多輛大客車，車上坐著約有一個營的武警戰士，一名大學生手舉著話筒，隔著緊閉的鐵欄杆門向裡面喊話：「武警同志們，我們大學生和人民群眾來看望你們，希望你們理解人民，支持人民，和人民站在一起。」有一個班的武警戰士，排著隊要從小門出來上廁所，人群裡有人喊：「不能出去，等上一批的回來了再去」，怕他們藉機出來。一位班長立刻喊出口令，戰士們齊刷刷向後轉，往回走。大學生高舉話筒喊道：「謝謝你們的理解。」人群中響起了熱烈的掌聲。

在立交橋下，一輛 320 路公共汽車橫堵在路中間，立交橋南面約有 20 輛軍用卡車被成千上萬名群眾圍住，車上坐滿了挎著衝鋒槍的解放軍戰士。一位大學生手持話筒，站在道路中心隔離帶上，向車上的解放軍戰士喊話：「解放軍同志們，在這場偉大的愛國民主運動裡，請接受人民的洗禮。」一位 30 多歲的女同志，向車隊中吉普車裡的軍人喊話：「戒嚴令已宣布一周了，北京城裡並沒有戒嚴，你們看到了吧！人民給你們戒嚴了。」

還有一個 3、4 歲的小男孩被父親抱著，揮著胖乎乎的小手喊：「解放軍叔叔好！」兩名解放軍戰士一邊說「小朋友你好！」一邊把市民送來的汽水往小男孩手中遞，小男孩擺著小手說：「我不要，叔叔喝。」市民們高喊：「人民軍隊愛人民，人民熱愛子弟兵。」

一位男青年問一名坐在駕駛室裏的解放軍：「你們幹什麼呢？」解放軍回答說：「拉練[註13]，解放軍的訓練。」車上的戰士大部分都低著頭不說話。車下一位 40 多歲的女教師低聲和一名戰士交談，她對戰士

註 13. 拉練，為部隊按戰時要求進行行軍、野營的野戰訓練。

第六階段：戒嚴

說：「你們不要把槍口對著無辜的學生，大學生們是愛國的。」那名戰士向四周看了看後，低聲地說：「如果真發生那樣的事，請放心，我會把槍口向上，朝天上放。」

一些大學生帶頭為人民子弟兵唱歌，士兵們也跟著齊聲高唱：「如果是這樣，你不要悲傷，共和國的旗幟上有我們血染的風采。」歌聲掠過寬闊的大橋直上於天。有個士兵的眼中出現了淚花，他低下了頭。21時許，天安門廣場中央絕食隊伍南側，出現了一對年輕人。當這對年輕人向絕食的學生宣布，準備在這裡舉辦婚禮的時候，得到在場數百名學生的熱烈歡呼，同學們齊聲祝賀「恭喜恭喜」。接著為二位新人唱起了黃梅戲《天仙配》中的「夫妻雙雙把家還」。

5月22日凌晨，天安門廣場東北角，高舉「市民敢死隊」旗幟的隊伍整齊排列，一名共產黨員在演講，他說：「共產黨應將人民的利益放在第一位，學生的愛國民主運動，使中國有了希望，代表了人民的利益。我堅決擁護，為了自由，為了正義，我可以犧牲一切，北京市民保護學生，義不容辭。」5月22日凌晨6時，天安門廣場正在舉行升旗儀式，「起來！不願做奴隸的人們，把我們的血肉鑄成我們的新的長城」，紅旗在雄壯的歌聲中徐徐升起，到這時已是總理發布戒嚴令的第44小時，戒嚴部隊仍被堵在城外。

在這人聲鼎沸的環境裡，首都的生活秩序依然按照它固有的方式運轉，冰鎮汽水三角一瓶，攤煎餅賣羊肉串的依然喊聲琅琅，各種小吃店、飯店的生意格外的興隆。到記者發稿的時候，正是下班時間，首都交通秩序井然，有些公共汽車已經開始行駛，路障被搬到馬路邊，只是在戒嚴部隊的軍車附近交通有些堵塞。

「目前事態正在發展。」報導最後說：「牽動著全中國乃至全世界人民的心，我們想因為紀念偉大的四五運動出版的《天安門詩抄》中的一段短文來結束我們的這篇目擊記：

歷史在太空逝去，也在太空永存。

歷史有紀念碑，歷史有斬妖臺，歷史是裁判員，誰是歷史的主人？我們。

歷史將把人民的忠誠記在紀念碑上，永遠懷念！
歷史也將把人民的堅持押上斬妖臺怒斬。」

本報記者

以上是22號的情況。23號的情況，明天介紹。

五月二十三日

大家好，我們繼續介紹89年的情況，逐日回顧。

今天時間來到了5月23號。今天我已經人在法國，為六四屠殺35週年作巡會演講紀念。那麼5月23號這一天在北京的狀況，基本上還是以反戒嚴、聲援大遊行為主。社會各界在這一天都開始行動起來。這一天的下午，首都各界人士大概有上百萬人上街大遊行，這個是戒嚴令頒布以來規模最大的一次，百萬人大遊行。主要的口號就是「反對戒嚴令」。這個大遊行的聲勢非常浩大，幾乎整個環城的二環三環滿滿都是人

今天還發生了一件事情，就是首都知識界聯合會正式成立了，一直走在知識界最前面的嚴家祺、包遵信、李洪林、于浩成，以及我很景仰的許良英先生，許成鋼的父親等，還包括北大著名的老教授季羨林在內，大批的知識分子宣誓成立知識界聯合會。那麼這個聯合會成立以後，在成立宣言裡提出了幾大主張：

第六階段：戒嚴

第一、取消戒嚴令，軍隊撤回原駐地。
第二、立即召開全國人大常委會，審議罷免李鵬案。
第三、在解決上述問題的基礎上，切實推進中國民主化進程。

季羨林老先生也簽了名。在這裡插一個小軼聞，據好幾個不同管道證實應該是真的：六四鎮壓以後，季先生不知道是怎麼想的，是出於憤怒呢？還是他也不知道事情輕重，季羨林看到這個通緝令，但通緝的12個知識分子名單裏沒有他，便打電話給海淀區派出所：「我叫季羨林，我是北大老師，就是你們這個通緝的什麼知識界聯合會，我也是發起人之一啊！這個我要跟你們講。」還好，那時海淀的這個派出所不敢輕舉妄動，主動打電話到北大黨委，北大黨委趕快來找季先生，勸他說：「您別幹這種事情。」但官方也沒有動季羨林，畢竟他的地位在這兒擺著呢！[註14]

由此可以看到，當時整個知識界團結一致，不分各種思想潮流，統一地站起來。首都知識界聯合會的成立，在中華人民共和國歷史上，也應該說是第一次，知識分子一直被共產黨壓著打的，這一次成立了獨立的組織，所以這個組織的發起人像包遵信、嚴家祺、李洪林等等，六四以後都被逮捕了。

另外，這一天外地的情況也是波濤洶湧。23號晚上9點，廣州爆發了大遊行，我認識的好幾個在廣州的同學都告訴我他們參與了那次遊行。如果是廣東的同學就應該還記得23號晚上那次遊行，有數十萬人上街，其中包括從香港、澳門過來聲援的學生，這在廣州歷史上是罕見的大遊行。在鄭州，有2000多名學生組成了進京聲援敢死隊，晚上登上了貨車奔赴北京。在西安，有5000多學生也宣誓要進北京對抗這個戒嚴令，他們還發表了誓詞，在火車站宣誓：「我們將赴國難，準備好了一切，為共和國的民族作最後的犧牲。」這是在國內。

註14. 擺，中國北方用語，如擺架子、擺譜、顯擺，都有高調自豪、炫耀的意思。

海外華人也非常的關心在中國發生的事情,當時少有的國際知名華人科學家,包括4位獲得諾貝爾獎的華裔科學家李正道、那時的楊振寧、李遠哲和丁肇中,聯名上書全國人大常委會,要求取消戒嚴令,聲援絕食學生。在海外華人中聲援學運,余英時先生是積極的推動者。余先生他們100多位海外知名華人,不管是科學家、學者、記者等等,聯名在《紐約時報》刊登了整版廣告聲援北京學生,後來余先生自己也跟我們講到過這一段。

據《新華社》資深記者張萬舒的回憶,在23號,市民依然都保持著高度的警惕,主要就是要堵軍車。他寫到,當時在他居住的城裡,即使是深更半夜,只要有人猛敲垃圾桶大喊:「軍隊進城了!」周圍樓房裡的北京市民就會傾樓傾戶,潮水一般的奔湧而出,連老人和孩子也不甘落後地跑出來堵截。他說他已經兩次目睹這種情景。大家可以想像,當時北京堵軍車的那種氣氛。看到這,只能說感慨萬千,這是當時《新華社》高級記者的報導,不可能是假的,就是那時候在北京,只要有人喊「軍隊進城」,北京老百姓哪怕正在睡著覺,也會從床上跳起來,穿著衣服衝往街上去堵軍車。

這一天我自己經歷的另一件事也很重要,就是這個運動走到今天真正有了一個全北京市的協調性組織,以前一直沒有。我們知道最早開始有了北高聯,後來變成高自聯,絕食開始以後就有了外高聯,開始有了工人自治會、市民糾察隊、知識界聯合會;為了避免各個組織分頭作戰,無法統一協調力量,於是在5月23號正式成立了首都各界愛國維憲聯席會議,這是個非常重要的組織,因為這個組織把剛才我提到的各個組織都囊括進來了,每個組織都派了代表,像廣場指揮部的代表就是柴玲,北高聯也有代表,我記得邵江好像是在那裏,我和吾爾開希也作為學生代表參加,另外一半參加者是知識界人士。我過去講過,這是陳子明和王軍濤最後下決心,率他們知識界團隊真正完全介入學生運動的一個重要的標誌。

第六階段：戒嚴

我要特別提出，劉曉波也來了，劉曉波風塵僕僕地從紐約趕回來，在這個關鍵時刻回到北京，他屬於知識界，立刻就參加了這個首都各界愛國維憲聯席會議。這個會議是在23號上午於中國社科院的馬列所正式召開的，與會的人包括包遵信、陳子明、王軍濤，還有現在《美國之音》的陳小平，以及後來在通緝令上排第三名的劉剛、著名的萬聖書屋的老闆劉蘇里、工業學院教授呂嘉民、現在的新左派學者甘陽、已經過世的詩人老木，還有現在巴黎教書的著名學者張倫、作家鄭義。

在這個會議上，我們正式決定成立首都各界愛國維憲聯席會議。軍濤首先作了發言，講述成立這個會議的意義，指定我作為召集人；這也是為什麼後來我基本上退出了廣場指揮部的原因。因為從這天開始，我每天都要主持首都各界愛國維憲聯席會議，這個會議固定在社科院馬列所辦公室或政治學研究所的辦公室召開，我每天都要來主持這個會議。會議每天召開，討論當前的局勢，聯絡各界商討下一步的對策。

首都各界愛國維憲聯席會議是個囊括各界的組織，但它不是最高決策機構。我要強調，它應該是個最高諮詢機構，雖然原本軍濤提出建議，希望廣場指揮部能向首都各界愛國維憲聯席會議負責，但好像柴玲他們也不同意，所以基本上就將此會定位在最高諮詢機構。所有的意見都匯總到聯席會議，然後再反饋給廣場指揮部來進行統一協調。

這次會議討論了是否籌建長期穩固的組織，統一指揮。當時我們還以為運動會長期的持續下去，沒想到6月3日政府就開槍了。所以準備成立聯席會議是為了能長期的統一指揮民主運動。與此同時，大家還作了一個重要的決定，那就是改組天安門廣場的絕食指揮部，成立更加正規的、有知識界人士參與的天安門廣場總指揮部。這個總指揮部包括知識界的劉蘇里等都已經參與進來了。

這個會議上也討論決定由柴玲擔任總指揮，叫作保衛天安門廣場總指揮部；而副總指揮，包括當時北大作家班的學生，現今的知名牧師張伯笠張牧師，也包括原外高聯代表，當時天津民航學院的學生連勝德，

秘書長是郭海峰，常委有8個人，包括我、柴玲、張伯笠、李祿、封從德、郭海峰、王超華、劉剛。總指揮部下面設有聯絡部、宣傳部、後勤部、參謀部和糾察部，共五個部。包括張倫、劉蘇里、老木這些知識分子，都分別擔任了各個部的部長和副部長。這是我們長期期盼的知識界直接參加進來，走在隊伍中間，而不要是在兩邊聲援。因為知識界畢竟比我們學生經驗更豐富。首都各界維憲聯席會議把整個運動的協調性往前推進了一步。

以上是5月23號我所能想起來發生的幾件主要事情。我們明天再介紹5月24號的狀況。

第七階段：抗爭

五月二十四日

大家好，繼續向大家介紹 1989 年民主運動逐日發展的進程。

今天我們來到了 5 月 24 號，35 年前的今天，我主要經歷的一件事情，或者說是這天的一個主要事件，就是在當晚正式成立了保衛天安門廣場總指揮部。這個我昨天講過，這是首都各界愛國維憲聯席會議成立後，敦請重組廣場上的指揮部所成立的一個新的機構，這個新的機構就是保衛天安門廣場總指揮部，總指揮是柴玲。這天晚上，天安門廣場已聚集了十幾萬人，在這個 10 萬人的大會上召開了保衛天安門廣場誓師大會。面臨戒嚴的情況，我們認為整個運動需要進一步鼓氣，進一步指明未來發展的方向，穩定大家的軍心。我覺得這是此次誓師大會的一個重要目的。在這次誓師大會上，除了宣布廣場總指揮部成立外，也宣布了柴玲作總指揮。

宣布完後，柴玲帶領全場十幾萬人一起宣誓：「我宣誓，為推進祖國的民主化進程，為了維護憲法的尊嚴，為了保衛偉大的祖國不受一小撮陰謀家的顛覆，為了 11 億同胞不在軍管統治下流血犧牲，為了中華民族不淪為法西斯的專制統治，為了千千萬萬的兒童享受民主自由的和平生活，我願用全部的生命和熱忱，誓死保衛天安門！保衛首都北京！保衛共和國！排除萬難，鬥爭到底！」這是柴玲帶的誓詞，柴玲念一句，全場 10 幾萬人跟著念一句，氣勢十分的雄壯。

這個會議我也參加了，我代表首都愛國維憲聯席會議作了一個聲明，因為這個聲明也是八九學運的文獻中非常重要的一份，前面幾份的重要文獻，如絕食書等我都介紹過了，這個聲明代表我們所有人的一個集體表態，面對戒嚴，我們絕不屈服！這是前一天我們在社科院政治所

開會時決定在第二天召開的誓師大會上發表的聲明。

當時甘陽還在場,就是大家都知道的現在很有名的那個新左派學者,甘陽是八〇年代最早開始提倡介紹自由主義的新銳學者,後來他發生了一些思想歷程的轉變,這個我就不太瞭解了。甘陽是個才子,我們一邊開個會,他說:「好,那我來起草。」於是我們一邊開會,甘陽到隔壁房間很快就擬好稿子,後來我才知道了什麼叫倚馬可待這個成語。甘陽很快地寫出了一篇長長的聲明,聲明拿到我們的會議上討論修改,最後定稿,題目為〈光明與黑暗的最後決戰〉。

這是5月24號晚上我在天安門廣場,面向十幾萬誓師大會的群眾宣讀的〈光明與黑暗的最後決戰〉。這聲明我也一併抄錄於此:

〈光明與黑暗的最後決戰〉

1989年4月,中國歷史進入了一個嶄新的時代,由北京的大學生引發,全國各界人民廣泛參加的偉大愛國運動,是中國歷史上破天荒的第一次。中國歷史上的革命,自來都是為求溫飽,力求最低的生存條件,這是中國歷史上的革命,完全不同於西方的路德宗教改革,或資產階級革命等革命運動。他們的革命是理想主義,是為求發展,而不僅是求生存。

但是現在,中國人民可以驕傲地宣告,舊中國徹底過去了,我們的這次鬥爭是為了民主,是為了人權,為了求發展,它不僅超過了中國歷史上任何一次革命,甚至也是五四和四五運動所不可比擬的。我們每一個有幸參加了這次運動的人,將會對此而感到驕傲。我們是赤手空拳,我們手無寸鐵,但是反人民的暴力反而在我們面前一籌莫展。

時代已經改變了,以惡抗惡的時代結束,以善抗惡的時代開始了,以和平方式爭取民主和人權的鬥爭必將勝利。這是一次人民的革命,它

第七階段：抗爭

不訴諸恐怖，也不會讓施行恐怖者得逞。人民的覺悟就是鬥爭的目標，就是勝利的標誌。從這個意義上說，無論這次運動以什麼樣的方式結束，歷史給予中國人民的，都將是最為輝煌的勝利。

目前，由於李鵬等一小撮人的倒行逆施，北京出現了動亂的局面，他們故意中止正常的公共交通，中斷對生活必需品的正常供應，對各級領導和幹部工人實行高壓政策，封鎖消息，控制新聞，顛倒黑白，製造謊言，踐踏法治，破壞民主，甚至他們愚蠢地，野蠻地用軍事力量來迫使人民屈服。用軍事力量來迫使人民屈服，但是這一切並未嚇倒北京人民，鬥爭現在進入了相持階段，戒嚴令已經發布幾天，戒嚴部隊卻沒有一兵一卒能夠進城，這不是因為李鵬一夥的寬容，而是表現了他們的虛弱和人民的強大。

人民並非沒有失敗的可能。但是，同胞們，我們已經沒有退路，如果讓一小撮堅持倒退，堅持反人民的人得逞，他們就會秋後算帳，他們會從所謂「清污」，所謂「反對資產階級自由化」，一直清算到這次運動的積極參加者，改革開放十年來的成果就會喪失殆盡。到那時，中國民主進程將中斷，中國的改革開放將會夭折，我們的共和國將會變成一個白色恐怖的世界，中華民族將長期處於動盪不安、混亂不堪的狀態，我們進入世界強大民族之林的希望將徹底破滅，我們的人民又將回到任人宰割的無權狀態，等著人民的是棍子、帽子、牢房，甚至屠刀。

我們只能背水一戰。多少年以來，在長久的高壓下，我們不少人習慣於明哲保身，習慣於忍讓，但現在，面對瘋狂的反人民的一小撮人，我們不能再抱任何的幻想。他們能把幾千絕食絕水的生命置於不顧，我們還能指望他們發善心嗎？

我們不要誤把李鵬的色厲內荏當作有力量。李鵬等一小撮人以前的退讓，並不是他們克制，而是無能。他當教委主任，把中國教育推到危機中，他當總理使生產下降，物價飛漲，他的無能是顯而易見的，他之所以負隅反抗，只不過因為他自知負人民的太多。

我們不能指望他自行退出歷史舞台，但只要我們堅持下去，這個無能的政府是一定會倒退的。堅持就是勝利，中國的民主運動正處在生死存亡的緊急關頭。如果人民勝利了，中國將開始走向民主化的健康發展道路，一切專制主義者，一切企圖阻止歷史進步的人，就再也無力阻止人民的民主要求了。

我們警告自絕於人民的一小撮人，如果敢動用軍隊鎮壓人民，如果誰敢於用軍隊來解決黨內、政府內和人民中不同政見的紛爭，他們必將成為人民的公敵，必將成為中華民族的千古罪人。

同胞們，祖國在危急中，共和國在危急中，每一個有良心、有正義感的工人、農民、市民、軍人、幹部、學生、知識分子、愛國華僑，每一個有良心、有正義感的中國人，讓我們團結起來，挽救危亡。

這個就是5月24號晚上在天安門廣場的天安門廣場總指揮部成立誓師大會上，我發表的〈光明與黑暗的最後決戰〉演講。

可以說從這一天開始，整個八九民運就進入到最後的關鍵階段，雙方已經達完全對立的狀態，最後的結果大家也都知道。但是從歷史回顧的角度講，從分類的角度講，這個保衛天安門廣場總指揮部的成立和誓師大會，代表著進入了最後的這種抗爭階段。

最後再給大家補充介紹一下，昨天我們講到北京知識界聯合會正式成立，後來有朋友們說這個知識界聯合會到底都有哪些人，除了已經站出來的包括嚴家祺、包遵信等這些人，另外還有哪些人？我跟各位講，當時很多著名的知識分子都參加了這個知識界聯合會，反抗中共專制，追求自由民主，其中包括一個人，現在大家都耳熟能詳，這個人就是李書磊，現在的中共中央宣傳部長，中宣部長李書磊，他當時也參加了簽名。

我後來不知道他是怎麼通過審查，又一直坐到今天這個位置，但是當時參加了這個知識界聯合會的這些人，我覺得至少在當時來說，都是

上了「光榮榜」的。這個知識界聯合會有兩個總召集人,一個是包遵信先生,一個是嚴家祺老師,參加這個會議的包括甘陽,就是起草〈光明與黑暗的最後決戰〉聲明的人,包括社科院的蘇煒,包括著名的《河殤》的作者王魯湘、哲學家王銳生,包括現在還在推特上(Twitter 現已改為 X)挺活躍的榮劍老師,包括人民大學的教授肖延中,包括著名的傳道者遠志明牧師,也包括已經過世的學者鄧正來,還包括歷史學家沈大德、社科院政治學者楊百揆、張明澍,還有《河殤》的另一個作者謝選駿,還有一個叫韓紅的,我就不多說了,大家可以細想是誰,還有著名學者段向群、王志剛、徐向東、衛典華等等,一共 100 多人成立的這個北京知識界聯合會,這是當時的狀況,作一個補充介紹。

25 號的情況,明天向大家介紹。

五月二十五日

各位好,繼續向大家介紹 1989 年民運和六四鎮壓的情況。

現在時間來到了 5 月 25 號。5 月 25 號這一天的主題還是反戒嚴。我已經忘了 5 月 25 號這天我在哪兒,按當時的情況,我應該是下午在社科院的政治學研究所主持首都各界愛國維憲會議。

這一天的天安門廣場也還是人山人海,據統計,大概有 50 萬首都各界的人士上街聲援學生。學生在廣場上也議論紛紛,各種各樣的未來趨勢討論,走向分析,還有決策等等。學生內部也有各種不同的聲音,有人主張堅守廣場、有人主張撤出、有人主張主動出擊等等;但是大家還在猶豫的過程中,沒有形成最後的決策。

這時有個特殊的情況,我記得大概是 25 號左右,香港專上學聯支援的人來了,包括林耀強、李蘭菊等人。作為香港專上學聯的代表,他們帶了大量的香港市民捐款,並用這些捐款買了很多帳篷,到了天安門

廣場，學生迅速地把這些帳篷都架起來，後來我們照片上看到廣場上一片帳篷，而且帳篷顏色都是統一的，秩序看起來就整齊了很多，至少是一排一排的帳篷，大家都睡在帳篷裡頭。這是廣場上的情況和變化，但總體來講，廣場上還是比較混亂。因為這個時候師老兵疲，北京的學生實在是非常的累，很多的北京學生已經回了學校或回家了，所以廣場上以外地學生作為主體。據統計當時大概有 300 多所高等學校的學生在廣場上，各校的旗幟可以說像樹林一樣，代表全國各高校。這是廣場上大概的情況。

這一天還是發生了一件也算是比較重要的事件，那就是萬里終於回國了。萬里當時是全國人大委員長，從法理上講，是最高國家權力機關的首腦，而且我前面已經講過，大家都很希望萬里能夠回來，主持召開 6 月 20 號的全國人大常委會的緊急會議。如果召開這個會議，以當時的氣氛來講，人大常委很可能投票表決撤銷李鵬的總理職務，或者說廢除戒嚴令等。這在當時是大家的希望，但後來我們知道其實是不可能的，然而當時我們還覺得有這種可能。

我前兩天也講過，因萬里在加拿大訪問時曾公開接受記者採訪，表示肯定學生的愛國熱情，所以當時學生準備到十里長安街迎接萬里。這時黨內的宮廷鬥爭出現了新的情況，萬里回國，通常會直接回到北京，但這次沒有，反而是直接飛到了上海，由江澤民去機場接他，把他直接接到了所謂的賓館，然後對外宣布，萬里同志身體不適，所以沒有直接回北京，而是在上海休息。

大家一聽就知道這個政變已經開始愈演愈烈了，萬里實際上是被軟禁了，當然萬里的被軟禁也有他本人軟弱的一部分原因，如果他堅持要回北京，我想大概也沒人敢在當時那種情況下攔住他，不敢強行的截留他，難道要從空中把他打下來嗎？所以萬里大概也是表現出了兩面性的騎牆[註15]，這大概是因為，第一、萬里跟鄧小平的關係非常好，鄧小平

註 15. 騎牆，比喻左右搖擺、兩面討好，立場不明，態度模棱兩可。

第七階段：抗爭

既然下決心鎮壓，萬里在鄧小平和趙紫陽之間還是選擇了鄧小平，這個就是我常常講我們對中共黨內的改革派不能有太高的期望，這就是一個教訓。

因為萬里在整個八〇年代是趙紫陽的主要支持者，而且被視為黨內改革派的代表人物，八〇年代也多次主張要民主等等，但是到了這種關鍵的時刻，大獨裁者一聲令下，你看所謂的改革派還是倒向了獨裁者，所以萬里就滯留在上海，沒有回到北京。在這種情況下，召開全國人大常委會緊急會議的希望基本上就是落空了，趙紫陽提出的通過民主與法制的手段來解決問題的最後的這一點可能性也落空了。萬里不回來，就沒法開人大常委會，這是這天發生的一個情況。

這天我自己所能想起來記述的事情不多，有點時間，所以我想回過頭來講講戒嚴部隊到底是怎麼回事。這裡的一個關鍵就是反制戒嚴，阻擋軍車。關於戒嚴部隊，坊間已經有很多介紹。中共在六四鎮壓後甚至出版了一本書，叫《戒嚴一日》，那本書其實就是當時戒嚴部隊各級官兵的一個回憶錄的集結，眾人回憶了當時戒嚴部隊的情況，其實那裡面有相當多的第一手資料，這個資料後來吳仁華老師也採納了不少放在他的書裡，作為他分析六四的基礎資料。後來中共也知道這本書洩露了很多部隊調動的秘密，於是很快就把這本書給收回銷毀了。我記得我手裡有一本，當時放在北京，後來我第二次被捕時給抄了家，就弄丟了。這本書被很多人留下來了，這本書裡頭介紹了一些情況，我把其中比較重要的部分給大家介紹一下。

大家千萬不要只瞭解學生抗爭的這個部分，你看看到底戒嚴部隊是怎麼樣的。當時趙紫陽已經不能起任何作用了，戒嚴部隊是中央軍委從北京、瀋陽、濟南、廣州、南京五大軍區一共調動了10個集團軍的兵力，粗估至少是20～40萬兵力到了北京，其中包括北京軍區所屬的24軍、27軍，還有王牌軍38軍，以及63軍和65軍，瀋陽軍區的39軍、40軍，濟南軍區的第54軍，廣州軍區的空軍15軍，以及南京軍區的12軍，

各大軍區都調動了。

其實大家想想也都知道，鄧小平的用意也是怕派出的若都是其中某一個軍區的兵，萬一該區的大領導有什麼異議的話，他得用不同的軍區的兵力相互制衡。戒嚴令是5月19號頒布的，在5月18號下午，楊尚昆召集了中央軍委會議，當時的中央軍委委員洪學智、劉華清、國防部長秦基偉，還有楊白冰、遲浩田、趙南起等軍委委員出席了這次會議。在這次會議上，決定由北京軍區、瀋陽軍區、濟南軍區來承擔戒嚴的主要任務，戒嚴指揮部主要將領是劉華清、遲浩田，遲浩田後來也是國防部長，還有周衣冰，周衣冰實際上是負主要責任的，這3個人組成戒嚴指揮部，主要是對中央軍委負責。軍方部署也是由中央軍委直接下達命令，大家知道當時的中央軍委主席就是鄧小平。

5月20日上午戒嚴令正式發布後，軍隊開始正式進城。但我前面講過，進城的軍隊整個被阻擋住，當時堵軍車的大概狀況是：部隊是從東西南北四面八方選擇路線進入北京，從西線是河北保定駐地調過來的38集團軍，這個38集團軍在宣布戒嚴之前，作為突襲的主力部隊，實際上已被阻攔，阻攔之後他們回撤到了軍事博物館以西的各大軍事單位，如解放軍政治學院等等。

河北張家口駐地調來的65集團軍從西山那邊出發，出發之後就被圍堵在西郊八角街和古城一帶。然後是山西大同調來的63軍，作為西線的第二梯隊，這時還沒有往北京挺進，這是在西線的情況。在西南線的是濟南軍區的第54集團軍，54集團軍5月20號奉命從河南的新鄉駐地進京，但是在大興縣受阻，便在當地休整待命。另外北京軍區的27軍大概有上萬名官兵，5月19號從他們的駐地石家莊，分三路沿京石公路進京，後來被分別圍堵在豐台、良鄉、大興、蘆溝橋等地。

在北邊，從駐地承德被調進京的24集團軍的先頭部隊20號就到了昌平，但是被上萬的民眾圍堵了3天3夜，後來轉移到沙河機場待命。另外就是東北線，從東北的方面來的是瀋陽軍區第的40集團軍，從駐

第七階段：抗爭

地錦州奉命進京，但是也受阻，後來也是到了沙河機場那邊待命，這是東北線。另外東線是瀋陽軍區的第39集團軍，他們5月20號從遼寧大石橋一帶2天1夜急行軍，5月22號早晨到了通縣的軍用機場，在那裡待命。南線是所謂的空軍第15軍，空軍15軍兩個旅大概幾千人5月20號從武漢機場直接空運到北京南苑機場，結果在南苑機場被堵軍車的群眾圍堵。另外，南京軍區的12軍部分軍官從徐州也是空運到南苑機場，都集中在南苑機場待命。

我要特別說明，雖然表面上來看軍隊都被圍堵在各個路口，但是我們在北京的人，或者瞭解中國當代史的人都知道，從1969年中蘇對峙開始，北京地下就挖了大量的防空洞；因此不難想像，人民大會堂怎麼可能沒有地下通道？人民大會堂根本就有地下通道直達西山，所以表面上的那種解放軍被堵都是假象，真正的戒嚴部隊中的精銳部隊，早已經通過地下通道進駐到了人民大會堂，這個情況，在其後各種各樣的研究之中，都已經證實了這點。

所以我們之後講到6月3號，即使連官方的報導那個衝進天安門廣場的部隊，都是從人民大會堂像潮水一般地湧出來的，這點非常非常的關鍵！人不是從長安街上衝進來的。當然，長安街上一度也有軍隊殺人，可是真正佔領了天安門廣場的部隊，是從人民大會堂裡衝出來的；換句話說，他們早就從西山那邊通過地下通道，集結在人民大會堂裡。大家可以想想看，為什麼要在長安街上殺人？你既然能夠直接從人民大會堂出來佔領天安門廣場完成戒嚴任務，為什麼還要在長安街上開槍製造殺人慘案？這個我們以後再講。

另外還值得一提的是，38軍雖然來了，但是當時軍隊相當多軍官還是反對戒嚴的，其中代表就是38軍的軍長徐勤先。徐勤先當然有他逃避自己責任的辦法，就是1989年3月，他在跟新兵進行投手榴彈訓練的時候不幸摔倒了，腿骨骨折，因為這個事情，學潮發生以後他是住在醫院的。但是戒嚴令下達之後，這個徐勤先帶著傷，拄著拐杖被召回

保定軍部，中央軍委的命令要求 38 軍作為戒嚴的主要部隊進京，徐勤先作為軍長只能先進行緊急動員，他做好了各項兵力部署和進京的日程及路線安排之後，自己拒絕入京。

作為軍長，這時他的腿骨的傷應該已好得差不多了，但是安排就緒以後，他跟北京軍區報告，說自己因病不能帶兵進城，然後立刻離開部隊回到了北京軍區總醫院，其實就等於是軟性的抗命。當時的戒嚴部隊非常惱火，戒嚴部隊總指揮周衣冰認為徐勤先的這個舉動就是違抗軍令，立即上報楊尚昆，楊大為震怒。我覺得徐勤先是王牌軍的軍長，王牌軍帶頭抗命，這要在軍中傳開來，就可能變成連鎖反應，那可要天下大亂了！所以楊尚昆立即將此一情況報告鄧小平，鄧下令之後，楊尚昆發了個中央軍委命令，立刻解除了徐勤先的軍長職務，關押起來，交到軍中審判。

我們後來都知道，徐勤先軍長被判了 5 年。當然軍隊的黑箱操作的程度非常高，我想既然連王牌 38 軍軍長徐勤先都抗命了的話，軍隊內部抗命的將軍、士兵肯定不止他一個。後來我們聽說一些情況，顯示軍中實際上團級以上抗命的人，大概不下百人，據說這些人後來都受到軍隊審判，而且進京的這 5 個軍區、10 個集團軍的戒嚴部隊，後來都紛紛被退伍等等，受到的待遇並不好，因為中共也知道他們之中如有人洩密的話，對中共極為不利，因此他們很多都遭受監控等等。如果大家對戒嚴部隊的具體情況有興趣，想更進一步了解的話，一是可以閱讀吳仁華老師所寫的戒嚴部隊的記事，二也可以看看原本一個戒嚴部隊士兵李曉明寫的回憶。以上是關於戒嚴部隊的大概介紹。

這時時間已經來到 5 月 25 號，5 月 26 號的情況，明天再向大家介紹。

第七階段：抗爭

五月二十六日

大家好，繼續向大家介紹八九民運每一天發生的情況，加上我個人的見證，以及相關的歷史資料介紹。

現在時間來到了5月26號，快到5月底了。這幾天我已不記得具體在哪兒了。但這幾天呢，總的形勢出現了一個新的情況，就是廣場上的學生到底能不能夠堅持得住的問題。這主要是因為我們從4月15號到今天5月26號，已經堅持了非常長的時間，北京的學生都非常的疲乏了；但外地的學生仍大量不斷地湧入北京，對他們來說，若剛到北京，就讓他們馬上從廣場撤出去，他們當然心不甘情不願，因為剛剛來，他們還帶著一種新鮮的、更激情的運動動力來，這跟北京學生有比較大的區別，但外地學生進京，終究是有限的，結果就導致留守在廣場的學生人數，比前些天明顯有所減少，包括在長安街上聲援的隊伍人數也相對減少了。

反戒嚴從5月19號到5月26號，已經將近一周了，所以整個運動的能量有點逐漸下降，在是不是繼續堅守廣場，還是撤出廣場的問題上，也開始出現了不同的聲音。為了更客觀地向大家介紹當時的情況，我們引用一下《中國青年報》的相關報導。我講過，當時一些報紙還能真實地追蹤報導一些情況，記錄下了當時的具體爭議內容。《中國青年報》有一篇報導叫〈撤與留〉，副標題是〈天安門廣場靜坐請願大學生心態〉，這篇報導說：

〈撤與留：天安門廣場靜坐請願大學生心態〉

本報訊：戒嚴已經六天，部分高校大學生仍然堅持在天安門廣場靜坐請願，而且沒有主動撤離的跡象。自戒嚴令頒布以後，靜坐請願的學生中就一直存在撤與不撤的爭論。5月21日，北京高校學生自治聯合會曾就此開會，47所學校中42所贊成撤離，但決定一公布即遭到大多數靜坐學生的反對，市高聯隨即撤銷了這個決定。

六四日誌：從 4 月 15 到 6 月 4 日

　　5 月 22 日凌晨，市高聯常委吾爾開希突然發表廣播講話，認為形勢萬分緊急，必須爭取主動撤出廣場，講話剛完，反對聲四起，不少學生和市民湧向廣場靜坐指揮部要求對話，十幾分鐘以後，廣場上廣播說市高聯並未作出撤離的決定，剛才的講話只代表個人。

　　據記者瞭解，吾爾開希不再擔任市高聯領導者，廣場上靜坐請願的學生為什麼不願撤離呢？記者就此採訪了幾位同學。北京經濟學院的兩位同學認為，目前廣場已成為全國的中心，甚至是世界的中心，撤退就等於偃旗息鼓。另一位未參加絕食的同學也認為，學生們已經付出了巨大的代價，精神和肉體均受到很大傷害，得不到具體成果就撤退，太冤枉了。

　　也有相當數量的靜坐學生處於矛盾狀態。師範學院政教系一位學生表示，學生已經疲憊不堪，市民聲援的熱情也漸漸減退，而且這次學運推進民主的大部分目的已經達到，繼續留在廣場的理由似乎不充分。當然，這位同學也聲明，我還沒完全想清楚。

　　廣場上外地來京的學生數量已經超過本地生，成為左右廣場局勢的一支重要力量。據記者瞭解，他們大多數反對撤離。山西大學一女學生甚至表示，即使是高聯決定撤，他們外地院校也不會撤，高聯不能對我們發號施令。市高聯一位同學承認，他們常常屈從於一些激進同學的壓力，控制局面的能力表現較弱。至記者截稿之時，廣場上已經組成了保衛天安門廣場行動指揮部，入夜後，北京各主要路口的群眾人數已明顯減少，不少人已在勸學生返回學校。

　　這篇報導媒體的報導，以作為比較像是第三者的立場，我覺得相對客觀一些，但確實總體反映了當時的情況。這裡要補充一下，有意思的是，這篇報導提到 5 月 22 號開希發表廣播講話，建議學生撤到使館區，那是因為我們覺得學生在使館區能受到一定程度的保護，由於有外國的媒體關注等等，於是提了這麼個建議，從廣場撤到使館區去。結果遭到一片反對聲，使開希也很激動，就又暈倒了，送到醫院。至於他是不

第七階段：抗爭

是因此從高層常委撤職，這個我已經不太記得了。但當時我人也在場，跟開希一直都在，他提的意見我當時也並不十分贊同，但我也沒怎麼反對，可是在他講完話暈倒之後，是我親眼目睹了廣場上的那個激烈反對場面。

我記得有大批市民代表、工人代表，更不用講學生代表了，開始朝天安門廣場紀念碑上的絕食指揮部衝，往上擠，有些市民非常激動地說：「我們幾天幾夜不吃不喝來支援你們，就是為了支持你們能堅持住，完成這次運動的使命，你們現在卻說要撤了，置我們於何地？」我印象非常深的是一位女工，或者是一位女性市民——我後來想她是不是金秀紅，現在還蠻有名的西雅圖知名人士？我不敢完全確定，但好像就是她——非常激動地淚流滿面，我在指揮部看到她撲通一聲跪下，用膝蓋跪著走向指揮部、一邊哭著反對：「你們學生千萬千萬不能撤，一定要堅守廣場，堅持到最後的勝利。」

其他工人也很激動，往裏面奔湧，那個場面到了什麼程度呢？就是外面的人整個往裡面擠，當時不知道為什麼，指揮部裡只有我一個人在，擠進來的人全都來找我，跟陳情一樣，但人潮太壅擠了，每個湧進來的人都想來跟我講話，把我給擠得貼到人民英雄紀念碑上，退無可退，再往前擠就快把我擠成肉餅了。我們那時有一些糾察隊的同學，其中有2、3個人用手奮力撐住牆壁，像壁咚[16]似的把我擋住，用背頂住那些湧過來的人潮，他們和我幾乎都快要臉貼著臉了，這樣我才能有一些喘息的機會。還好後來事態慢慢地平緩下去……

在這裏我想說的是，當時的情況是非常複雜的，已不是我們想撤出就能撤的。這時廣場已經有各種各樣不同的力量，外高聯的同學們、市民、工人等等，有些人主張撤離，也有很多人反對撤離，在沒有取得共識的情況下，想宣布結束整個行動，全部撤出廣場，在客觀上是不可能的，也根本不具備操作的可能。作為見證人，這一點我必須要把它說明

註16. 壁咚，原為日文（日語：壁ドン／かべドン kabe don），指將人逼到牆角，並伸出手臂「咚」的一聲扶靠牆面包圍對方時所發出的聲響動作。

清楚。後來也很多人說:「你們為什麼不撤出廣場?」若大家看到我上面描述廣場的那個形勢,就可以理解撤退並不是那麼容易輕鬆的了。

不過廣場上的人數確實在逐漸減少,讓當時的我非常擔憂。我上午應該還是在主持首都各界愛國維憲聯席會議,下午便回了北大,在回去的路上,我一直在想該怎麼辦。面對廣場的這種情況,當時我自己有個想法,便寫了一張大字報回北大貼了出來,也到北大的廣播站念了出來。這份大字報後來也由北大籌委會給印出來到處散發,那就是的〈來自天安門廣場的緊急呼籲〉,我以個人名義發表了這個呼籲:

〈來自天安門廣場的緊急呼籲〉

鑒於促使李鵬下台的目的,以及推動中國民主化進程的遠大目標,我們決定在天安門廣場打一場持久戰,但是我們不能打消耗戰。現在廣場的同學生活比較艱苦,白天烈日曝曬,晚上寒氣逼人,很不利於持久。

為此,我呼籲:一、我建議組成四支隊伍,每支兩百人,輪流去廣場、吃飯,每班兩天,這樣可以保證隊伍的士氣旺盛和精力充沛。這支隊伍應該登記註冊,以保證組織的嚴密性,定期按時替換,自願報名。

第二、籌備後援力量,尤其是需要帳篷等物資,以後在廣場的隊伍,可以不在人多,但必須在精;而且只要旗子不倒,聲勢就還可以,更要騰出地方,讓更為艱苦的外地學生住進去。

我以個人名義和廣場全體同學的名義呼籲:請在校同學重視我們的緊急建議,敦促籌備會,達成預設的希望。情況緊急,事不宜遲!

我寫了這麼個呼籲書,這也是我跟一些同學討論過的,但更主要是我個人的看法。我覺得我們已經在廣場待了很久,同學確實都非常疲倦,需要輪換,所以我建議以200人的隊伍不斷輪換,讓廣場上的同學

第七階段：抗爭

不至於那麼的疲累。但後來我的建議沒被採納，這個建議只是流傳得很廣而已，最後並未實現，這是我的部分。

26號這天還有一件事值得一說，就是晚上10點的時候，首都工人自治聯合會籌委會在天安門廣場召開了中外記者新聞發布會，這也是中華人民共和國歷史上破天荒的第一次，工人成立了這個自治組織——首都工人自治聯合會籌委會。之前也有些組織如工自聯等，但是聲勢都沒有這個首都工人自治聯合會大。在這次籌委會上宣布，首都工人自治聯合會籌委會正式成立，籌委會發布了組織者等幾個人的姓名，其中一個是韓東方，大家知道這個人比較有名，後來也被通緝，直到今日仍流亡海外，現在香港。

韓東方當時是北京鐵路分局的工人，非常有才華，很能幹的一個人，他擔任這個籌委會的主要領導人。他介紹了籌委會的其他4名常委，除了他自己之外，還有首都機場工會的宣傳幹事沈銀漢（沈後來也被公安局給抓了進去），還包括北京設備安裝公司的工人張進利，還有一個就是北大法律系憲法專業的博士生李進進，李進進幫著成立首都工人自治聯合會，擬定了成立章程，也擔任該會的法律顧問。

因為首都工人自治聯合會是少有的學生跟工人聯合在一起成立的組織，雖然主體是工人自治聯合會，但促使其成立、為其起草章程、擔任法律顧問的是李進進，是我們北大的大學生。我現在反思，當時這樣的組織應該是越多越好，這樣的組織還是不夠。但進進他做的這件事，是非常值得歷史銘記的。

以上是5月26號的情況，已5月底離六四越來越近了。5月27號的情況，我們明天再向大家介紹。

五月二十七日

大家好,繼續介紹1989年民主運動的情況以及六四鎮壓。

現在時間已經來到了5月27號。35年前的今天,廣場上的情勢有一點令人擔憂,一個是因為5月13號我們就已進入廣場,到5月27號,這兩周的時間,不僅很多同學非常的疲憊,而且整個廣場的秩序也開始有點混亂,不像局勢剛開始那樣紀律嚴明、陣容整齊,尤其是衛生狀況堪憂,因為那時候逐漸接近夏天了,我們私下也擔心,如果衛生情況不好的話,會有更多的同學生病。所以當時我在社科院主持召開首都各級愛國維憲會議時,劉曉波也來參加,在這次會議上,我們討論了當前的局勢,柴玲首先在會議上介紹了廣場上的情況,也表示了一些擔憂。我們透過開會來討論該怎麼辦。

這時還出現了一個插曲,我記得會開到一半,有人把我叫了出去,好像是社科院的一個什麼人我忘了,軍濤也跟我一起出去,那個人說他是來轉達何維凌的意見。這個何維凌是鄧樸方的好朋友,直通鄧家,但何維凌本人此時身在美國,然而在運動剛開始,他就積極跟鄧樸方聯繫、斡旋等等。何維凌派人傳話,說他跟樸方已討論過了,他們決定由鄧樸方帶著子女出面,進一步勸鄧小平不要開槍,希望我們學生這邊也能撤出廣場,表達了斡旋的意見。其實當時各方人馬都在積極斡旋,何維凌就是其中之一。後來何維凌好像在九〇年代出了車禍,莫名其妙的就去世了,這也引起了很多人的懷疑。這是插曲。

這次會議最後舉手表決通過達成的結論是,我們原則上決定在5月30號舉行全市大遊行,把所有的市民全動員起來,在夾道歡送的情況下,將學生從天安門廣場撤出,外地學生可以前往北大校園(因為北大的地方比較大),其他各校的學生回到各校,重新開展一個新的階段——校園民主運動,在學校裡繼續堅持大規模請願示威,堅持到6月。

我記得包括傳令本人對這個決議也表示同意。當時我們還認為6月

第七階段：抗爭

20號的全國人大常委會能召開，希望繼續經由大規模的和平請願運動，能夠讓戒嚴令取消、李鵬下臺，因此形成了這個決議，同時還立即起草了一份〈關於時局的十點聲明〉。傍晚的時候，包括陳小平、張倫（現在是巴黎的大學教授，昨晚我還和他一起吃飯）等聯席會的一些人，都到了天安門廣場，也有各校的學生代表參加，我們召開了新聞發布會。

在這個會議上，我代表首都各界愛國維憲聯席會議宣讀了〈關於時局的十點聲明〉。這個十點聲明也是一份非常重要的歷史文件，這是最後一次，比較大規模向全國發布的一個聯合聲明，反映了當時我們對形勢的判斷，和準備採取的對策，我在這裡給大家全文引述一下：

> 偉大的四月學潮迄今已持續了40餘天，並已發展成聲勢浩大的全民五月民主月運動。由於政府方面一系列不明智，以至非理性的行為，致使目前中國政治局勢已出現了極其嚴重而又複雜的狀態。
>
> 為重申這次學運和民運的基本出發點和原則立場，具有廣泛代表性的首都各界愛國維憲聯席會議特發表關於目前局勢的聲明如下：
>
> 一、 這次學運和民運從開始到現在，一直是一場純粹的、自發的、群眾性的偉大愛國民主運動，它之所以超出四五運動以來第一次學運和民運的偉大之處就在於，它在過去、現在和將來都是一場獨立不移，根本不以執政黨內部鬥爭形式為轉移的人民民主運動。執政黨和政府的任何領導人或政治集團，都不可能也沒有力量來左右這場民主運動。恰恰相反，這場民主運動的目標，正是迫使任何人或利益集團，都必須順應這場民主運動所體現出來的人民意志。順之者昌，逆之則亡。
>
> 二、 這次學運和民運的基本出發點，是推進當代中國的政治體制改革，加快中國政治民主化進程，因為只有這樣，才能有效地消除執政黨和政府中嚴重存在的腐敗現象，才能真正杜絕萬民痛恨的官倒的現象。顯而易見，這些要求充分體現了全國人民的迫切願

望。正因為如此,這場運動才能得到全國各地、港澳地區,以及全世界人民群眾如此廣泛而強烈的響應和支持,也才能從最初首都高校的學生運動,發展成如此浩大的全民愛國民主運動。

三、由此,對於這場偉大的學運和民運究竟抱什麼態度,已經成為衡量每一個中國人,特別是政治領導人的政治意識和政治態度的分水嶺,肯定、順應這場民主運動,就是肯定、順應中國民主化的進程;否定和反對這場民主運動,就是否定和反對中國政治民主化的進程。一切政治人物、黨派和領導人,都將在這場運動面前經受嚴峻的考驗,並且由此得到人民群眾的公正審判。

四、李鵬總理以及何東昌、李錫銘、陳希同等領導人,之所以在這場運動中如此不得人心,根本原因恰恰在於他們一開始就完全無視人民群眾的心願,對這場運動採取了否定、反對,甚至鎮壓的、完全錯誤的態度。從四二六社論到頑固拒絕平等對話,使人民群眾有充分理由相信,這樣的領導人是不可能推動中國政治民主化進程,不可能領導中國走向現代化之路的。而5月19日李鵬簽發的極端非理性的戒嚴令,更是破壞民主與法治的法西斯恐嚇手段,它使全體人民深切感受到,只要李鵬等人在台上,所有參加過、聲援過這場民主運動的學生、工人、市民、幹部、黨員、知識分子的身安全,就有嚴重的威脅。正因為如此,在頒布戒嚴令以後,各界人民群眾才一致提出罷免李鵬、罷免何東昌等人,是完全正當合法的要求。

五、作為執政黨的總書記,趙紫陽對於執政黨和政府中的腐敗以及官倒現象,無疑負有重大責任。但是在訪朝歸國後,他發表的冷靜、理智、克制、秩序,在民主和法治的軌道上解決問題的講話,表明了一個政治領導人對於這場運動應有的正確態度,同時也確實一度創造了在民主和法治的軌道上解決問題的可能性和條件。因此,這一講話精神得到了社會各界普遍的良好反應,人民群眾對

趙紫陽採取了比較肯定的態度。並希望事態能在趙紫陽講話精神的基礎上得到解決。

六、由此可見，人民群眾對任何政治領導人的態度，完全取決於他對這場運動的態度。如果以為這場偉大的學運和民運在一開始就以擁護誰、打倒誰為目的，那就大大低估了這場運動的水平和人民群眾的民主和法治意識，同時也完全不符合事實。根本的問題在於誰站在這場民主運動的對立面，誰就是站在人民的對立面，必將受到人民群眾的唾棄。誰站在這場民主運動的順應面，誰就和人民站在一起，就會受到人民群眾的歡迎和支持。

七、遺憾的是，目前中國的一些政治領導人，恰恰依然在用傳統的思維方式看問題。他們總是習慣把人民群眾的民主運動，看成僅僅是黨內鬥爭的反映和工具，總是想當然地認定這場民運幕後一定有黨內高層人士做後盾，因此極端錯誤地認為，只要解決了黨內鬥爭，也就解決了問題，只要找出所謂的後台，這場運動也就自然而然地煙消雲散了。這種看法未免太落後於時代，也太低估了廣大學生和人民的政治素質。

我們在此嚴正指出，試圖用解決黨內鬥爭的過時方式來解決這次運動的任何企圖，都是幼稚可笑、枉費心機的。黨內鬥爭的結束並不意味著這場偉大民運的結束。說到底，這不是黨內鬥爭決定這場民主運動，而是民主運動必將最後決定黨內鬥爭的最後結果。正如人們所看到的，這場學運和民運一開始，就得到了廣大共產黨員的堅決支持，因此不管黨內誰上台，就應首先站在這場學運一邊，才能得到廣大黨員的信任。若一味地站在這場運動的對立面，那麼必將在黨內失去合法性基礎，其最後的不光彩下台，也就只是時間問題。

八、不管黨內鬥爭如何，這次學運和民運都將始終不渝地堅持自己的目標。我們重申最近的具體目標如下：

1. 解除戒嚴令，撤回部隊。
2. 否定四二六社論、否定李鵬五一九講話，公開肯定這次運動是偉大的愛國民主運動，承認學生自治組織，以及其他具有真正代表性的民間自治組織的合法性。
3. 立即召開人大緊急會議，討論全體人民一致發出的罷免李鵬的呼籲，從而創造在民主和法治的程序上解決問題的良好氣氛，毫無疑問，這是一場長期艱苦的鬥爭，為使政府方面對廣大學生和人民堅定的決心有一個清醒的認識，首都各界聯席會議特此向全國和全世界鄭重宣告，如果近期內不召開人大緊急會議，那麼天安門廣場的大規模和平請願活動，將至少堅持到6月20日人大八次會議召開。

九、這次學生運動和民主運動的偉大之處，則在於她從開始到現在，一直是一場高度理智、冷靜、克制、秩序和平請願的活動。我們正告某些政治領導人，一味採取高壓和恐嚇的非民主和非法制的手段來解決問題，是不會奏效的，企圖以武裝力量軍事解決問題，更只能玩火自焚。誰膽敢下令軍隊鎮壓學生運動和全國愛國民主運動，誰就是在把執政黨、政府和軍隊推向絕路。因為一旦發生這種情況，那就意味著執政黨、政府和軍隊的性質發生了根本性的變化，其後果是不堪設想的。

十、偉大的四二七和平請願大遊行，是近代史上最光輝的一頁，值此四二七遊行一個月之際，我們特發表以上聲明，以紀念這一偉大的日子，並向全國人民倡議，將4月27日定為中國自由民主節。偉大的四月學潮和五月民主月萬歲！人民必勝！

首都各界愛國維憲聯繫會議、北京市高校自治聯合會
外省赴京高自聯、保衛天安門廣場總指揮部
知識界聯合會、北京工人自治聯合會、北京市民自治會
北京工人敢死隊、北京工人糾纏隊、北京市民敢死隊

第七階段：抗爭

我這裡要特別介紹一下我剛才念的十點聲明中的第八條，即「我們將在天安門廣場堅持到 6 月 20 號」，這個是後來修改過的。當時在社科院開會時，柴玲也舉手表決，幾乎是一致通過 5 月 30 號全市大遊行，學生全部撤出廣場，回到學校，開展新一階段的愛國民主運動。那個是我當時在社科院會場講的內容，跟剛才我念的有一點出入，為什麼會有這點出入呢？

因為我在社科院發表了這個聲明之後，本來柴玲是同意的，後來我講完了之後下來柴玲跟我說，廣場指揮部的人經過討論，認為首都各界愛國民主會議的十點聲明只是諮詢意見，他們需要召集戰地聯繫會議，需要在廣場的各學生組織討論決定。

於是我們當天晚上便召開了 300 多個學校代表的會議，好像是 98% 壓倒性的反對我們所提出的 30 號撤出廣場的決議。我們後來也瞭解到具體的情況，這個說起來有點內幕：實際上就是我們在社科院召開的會議，李祿沒有參加，李祿當時是保衛天安門廣場副總指揮，雖然是副總指揮，但是因為他年紀大一些，表現比較冷靜，所以很多人對他是非常信任的，他也比較有威望和影響力，對柴玲也有很大的影響力。

所以雖然柴玲當時表決同意，後來跟李祿一講，李祿直接反對：「怎麼可以現在就撤出呢？我們一定要堅持到底，至少堅持到 6 月 20 號。」李祿一反對，柴玲的態度馬上也轉變了。柴玲後來跟我講：「廣場絕大多數同學不願意撤出天安門廣場，所以〈關於時局的十點聲明〉的建議我們不能夠接受。」這個大概就是一次撤出廣場的機會，但我覺得主要是在李祿的意志主導下，沒有能抓住這個機會。

這個歷史事實，我作為見證人，必須非常清晰地把它說出來，而且我不是孤證，如果大家有興趣，可以去看柴玲前些年出版的個人回憶錄，好像叫《對自由的追求》[註17] 吧！她自己講了這段經歷，她比我更詳細也更直接地支撐我的這個說法，即是李祿強烈地反對撤出廣場，所以 5 月底這次撤出廣場的機會就沒有抓住。

我覺得主要的責任應該在李祿,他沒能參加會議的決策,未經他的同意。當然,他也有他的判斷,認為不應該撤出廣場,這是第一。第二、當時在廣場的同學剛剛到廣場,自然不願意立即撤出,在李祿的共同鼓動下,集體投票否決了我在天安門廣場上代表各界聯繫會議提出的5月30號撤出廣場的決議。這是整個八九民運中非常非常關鍵的一個情節,後來的一些討論,什麼主戰派、主撤派,也就是從這時候開始的。

但我還是要強調一點,我們首都各界聯繫會議,在知道廣場指揮部的這個決定以後,我們表示尊重和接受,所以後來把〈關於時局的十點聲明〉作了修改,把第八點原來提出的5月30號撤出廣場,改為堅持到6月20號人大常委會召開。當時我們的想法就是,既然廣場同學也不願撤,雖然我們提出的建議,也沒有被他們採納,那我們不能自己就撤了,只能跟他們堅守到底,既然廣場同學的意見是堅持到6月20號,那首都各界聯繫會議就呼籲各界,跟同學們一起堅持到6月20號。所以〈關於時局的十點聲明〉有兩個版本,我剛才念的是修改後的第二個版本,也很快地就發布了。這是整個這場運動中非常關鍵的一個環節,所以多花了時間作一點說明。

以上是5月27號的情況,5月28號的情況明天再向大家介紹。

五月二十八日

大家好,繼續向大家介紹1989年民主運動的情況和發展。

時間來到了5月28號,35年前的今天,全球華人發動了大遊行,這個全球華人大遊行是中國在法國的留學生發起的。因為前一天,我昨天有講,5月27號,我們首都各界愛國維憲聯席會議提出30號要大遊行撤出廣場,後來被廣場上的同學給否決了,否決的時候也有討論到,

---

註17. 編按:柴玲的英文版回憶錄《A Heart for Freedom》,2011年出版,同年中文版《柴玲回憶:一心一意向自由》於香港田原書屋出版。

第七階段：抗爭

既然30號不舉行全市大遊行，但是廣場上的氣氛有點低迷，所以就決定回應法國留學生聯合會的倡議，參與發動全球大遊行。所以這一天，整個北京大概有34所高校，加上外地的239所學校，以及無數的市民，又有了一次新的大規模的將近百萬人的全球大遊行。

與此同時，在各地方，比如上海，有20多所高校和各界人士，大概有1萬3000多人參加了大遊行，他們打出的橫幅和標語是「為民主，為自由，不達目的，誓不罷休」、「絕不出賣自己的良知」等，還有人打出橫幅「一息尚存，我們要吶喊」等等。南京也有一萬多學生參加大遊行，喊出「召開人大，罷免李鵬」的口號。在武漢，武漢大學等六所高校3000多學生遊行，喊出「全球華人同步大遊行」、「打倒偽政府」、「為鄧小平送行」等口號。在杭州，浙江大學等高校5000多名學生參加大遊行，呼喊的口號也是「李鵬下臺」。

另外在成都，八所高校3000多學生舉行大遊行，呼喊「鄧小平退休，李鵬下臺」等口號。在西安，10多所高校近萬名學生大遊行，打出的一個橫幅也很有意思，叫作「完了嗎？沒完」。北京的大遊行，我記得還有個很有意思的橫幅，叫什麼「李鵬不倒三班倒，李鵬不來天天來」，都喊出了這樣的口號，可以看出，運動走到今天，矛頭已經非常明確地直接針對李鵬了，針對鄧小平的也有，但不是那麼多，主要針對李鵬，因為李鵬作為國務院總理，這個時候已經取代了趙紫陽了，所以他成了主要目標。

另外，這一天香港也舉行了規模非常大的遊行，大概有將近100萬人參加，也是香港歷史上少見的。其實我這裡要補充介紹一下，就是香港在前一天，5月27號，也有一件很有名的事件，就是香港聲援中國民主運動聯合會，也就是後來的支聯會，舉行了一次有數十萬人出席，持續了12個小時的一場音樂會，這可以說是香港有史以來最大規模的一次音樂會，你可以想像，包括成龍、梅艷芳在內，所有當時著名的這些歌星都有參加。鄧麗君也有參加，鄧麗君掛了塊牌子反對戒嚴，當場

就籌到了1200多萬港幣的捐款,這些款項後來都由香港專上學聯送到天安門廣場。這個是全球呼應的情況。

與此同時,也開始出現了一些不祥之兆,就是整個運動的形式,在高層政治鬥爭的部分有了些變化……一個是萬里,萬里在被軟禁到上海幾天之後,看來已經被鄧小平做工作給說服了。萬里作為八〇年代改革派的元老,在這時發表了一份公開的書面聲明,這應該是27號發表的,但是28號就到處傳遍。大家可以想像,萬里沒有出面,沒有他的畫面出現,只是在報紙上刊登了他的書面聲明,所以當時我們認為他是在被軟禁且勸導或脅迫下,完全轉變了方向。

他的這個書面聲明裡說了什麼?他在書面聲明裡特別說:「我一貫認為廣大學生希望促進民主,這是好事。」但是重點來了,他說「種種情況表明,確實有極少數人在搞政治陰謀,利用學潮去製造動亂」等等。然後他還說:「我堅決擁護中共中央政治局常委會的重要決定,完全同意李鵬同志和楊尚昆同志5月19日在首都黨政軍幹部大會上的重要講話。國務院根據憲法第89條賦予的權利,決定在北京部分地區實行戒嚴,是符合和維護憲法的,這對堅決制止動亂迅速恢復秩序是完全必要的,我完全支持國務院採取的這一建議措施。」

我想大家知道他這個聲明的用意是什麼,因為到目前為止從官方角度講,唯一有可能和平解決當前困境的方式,即6月20號召開人大常委會否決戒嚴令,這也是學生在廣場還在堅持到最後的希望,是能避免流血而解決問題的最後一種可能;然而這個希望因萬里的這番話破滅了。這是當時包括曹思源他們反覆推動的結果,很多人後來說,是學生把政府逼到牆角,事情才沒辦法解決,但狀況當然不是這樣!

實際上,有各種各樣的方式可以讓政府體面下臺,那就是通過民主法制的軌道來解決問題,比如若真的讓萬里召開人大常委會,在全國人大常委壓倒性的通過廢除戒嚴令、罷免李鵬的決議下,學生獲得了相當程度的勝利,這場運動就可以完全不經過流血結束。這種在全國老百姓

第七階段：抗爭

都反對的情況下，還要保住李鵬，也不肯撤銷戒嚴令，到底是誰把誰逼到牆角？

我還是要強調，自始至終是政府把人民逼到牆角，包括把政府的那個開明派逼到牆角，這是一次赤裸裸的政變。

當然有各種各樣的方式，完全可以不需要用流血的手段，用軍隊的方式解決問題。如果鄧小平真的是想解決問題，召開人大常委會就可以了，但是萬里的這個聲明一出現，大家都知道是什麼意思了，人大常委會根本不會召開了，即使召開，也不可能廢除戒嚴令和罷免李鵬。萬里就是代表著這麼一個忠心。萬里表態說他支持戒嚴令，針對的就是社會上對他的期待，希望他召開人大常委會的這些人，萬里等於徹底背叛了過去與趙紫陽同為改革派的同袍情誼，完全倒向了保守派那邊。

萬里的這個書面聲明在各家報紙上一刊登，立即在社會上產生了轟動性的迴響，大家都罵萬里。萬里當然是八〇年代的改革派，後來到九〇年代，他也講了些什麼民主的話，但他的聲望，在這次聲明後便徹底完蛋了。那時候很多人都說萬里是實實在在道道地地的變色龍，這份聲明就是投降書。還有人說：「經過急性治療，萬里徹底康復了，就是思想健康了，倒向鄧平了。」這當然是反諷了。還有人說什麼改革派活活的就是個投降派，結果有人說殷切的期望變成徹底的失望，還有人罵萬里為了烏紗帽，老臉都不要了等等。其實人大本來就是個橡皮圖章，在八九年的這種情況下，我們更進一步的看清楚了。

另外，5月28號還發生了一個嚴重的情況，那就是鮑彤被捕，這是一個極為不祥的信號。但我必須得說，當時我們真的是太年輕，對政治狀況的把握不夠敏感。其實鮑彤能夠公然被逮捕，就說明了政府已經下定決心要動手了。但當時我們沒覺得有這麼嚴重，而且那時我們也不知道鮑彤已經被逮捕，我甚至是流放到美國以後，才知道鮑彤是那麼早就被逮捕了。

269

政府6月3號晚上開槍，卻早在5月28號就把鮑彤給逮捕了，這樣大家知道開槍是早有預謀的了吧！根本不是什麼北京發生了反革命暴亂、學生把政府逼到了牆角，政府才迫不得已在6月3號開槍，根本不是這種情況。一個直接的證據就是，5月28號鮑彤就已經被捕。

鮑彤是什麼人？鮑彤是中央委員，是中央政治體制改革研究室的主任，趙紫陽的秘書，同時還是中央政治局常委的秘書，整個常委會的秘書，這個位置多麼高，他怎麼能夠被逮捕？為什麼？我們說1989年是一場政變，這場政變的一個訊號就是逮捕鮑彤。作為高層，其實早就在醞釀政變，為了拿下趙紫陽，抓鮑彤就是要切斷趙紫陽的臂膀，主要目標當然是針對趙紫陽，所以第一步就是先把鮑彤逮捕。

當時鮑彤一直被保守派視為眼中釘，後來把鮑彤判了大概是7年，說他犯了洩密罪。什麼叫洩密呢？就是5月17號晚上，鮑彤召開中央政治體制改革研究室部分人員的一個會議，在這個會議上，鮑彤向與會者（都是體制內的幹部）透露了中央已經決定即將在北京實施戒嚴，這是5月17號晚上的事。

19號宣布戒嚴，18號晚上其實就已經開了大會，鮑彤是提前一天告訴了他所在單位的人，說政府已經決定即將戒嚴，他說：「紫陽表示了反對意見，但是戒嚴的決定已經作出，要改變很難，希望大家心中有數，現在形勢嚴峻，紫陽可能不保。」就這麼一段話，後來就被定為洩密罪，判了7年。但在這次會議上，鮑彤還作了告別演說，告訴與會者——他手下的這些人：「**不要出賣自己的良心，不要成為叛徒，不要成為猶大。**」鮑彤態度是非常堅定的。

萬里轉向，鮑彤被捕，保守派緊鑼密鼓要準備動手了。然而此時學生其實還沒有足夠的警覺，因為這些事情的發生，除了萬里的聲明我們當然知道，但包括鮑彤被捕、再兩天曹思源被捕，當時在廣場的學生其實都不太知道這些情況，顯然保守派已經在緊鑼密鼓準備動手了。

29號的情況，我們明天再和大家介紹。

第七階段：抗爭

五月二十九日

大家好，繼續向大家介紹八九民運發展的狀況。

現在時間來到 5 月 29 號，越來越接近 6 月 3 號了，局勢進一步的緊張化。

35 年前的今天，北京和外地來京的外高聯和北高聯，在天安門廣場上召開了各校代表會議，作了一個決定，就是由北京高自聯、外高聯和絕食團——也就是在廣場上的保衛天安門廣場總指揮部——三方共同成立全國高校學生自治聯合會。在這之前，學生的組織化過程是這樣的，首先當然是北大一個學校的北大籌委會，然後是北高聯，然後外地的請願學生開始有了外高聯，然後絕食團指揮部，現在我們準備進一步組成全國學聯，把這個組織化程度進一步提高，讓各大城市的高校代表，共同組成全國學聯，這成了 5 月底我們討論的一個問題重點。

我還記得 5 月 29 號晚上，我回到北大校園，在一個宿舍裡跟外高聯的同學見面討論，軍濤跟邵江好像也在，共同討論成立全國高聯的問題。當時我們的想法是，希望能把這次運動以組織化的方式持續下去。即使有天我們無法撤出廣場，或者被鎮壓，但這個組織的形式若能成立，至少還有重新再來的機會。所以這一天的一個主要活動，就是籌備成立全國高聯。

另外就是關於整個運動接下來的發展的策略，也有很多的討論。北大這邊的楊濤，楊濤是我同宿舍的同學，當時已是北高聯的主席，他代表北高聯提出了一個建議，向全國的高校發起呼籲——來辦一場像上海等城市那樣的空校運動。

所謂空校運動，就是所有的學生都離開學校，意思就是說就算政府想鎮壓，連你人都找不到。讓學生們撤出廣場也不回學校，原本我們提的是撤出廣場回到學校，但現在楊濤他們的新建議是撤出廣場便直接回

家,但回家也不是說人就真的躺平了,而是把火種給灑到全國各地去,讓所有在廣場的同學回到各自的家鄉去宣傳民主的知識,反對戒嚴令,繼續去發動當地的抗爭,這就叫空校運動,讓整個學校都空了。當時按理說應該已是學期末,但學期還沒結束,那麼這場空校運動也是一個新的策略,各個高校都有學生在學生自治會響應這個空校運動。

另外像清華大學,當時也提出了一個方案,清華大學的廣播站播了一篇評論員文章,提出建議在全國掀起非暴力不合作運動,包括罷工、罷市、罷課、罷教等等。非暴力不合作運動其實在當時就已經提出來了,就是空校運動,或者像我過去提的回到校園作校園民主運動。其實當時學生也在熱烈地討論新的鬥爭形勢,我們都知道,不可能長久地一輩子住在天安門廣場,我們知道總有撤出廣場的一天,那麼撤出來之後要做什麼?這是這兩天,5月28、29號這幾天討論得比較熱烈的問題。

這一天,香港的《明報》刊登了一篇楊尚昆的講話,這是楊尚昆1989年5月24號在軍委緊急擴大會議上的一個講話要點,《明報》在5月29號登出來了。這個講話披露了很多當時中共高層決策的一些內幕,這根本是個戒嚴動員大會。他在會上講了這麼一段話:

「多少年以來,幾位80歲以上的老年人坐在一起討論中央的事情,這是第一次。」挺有意思吧!多少年以來這些老年人都不坐在一起的,中共黨內這些人,哪些人呢?他說:「小平、陳雲、彭真、鄧大姐(鄧穎超)、王老(就是王震,是國家副主席),都覺得無路可退,退就是我們垮臺,中華人民共和國垮臺,就是復辟資本主義,就是美國杜勒斯所希望的(這是50年代的美國國務卿所希望的)。經過幾代之後,我們的社會主義要變成自由主義。陳雲同志講了一句非常重要的話:『這就是要把幾十年戰爭所奪得的人民共和國成千上萬的革命烈士的鮮血換來的成果,統統毀於一旦!這就等於是否定中國共產黨!』」

換句話說,高層那些老人們達成了一致且殺氣騰騰的共識,就像陳雲講話說的那樣,意思是「我們幾十年打仗白打了,人民共和國就被你

們給奪了」。在這裡非常有意思的是,楊尚昆自己講的,像鄧小平、陳雲、彭真、鄧穎超、王震這些人,多少年來坐在一起,這還是第一次,你就知道其實中共高層的這些老人之間,很少坐在一起認真討論問題,都是通過秘書傳話,這是說中共黨內的各個派系,根本就很少見面,包括像陳雲跟鄧小平。

他這個講話我覺得挺有意思,甚至到今天看來都挺有意思。整個八〇年代,居然這些老人們都不坐在一起講話,直到了1989年他們覺得真正的危機來的時候,才第一次坐在一起,不瞭解共產黨的話,很多人也會覺得蠻驚訝的。

另外,5月29號還有一件事情,就是28號深夜、29號凌晨,柴玲在天安門廣場接受了美國記者金培力的採訪,這個採訪六四之後才播出,但是採訪是28號深夜、29號凌晨做出來的,發表的時候題目叫〈最後的話〉,金培力把它給報導了出來。這個事我為什麼要講?這是一個挺重要的一件事,因為在這次講話中,柴玲講了一些什麼「廣場如果流血,會喚醒全國人民」,然後金培力問她:「那你要留在廣場嗎?」柴玲說:「我有使命,我有責任,我不能留在廣場白白犧牲。」大概是這類的話。

這段話一直到今天,不僅官方網路五毛[註18],還有不瞭解當時真相的年輕世代,甚至包括不瞭解真實情況的當時參與者對柴玲非常詬病的一個原因,而且成為五毛們藉機攻擊這場運動的一個理由,他們說:「你看,你們的總指揮柴玲,早就講了要流血,要準備廣場流血,用流血喚醒人民。你們就是要搞暴力,而且你們跑掉了。你們自己說要跑,然後把學生留在廣場……」等等,很多這種攻擊,在這裡我也利用這個機會,要為柴玲講幾句話。我不是說一定要去為她去辯護,我們只是說還原歷史。我自己學歷史的,真相是非常重要的,我們不能以訛傳訛,我覺得這是一個非常嚴重的問題。

註18.「五毛」是指中國大陸網路評論員的貶抑別稱,「五毛」象徵性的諷刺網評員每發一帖文「能賺五毛錢」。

柴玲這個講話,就是她被外界詬病的這幾句話,她確實有講,但是有幾點我是希望大家注意:第一、這話是28號深夜、29號凌晨說的,當時柴玲是多麼的疲累,我完全可以理解且親身體會,我前兩天在法國跟老萬萬潤南見面,他都還記得當年的5月27號他約我去北京飯店吃飯談策略,他說我竟然在他面前睡著了,這讓他印象很深,他說我幾乎是被兩個糾察隊同學半架著走進去的,身體極度虛弱。大家可以想像一下,從5月13號絕食開始,尤其處在第一線的負責同學,在深夜和凌晨時柴玲已累了那麼多天,她的頭腦不可能非常清醒能理智冷靜地談這些問題,尤其是這個時候,戒嚴部隊已經包圍了北京,且準備進城殺人了。

柴玲她本來就是個情緒化的女生,面對著共產黨的這種瘋狂行徑,她已經極度疲勞。柴玲接受採訪的時候,並非在一個非常冷靜、理智的情緒狀態下,所以她說的那些話,明顯是一些情緒性的話,我們不能把她說的那些話當成一個人對整個運動的歷史定論,視為十足的證據。我覺得以此為證據並不十分可靠有效。拿她的這番話當證據,指學生蓄意要搞暴力,學生領袖刻意讓別人死,自己跑?我覺得不能這樣認定。我們要考慮到當時的情況。

由於極度疲勞導致神志恍惚,我認為是她說那番話的第一個原因。第二、柴玲講的那幾句話只是全部採訪的一小部分。柴玲接受這個採訪的錄音,時間長達2、3個小時,這幾句話只佔了十幾秒,有沒有誰聽過這2〜3個小時的完整錄音?沒有!儘管我這樣說,實話是連我自己都沒有完整地聽過,時間真的太長了,我現在找不到那個錄音,如果誰能找到,你可以去聽聽看,那只是2、3個小時的錄音訪問中,她說了十幾秒鐘的話,她說了其他99.99%的內容是什麼,都沒有人聽。我們常常講斷章取義,我們不能根據她整個講話中的這麼一兩句,而去否定她整個的想法和看法,我覺得這是第二點。

第三點,我們看一件事情,包括怎麼看待柴玲,我覺得要有事實根

據,不要只根據她說了什麼,尤其在她極度情緒化、有點歇斯底里的狀態下講的那種話。是那種話重要呢?還是她的實際行動重要?事實上後來到了 6 月 3 號晚上,一直堅持到最後的就是柴玲;到了 6 月 4 號,最後一批人撤出廣場,柴玲也是走在最後,這個我以後會講到。

柴玲作為保衛天安門廣場總指揮,我覺得她盡到了她總指揮的責任。她讓所有的同學都先走,她自己走在最後,這是一方面;就像沉船時的那個船長一樣,都是走在最後,這點非常令人欽佩。她在 28 號深夜跟金培力說了什麼「我要留下」、「要保全」什麼的,但事實沒有,事實上她從沒自己先跑,她反而是完整的參與到整個事件落幕,才在隊伍最後帶著隊撤了出來——這才是事實。

我們要根據她的行動來判斷她的態度和立場,還是要根據她在歇斯底里,甚至不很清醒的狀態下所講的話?我們到底根據行動還是根據談話來判斷一個人?我們作歷史研究的都應該知道,當然是要根據事實和行動來判斷。至於說她在某種情緒激動的情況下,脫口而出的一些不恰當的話,我覺得那些不應該作為判斷的主流參考。你可以說我是在為她辯護,但我覺得我也是在為歷史真相作一個辯護。

這時時間已經到了 29 號了。5 月 30 號民主女神就要建立了,這個情況我們明天再向大家介紹。

五月三十日

大家好,繼續介紹 1989 年民主運動和六四鎮壓的狀況。

現在時間來到了 5 月 30 號,35 年前的今天,5 月 30 號,天安門廣場上發生的最主要的一件事情,雖然我本人當時沒有在場,但是這事情是舉世皆知的,也可以說是八九民運中一個很重要的事件,這就是民主女神像的樹立。

民主女神像是中央美院的一些同學的創意和突發奇想，有一張照片展示的是他們在院內開始搭建和雕塑民主女神像的情景。現在留在臺灣的顏柯夫，當時也是中央工藝美院的學生，也參與了這個民主女神像的搭建。經過了大概是一個禮拜的時間，5月30號民主女神像正式在天安門廣場舉行了落成典禮，安裝完畢。

這座民主女神像高達8米，直徑有2米多，表面是個東方女性的塑像，創意是模仿法國送給美國的那個矗立在紐約的自由女神像。這個民主女神也是雙手高舉火炬，象徵著追求自由。後來也有人說這是在模仿西方等等，但我覺得民主女神像的形象其實已經是一個普世性的東西，代表著自由的追求。

上午10點的落成典禮，吸引了上萬人圍觀。樹立起民主女神像，而且正面對著毛澤東像，毛澤東代表專制，民主女神代表著民主，形成非常尖銳的對立。當時有一位女同學宣讀了民主女神宣言，宣言不長，她說：

今天在人民的廣場高聳起一尊人民的神像，也就是民主女神。我們把它奉獻給絕食團的勇士們，奉獻給廣場上的戰友們，奉獻給全國百萬大學生們，奉獻給北京、全中國、全世界支持我們這次民主鬥爭的人民。

久違了，民主女神！70年前，我們的前輩曾經高呼，曾經高聲呼喚過妳的名字。為了妳，難道我們還要再等70年嗎？民主女神，一切專制壓迫下人民的渴望。民主女神，已經是廣場大學生和億萬人民民主的象徵。

民主女神，妳是拯救中華民族的希望。民主女神，妳是1989年中國民主學潮的靈魂。今天妳莊嚴的站在廣場上，向全世界宣告，中華民族民主運動的大崛起，已經開始了一個新紀元。我們相信，真正的民主到來之日，我們一定會再來廣場，樹立起一座雄偉高大永遠的民主女神像。這一天會到來的，中國人民把民主女神永遠掛在我們每個人的心中。

第七階段：抗爭

簡單的民主女神宣言，最後也提到有一天當民主真正到來之日，我們一定會再回到廣場。我覺得直到今天這對我們都是很大的鼓勵。這是上午的情況。

5月30號的下午，形勢已經越來越危急，當局在逮捕了鮑彤這位黨內非常高級別的官員之外，陸續又偷偷地逮捕了民間人士，包括曹思源。抓曹思源，主要是因為曹思源主持推動全國人大常委會聯署，要求召開人大緊急會議，當局覺得留曹思源在外面，他會更積極地活動，搞不好真的把人大常委凝聚起來，所以早早地就把他逮捕了。

另外，獨立記者，現在推特上很有名的高瑜大姐，也是提前在六四之前就被逮捕了。逮捕高瑜很大的原因是，高瑜也具有非常強的串聯能力，在知識界也在上層，比如她跟當時《人民日報》社長胡績偉也非常熟悉，跟知識界也很熟悉，當局也怕她起到聯絡組織的作用。高瑜大姐從那個時候就開始坐牢，直到今天這35年來，我已經數不清她坐過幾次牢了，也是特別值得提出來表達欽佩的。

另外，工人也開始被捕，這時候才30號，所以有人說6月3號是群眾把政府逼到絕境，政府被迫開槍，或者說6月3號之前爆發了什麼暴亂，這根本就不是事實。5月30號政府就可以從中共內部抓到新聞媒體，到企業界，然後到工人自治聯合會的人，都開始陸陸續續被抓捕，那個大鎮壓早已經是準備好的，根本不是被逼的。

主要是被抓的首都工人自治聯合會的沈銀漢，於5月30號的下午在首都工自聯籌委會貼出了一個緊急通告，說今天凌晨1點多在北京飯店附近，首都工人自治聯合會的執行委員沈銀漢，被一輛裝有警燈的北京吉普車裏衝出的兩個警察給綁架了。所以工自聯號召學生、工人、市民到市公安局去要人。這天下午就有上萬人到位在長安街上的北京市公安局，離廣場並不是很遠，上萬人圍在那裡要求放人。工自聯成員打出了「秘密抓人，暴露嘴臉」等橫幅，上萬人高喊「放人！放人！」，後來在這種壓力下，人是被放出來了，可見那個時還沒有到六四，政府跟

民眾還沒有完全百分之百撕破臉，在這會兒還要裝一下，以免激起學生的警覺，這是這天發生的一些事情。

在這裡我要特別講一下，過去這段時間就是回憶，有些事情不可能面面俱到，我們抓住這段時間當天發生的內容比較少的機會，補敘一下八九民運中很重要的一個事件，也是外界討論最多的，魯德成、喻東嶽、余志堅等三個人朝天門城樓上的毛澤東畫像潑污水，然後被潑墨水，遭學生扭送關局的事情。很多人為了這件事把廣場上的學生罵到不行，但也有人表達同情等。

我先說明，這件事我當下並不知道。我個人有責任，我覺得所有在天安門廣場，尤其包括我們作為指揮部的這些成員，每個人都有責任，可是這件事我當時真的是完全不知道，也沒有人跟我講，我是九四年坐牢出來以後才聽說有這件事情。因為後來開始逃亡、被捕，中間更沒人講這事。根據現在匯總情報，比如吳仁華老師的書裡就非常清晰地講了，當時好像主要是郭海峰（我們過去講過，郭海峰是運動一開始就參與的）人在現場，還有另外的學生負責人。

我必須說明一點，當時學生的警惕性有點過強，我們最擔心的就是政府派一些人來扮演激進的角色，給鎮壓製造藉口，尤其是在戒嚴令之後，整個壓倒性的都是這種焦慮⋯⋯當時的情況是，當魯德成他們3人朝毛澤東像潑了墨水之後，由於他們3人不是學生，在場的一些同學很快就擔憂他們是蓄意破壞學生運動；根據我後來了解的情況，當時現場的同學舉行了表決，大多數同學主張將他們送去公安局。在這種情況下，郭海峰遂帶人將3人送往公安局，後來這3人被判得非常重，付出了沉重的代價，甚至聽說其中兩人之後精神都出了問題。

對這個事件該怎麼看？我覺得，首先是當時在場表決的同學，以及包括我在內的間接責任人，整個八九民運的這些學生，對這3位勇士付出的代價與他們被綁送公安局的行為，都應該保持一份懺悔或者說道歉之心。不管怎麼說，是我們把他們送去公安局的，使他們受到這麼大的

傷害。我覺得這是首先是要強調的。我1998年到美國之後沒幾年（忘了是哪一年），就曾帶了一些原來八九的同學專程去探望剛到加拿大的魯德成，我們還給他送了一些錢，當面表達了歉意。

有人說：「你們學生從來沒想怎麼表達歉意。」不是這樣的，我們有跟他見面，並當面表達了歉意。當時魯德成的表現讓我很感動，他說：「你們那時候年輕不懂事，這個責任不能由你們承擔，應該由政府承擔。」我覺得這個態度也是我要講的。第二點，就是當時的學生從絕食開始已經聚在廣場兩個禮拜，神經高度緊張，在各種各樣的擔心、壓力之大，我覺得非當事人是難以想像的，在這種情況下，3個他們不認識的人做了這麼大的一個動作，他們有這樣一個現在看來是錯誤的判斷，我認為也是可以理解的。

我認為不應苛責當時那些扭送他們三人的學生，這個責任可以由大家集體承擔，或者說甚至是政府也有這方面的責任，但不要一味只苛責當時的學生，他們也都才20出頭歲，沒有這樣的政治鬥爭經驗。但事情既然已經發生了，道歉是應該的，面對這樣的錯誤，我覺得也是應該道歉的。這個事要特別補充說一下，這3位付出代價的勇士，現在都已經到了西方，其中一位已經過世了。我還得再說，他們是這場運動中真正的英雄之一。他們那個時候就已經知道，應該把目標對準毛澤東。當然他們自己有很多的陳述，大家可以再去看。但這是八九年一個很重要的事情。

最後，好久沒有看照片了，有一張前幾天的情況，這張照片後來就成了我的標誌，在好多地方被採用。這是我在宣讀27號那個〈關於時局的十點聲明〉的照片，後面全是學生，我戴個大眼鏡，拿個麥克風在講。另外，這是當時聆聽的各校的代表和學生，以及廣場上的狀況。

下面這個小圖就是當時各種各樣的物資，非常充足，主要是因為廣場上有那麼多的學生，上萬學生的飲食問題，我們又不願意有人假冒學生，所以他們手裡拿了一些證件，當時都是憑學生指揮部簽發的證件才

可以領取食品等等。這是當時遊行的情況，目標已經對著李鵬了，要把李鵬化成法西斯的樣子。這是遊行的隊伍。

另外，這是當時一個照片，就是當時聲援學生的場景，整個不斷地有這種聲援隊伍，不誇張地講，每天都有。另外，還有香港人到了天安門廣場，打出「香港同胞，全力支持」的橫幅。這個就是現在很有名的李蘭菊，蘭菊當時有親眼見證到屠殺，前兩天我在多倫多還跟她一起主辦主辦了一個六四悼念活動，她從當時一直堅持到今天。那時北京市民抱著孩子在路邊聲援學生，也是當時景象的詮釋。

這個是當時在廣場上，不斷地有人接力賽似的，十幾天都有人發表各種各樣的演講，但這些人後來可能都被錄了影，受到了一定程度的迫害。這是遊行隊伍，你看畫著李鵬的像，就是李鵬說要跟學生對話，但是坐著坦克車來對話，也是比較有代表性的。

另外當時八九民運有個很大的特點，就是媒體非常的集中，這也是八九民運成為世界性的事件的一個重要有利條件，像白紙運動就沒有太多外國媒體及時地拍下來，但是1989年是早有準備的。你看那時候，一直是世界最大的、所有最大的媒體，都在天安門廣場長期駐守；所以每天的動態 CNN 都會播放，很多留學生後來告訴我，他們當時在美國留學，每天看 CNN，CNN 一播就是半個多小時。現場有很多西方的媒體在。當時香港大遊行之後捐款買的帳篷，你看，相當的整齊，廣場秩序到這個時候已經恢復了一點。這個是柴玲，當時的柴玲，大家可以看看；還有民主女神像的搭建，這些是給大家一些影像方面的印象。

以上是30號的大概情況，31號的情況，明天再向大家介紹。

五月三十一日

大家好，繼續聊聊1989年的那些事兒。

第七階段：抗爭

現在時間來到了 5 月 31 號，快接近六四了。這一天我也記不清自己在做什麼了，所以我個人的見證沒有太多。但是從歷史資料記載來看的話，很明顯，這一天當局已開始為六四鎮壓做各種各樣的鋪墊和準備。昨天我有講過，包括曹思源、高瑜等一些人（更早還有鮑彤）已經陸續被逮捕，就是開始鋪墊要準備鎮壓；可惜當時我覺得我們學生政治經驗還是太少，沒有看出這些事情的徵兆，當時我們還沒把問題想得那麼嚴重。當然若以現在的經驗來看，當局明顯是在一步一步縮小這個包圍圈，再把一些活躍的人給逮捕。

5 月 31 號這一天，當局做了一些動作。根據《新華社》北京 5 月 31 號電，這天北京京郊的 3 個縣數以萬計的農民、職工、教師和機關幹部進行了集會並舉行遊行，抗議極少數人製造動亂。你看，那個時候真是進化的獨裁，當時共產黨就知道要搞這套分化群眾的伎倆：「你們不是遊行示威抗議我們共產黨嗎？那我們共產黨也組織遊行示威抗議你們，說你們搞動亂。」

據《新華社》的報導，確實是大興、懷柔等幾個縣，有一批農民上街，人數還挺多，也是上萬人。這當然是當局在背後操縱，大家要知道，八九年的事，其中還有這麼一幕。說起來挺荒唐、挺滑稽，好多人也都不知道八九年的事裡還有這樣的情況，就是政府組織的遊行，連馬來西亞都有反遊行，製造輿論，然後官媒還採訪了現場所謂的參與者，比如現場有農民表示：「我們不贊成他們（說的就是我們學生）任意採取遊行示威、靜坐絕食的做法，這樣不但無助於解決問題，反而容易擴大事態，給極少數極少數（用了兩個「極少數」）別有用心的人製造動亂，提供可乘之機。我們希望青年學生冷靜下來，儘快復課，學好本領，成為四化建設的有用之才，不辜負黨和人民的期望。」

你聽這像一個農民說的話嗎？這看來完全是假遊行了。同時在高校裡，政府也有動作。5 月 31 號這一天，《新華社》說北京大學有些教授、副教授寫信給北京大學的校領導，希望同學們復課。這些名字大家可以

聽聽,都是北大中文系的一些老師,包括馮鐘芸、趙齊平教授,周強、李光忠、董學文、王李佳、敏開德、朱世毅幾個副教授聯名,說自4月中下旬以來,北大的教學基本上不能正常進行,校園秩序無法維持,提出用罷課遊行絕食的手段不能切實地解決問題,所以希望同學們快點復課。總之,從這些動作來看,政府就是在開始為所謂的「平暴」、「制止動亂」開始製造理由和藉口,開始造聲勢。

事情已經過了35年,很多人不瞭解當時的實際情況,這麼多年我也聽到有些人質疑,當時是不是確實出現了動亂?任何一個國家出現了動亂的情況,政府都無法容忍……從4月15號以後,北京到底有沒有發生動亂?我在這裡還是給大家介紹這份由律師李進進主筆起草的《「六四」事件民間白皮書》,他們從法律的角度對這個問題做了一些解釋和說明,我給大家介紹一下,這白皮書說:

中國當局早在4月25號,就將學生運動定為動亂,這個動亂的定性,激化了政府和學生之間的矛盾,學生們最後以絕食來要求摘掉動亂的帽子,中國當局不妥協,堅持認定學潮是動亂,就認為動亂發展成了所謂的暴亂。今天,這個「動亂」的帽子應該去掉。

傳統的漢語詞典裡沒有「動亂」一詞的解釋,動亂或者社會動亂是現代的用法,1966年到1976年的文化大革命被稱為十年動亂,成為人民對動亂理解的主要的事例。在那10年裡,中國發生了各派別之間的武鬥、搶奪武器、倉庫、地富反壞右和走私派等被毆打、遊街,國家法律全部無效,各級政權機構被奪權或陷入癱瘓,中國國家主席被非法關押致死。

但是1989年的中國沒有發生這樣的事情,甚至連一點這樣的跡象都沒有。這一點非常重要,按照傳統詞典對「亂」的解釋,亂就是無秩序,動亂應該是非常嚴重或極度的社會失序,但是1989年4月,北京沒有發生任何非常嚴重或極度社會失序的情況。中國當局是在四・二六社論中將學潮定性為動亂的,這個社論在1989年4月25日晚間播出,

第七階段：抗爭

所以我們要根據史料來判斷中國北京或其他的地方，在 1989 年 4 月 25 日之前的社會基本秩序是否遭到嚴重破壞，要不然為什麼四・二六社論說發生了動亂？

從 1989 年 4 月 15 日到 25 日這十天裡，確實發生了一些遊行示威活動，這些活動包括四一七學生遊行、4 月 18 日人民大會堂的靜坐，這個靜坐已經在全國人民代表大會的代表接受了七條和平請願書後解散，4 月 19 日和 4 月 20 日學生們在新華門前示威，4 月 22 日學生集體到天安門廣場旁聽胡耀邦追悼大會，以及學生們的跪拜請願被拒絕和開始罷課，這都是事實；可是這些活動中沒有發生任何學生使用暴力行的為，或者其他危害人民生命和財產的行為，北京市的治安 也沒有因為這些示威活動而惡化，北京市的各國家機關、工廠和事業單位的工作秩序 沒有受到實質性的影響，北京市民的生活正常有序地進行，甚至全國都在流傳，說北京學生請願期間小偷罷偷，所以事實證明動亂是當局的謊言，是為接下來的武力鎮壓而找的藉口。

比如 4 月 22 日和 23 日，在西安和長沙分別發生了一些騷亂事件，有人燒毀汽車和搶砸商店，但是這兩起事件參與的人數和範圍都非常有限，而且社會秩序立即得到有效的控制。其次，這兩起騷亂事件沒有明顯的政治意圖，學生們也都譴責了這種行為，所以這兩起事件是孤立的事件，扯不上政治動亂。如此而言，動亂何在呢？

鄧小平最先將學潮定為政治動亂。他說這不是一般的學潮，而是一場否定共產黨的領導，否定社會制度的政治動亂。然後人民日報四・二六社論就根據鄧小平的這個講話寫成和發表。事實很清楚，當局是以其亂背後的動機和思想傾向來認定亂的程度的。這是以一個事件的政治傾向，而不是以真實的亂程度和規模來確定其行為的法律性質和決定其應對措施的。

這個是李進進完全從法律的角度駁斥政府對於學生運動是動亂的指控。

《「六四」事件民間白皮書》說：「一個社會是否發生了動亂，不能依據其事件的政治傾向，或行為者主觀上的政治訴求來決定。首先，中國承認的聯合國世界人權宣言和中國的憲法，都確定了人民的表達自由，如果將和平的政治訴求作為確定動亂的標準，那就是否定人民的言論和其他表達自由。其次，如果以其行為的性質，或者以行為背後的動機和思想原則來決定是不是發生了動亂，那麼等於治亂的法律措施目標是人們的思想，而不是行為。法律不能以人的思想來懲罰人，這是當代世界各國包括中國都承認的基本法的原則。中國領導人可以說是一邊不得不承認這個原則，一邊卻違反這個規則，無時無刻地控制人民的思想和懲罰他們所不喜歡的有思想的人，這就是所謂中國1989年動亂的淵源。」

我覺得這裡講得非常清楚了，所謂的中國政府指控的動亂，實際上這個動亂性質的認定，是根據學生的政治訴求。就形式上來講，整個學生運動期間——這是歷史上也都罕見的——從4月15號就開始發生的學生運動，到5月31號，一個半月的時間，北京沒有任何商店被打砸搶，沒有發生任何暴力事件。這叫什麼動亂？如果有人說，一個社會發生動亂，政府不能不控制。請你不要忘記，首先沒有發生任何動亂，當時的社會秩序，包括市民生活，都是相當正常的，一直到5月31號都是非常正常的。所以所謂的社會亂了，政府不能不鎮壓，完全是罔顧事實的謊言，在這裡特別為大家做個說明。

以上是5月31號的內容。明天進入到6月了，最關鍵時刻即將來臨。6月1號的情況，明天再向大家介紹。

六月一日

大家好，繼續向大家介紹1989年民主運動逐日的狀況。

第七階段：抗爭

現在時間來到 6 月 1 號，離六四鎮壓越來越近了。那麼 6 月 1 號這一天我們都知道是中國的兒童節，在這之前，官方就已經開始渲染氣氛，說學生佔領廣場，整個社會失去秩序，連兒童節都過不了。為了應對政府的這種抹黑和謠言，我記得廣場指揮部、高自聯等組織還組織了一些市民帶著小孩在 6 月 1 號這天到天安門廣場。所以，這天天安門廣場的氣氛非常祥和，很多小孩在那裡跑來跑去、放風箏玩等等。當局指控學生已經暴亂，如果看到當時那個場景，跟暴亂完全不相干。也有很多家長帶著孩子，當作春遊和郊遊似的到天安門廣場來。我還是強調，整個廣場的氣氛非常的祥和。

但是另一方面，這次運動的組織者感到憂心忡忡，其中一個原因就是大家非常熟悉的諾貝爾和平獎得主劉曉波發表了一篇演說。6 月 1 號晚上，當時是北師大講師的劉曉波在北師大校門口發表了一次演講。這個演講為他第 2 天 6 月 2 號要開始的決策作一個鋪墊，他說：

「現在政府一再強調，是極少數人製造了動亂，所謂的一小撮人──他們的所指看來就是類似我這樣不是學生身分的人。但我想說，我是一個有政治責任感的公民，我所做的一切都是合理合法的，我不怕當黑手，我反而以當黑手為自豪，為驕傲，為榮光。」

這番話後來在六四鎮壓以後還被《人民日報》引用：「你看，就是有黑手，劉曉波說的，他都不怕當黑手，學生運動被利用。」然後曉波還接著講，他說：「為了抗議李鵬為代表的政府用非理性的專制的軍事管制去壓制學生的愛國民主運動，我明天下午要去絕食，這是由我發起的，有著名歌星侯德健的。我想藉這次絕食告訴國內外的輿論，所謂的一小撮，就是我這樣一類人，他們不是學生，但他們是公民，他們有權利、有義務推動中國的民主進程。」他在作了這樣的演講後，第二天便開始絕食。

曉波在 4 月 15 號學潮爆發時人並不在中國，當時他還在美國，跟胡平他們在一起；但他看到這個情況有點像現在俄羅斯的納瓦尼，看到

學潮爆發的情況,不顧很多人的勸阻,毅然地從紐約回到了北京,同時帶了一些捐款回來;回來之後就直接參加了首都各界愛國維憲聯席會議,也到四處演講,直接投入了這場民主運動。

曉波是當時少數的海外留學生中不僅是聲援,而且親自飛回中國直接參與愛國民主學生運動的少數知識分子之一。曉波也非常的活躍,我記得我們愛國維憲聯席會議開會的時候,他還曾經有個提議——這個外界不太知道——他說:「*我們應該選出人民代言人。*」當時我們準備長期的跟政府作對抗,曉波建議我們這方面應該有人民代言人,他推薦了吾爾開希和我兩個人,因為我們是學生代表,希望我們兩個人都要以人民代言人的身分出現,直接跟政府形成不同的聲音,讓人民選擇,大概是這個意思。曉波一回來,就很積極的提出各種想法,但他說絕食是他發起的,這個跟實際情況稍微有點出入,但當時那種情況,大概也只能這麼講。

其實劉曉波、侯德健、周舵、高新這4個人的絕食,是在5月底和6月初就討論過的,這主要是軍濤、包遵信、陳小平、張倫和我在內的一些人討論的。那時我們覺得,整個廣場當時的情勢陷入低迷,儘管我們設定了堅持到6月20號全國人大常委會召開緊急會議的目標,但仍不免擔心,既然我們5月30號撤出廣場的建議被廣場指揮部李祿和柴玲給否決了,既然這樣的話,我們還是得堅守廣場,可是要怎樣能一直再堅守一個多月,是一個非常艱難的挑戰。

我忘了當時是誰提議的,但大家都同意了,就是發動第二波絕食,這一波絕食不再是由學生,而是由知識分子擔當主力。我記得當時我們還擬了一個名單,第一波就是劉曉波、著名的歌手侯德健、北師大的高新,還有四通社會研究所的周舵,由他們4個人先上。當時我們的計劃是每一個禮拜站出來4個人,這些人都是當時中國有名的知識分子,涉及到一些人還在國內,我就不說他們的名字了,包括錢理群老師都在名單中。這些人也都願意,像劉曉波講的那樣,這是所有公民都參與的運

第七階段：抗爭

動，不只是學生，每個公民都有責任參與，所以他們願以身作則，準備通過公民激勵絕食的方式，讓整個廣場的運動能夠堅持到6月20號，當時是有這麼個打算的。

有整個一個通盤的一個規劃，如果按照這個規劃的話，我覺得另外有一個私下的想法，就是誰絕食誰就比較能掌握話語權，廣場的話語權，因為他們將成為眾所矚目的主要焦點；所以當時我們就已經在考慮，讓知識界人士能有序地進入到這次運動中間，因為運動的形勢越來越複雜、越來越嚴峻，我們也需要各界的人，光靠學生的力量肯定不夠，所以有部分想法也是希望通過知識界的這些人或者像周舵這樣的社會人士介入，能夠使運動得到更加成熟的領導。這是後來劉曉波他們4個人絕食，我們曾在幕後討論的一些情況，在這裡作個披露。因為有這個建議，所以曉波6月1號晚上才發表了這個絕食演講。

另外這一天，南京有10多所高校大概500多名學生，組成了南京高校聯合赴京民主長征隊，這個現在的人聽起來，好像也覺得「**你看，你們都是拷貝共產黨**」，但我還是強調，放在當時35年前的那個時空環境下，這沒什麼可嘲諷的，當時跟今天的情況當然不一樣，做事後諸葛亮挺沒意思。

這個南京高校聯合赴京民主長征隊，大概6月1號上午9點多從南京的鼓樓廣場出發，他們要幹嘛？他們要徒步走到北京去，沿途宣傳民主，喚起民眾，計劃6月18號抵京。因為6月20號要召開全國人大常委會緊急會議（後來因為六四開槍殺人，會議也沒能召開），希望能夠通過這樣的行動掀起一個新的高潮。

我還是強調，整個八九這事件不是只侷限在北京這個空間，就空間來講，全國各地都有很多的聲援示威活動，只是由於時間的關係，我不可能把整個畫面全給大家鋪展開了，但南京大學這事值得一提。

另外，6月1號這一天，天津大學和南開大學都出現了一份激進同

盟會宣言。從這時開始，各個秘密組織都開始紛紛成立，其中有一個組織叫激進同盟會。這份宣言說：「學運已經到了關鍵時刻，一切願為民主而自由奮鬥的仁人志士，應該站起來團結在一起，將這次民主愛國運動進行到底。」這個同盟會提出了綱領——實現中國真正的民主化，真正實現人民代表大會為最高權力機關，實現多黨制，實現新聞自由。戒嚴令以後抗議民眾的訴求，早已從悼念胡耀邦等相對溫和的要求政府改革，轉變為直接要求實現新聞自由、多黨制等等更直接的政治訴求。這當然是因戒嚴令所激起的變化。

我還是要向大家繼續介紹《「六四」事件民間白皮書》，因為這是總結六四事件非常權威的一份檔案。《「六四」事件民間白皮書》介紹了戒嚴令以後的情況，那就是戒嚴令頒布以後，社會到底有沒有變得比較混亂的狀況。

根據《「六四」事件民間白皮書》的記載，戒嚴以後，學生並沒有撤離廣場，可以說戒嚴令並沒有終止所謂的「動亂」，但是這個「亂」沒有影響北京人的正常生活，北京市的社會治安和生活秩序，在北京學生佔領廣場下不但沒有受到影響，甚至變好了。比如說戒嚴後的第2天，5月21號，中央電視臺的晚間新聞就做了如下的採訪：

街頭一位推自行車的婦女對中央電視臺的記者說：「作為首都公民，我們能夠自己管理自己，自己完全能夠維持秩序。」

一位男子說：「過去街上車碰著車就要吵架，現在能夠相互理解，招著手就走了。」

這就是當時1989年的社會氣氛，大家的戾氣都不存在。在那種大規模的群眾運動中，整個民族的道德水準都有提升。今天車碰著車，別說吵架，搞不好就動刀子了。但當時大家真的都非常的互相禮讓。

另外，一位50多歲的男子對中央電視臺的記者說：「我是外地出差來京的，打從戒嚴令發布之後，據我觀察，街頭的交通秩序是好的。

雖然人多車也多，但秩序非常好，因為有學生在幫助警察維持秩序。」記者問一位售貨員：「現在副食品供應還暢通吧？」售貨員說：「對，挺暢通的，而且也沒有什麼搶購。」

另外，《人民日報》關於戒嚴後第2天的報導也說：「本報北京5月22日凌晨4時50分訊：國務院在北京部分地區實行戒嚴的命令生效業已40多個小時，在政府劃定的戒嚴區域內，仍未見到異於往日的情況發生。」這都非常重要，因為這是官方媒體在戒嚴令之後的報導，那是完全真實的，它就證明了當時即使在戒嚴令之後，北京都沒有發生任何動亂，更不用說什麼暴亂這些了。

《人民日報》說：「21日，星期日，天安門廣場上和平請願的首都的和外地來的大批學生比肩靜坐，東西長安街上人流夜以繼日，在不到百米的低空，數架軍用直升機往覆掠過，不時灑下用大號字印的李鵬總理講話傳單引起陣陣騷動。」

另外，《人民日報》5月26號還報導：「昨天北京烈日當空，下午起東西長安街和廣場周圍的遊行隊伍，一時不見頭尾，從橫幅來看，有來自科研、教育、衛生、新聞等單位和部分工廠，也有不少是外地學生。長安街交通一度中斷。北京各大小副食店和農貿市場，蔬菜肉蛋等生活必需品充足，貨架攤床琳琅滿目。」

據北京人民廣播電臺報導：「全市工業系統的職工出勤率達到80%左右。大多數企業事業單位的工作秩序基本穩定。中小學校的讀書聲琅琅可聞。」

從這些官方的媒體報導，我們看不到北京發生了任何社會動亂的跡象。如果有某種騷動，都可以說根本不是我們學生造成的，而是來自低飛的軍用直升機，和大軍壓境北京所造成的一些惶恐的情況。至於學生運動這方面，就正如我們剛才引用的官方的報導都可以看出，事實是在六四開槍鎮壓之前的那些天，北京的社會秩序空前良好，不僅就像

《「六四」事件民間白皮書》所說：不僅沒有任何動亂的情況，甚至整個的社會治安社會秩序，比學運爆發之前還更好，因為大家更加禮讓。

那時候在整個運動中，大家說為了運動能夠成功，都相互包容的程度，是我那時候在北京生活一、二十年罕見的。這是當時中國的情況。但就是在這種情況下，政府決定要向人民開槍。

後續情況，明天再向大家介紹。

六月二日

各位大家好，我們繼續介紹1989年民主運動的情況，以及六四鎮壓的情況。

現在時間已經來到了6月2號，離六四越來越近了。6月2號這一天，天安門廣場還是學生在那裡堅守，但是已經不如以前人多了。為了讓廣場有一波新的高潮，振奮大家的士氣，6月2號這天，發生了八九民運中的另外一件重要的事情，那就是劉曉波等4人的絕食。這一天下午4點多，當時是北師大中文系講師的劉曉波，還有原是《師大週報》主編的高新，還有四通集團公司的綜合計畫部部長周舵，與臺灣回來的作曲家侯德健，侯德健當時在中國是非常非常流行的一線歌星，所以他的絕食一時轟動。

這4人在天安門廣場紀念碑北側的臺階上宣布將開始48～72小時的絕食，是有限期絕食，最長3天。這就是我前兩天講過的，本來是首都各界愛國維憲聯繫會議，包括軍濤幾個人等在內，我們商量了一個大的計畫，就是要一批一批的知識分子，每批48～72小時，連續不斷地絕食，鼓舞和維持住廣場上的士氣，一直等到6月20號全國人大常委會召開。按照這個計畫，劉曉波他們開始絕食。

第七階段：抗爭

當然曉波有他自己的特點，他發表了 3000 多字的絕食宣言，當時我也在現場，本來廣場人已經不多了，但是這次他們 4 個人絕食，卻是人山人海，人潮洶湧。因為侯德建實在太有名了，曉波、高新、周舵那時候在人民中沒有什麼名氣，大家不太認識；但侯德建人人知道，他就是《龍的傳人》的演唱歌手。那時候我們開玩笑，很多人都說「看猴」來了，看侯德建來了。

面對著成千上萬的群眾，劉曉波發表了絕食宣言，他說絕食的目的是為了抗議戒嚴和軍管，並呼籲學生和政府以和平談判的形式來解除雙方的對立，呼籲全社會應及時地放棄旁觀者和單純的同情態度，逐步地形成民間的政治力量和對政府決策的制衡，呼籲政府和學生都要進行冷靜的自我反省，並且告訴國內外的輿論界，所謂的一小撮人就是有政治責任感的公民，跟他前一天晚上在師大的演講差不多。

在這裡我要特別做一個說明，其實劉曉波他們開始絕食，代表的意義非常重大，中國知識分子過去習慣作帝王師，或者做運動的指導者，就是魯迅先生所批評的，其實中國人都有這個特點，喜歡作旁觀者，不願意直接地介入，這就是為什麼從整個八九運動一開始，我始終對知識分子有一種情緒，那時我跟軍濤講了很多次，包括當時大學一年級的我等很多這樣的學生，包括柴玲也不過就是個研究生，我們從來沒有這種大規模群眾運動的經驗，連文革我們也沒經歷過，我說：

「整個運動的重擔，只由學生來承擔，我擔心學生沒有這個能力或經驗能把運動組織好、領導好，而知識分子經過文革、插隊，社會經驗極為豐富，很多人跟體制內也有關係，瞭解這個體制的運作，如果從學生開始，不再只是學生，而由知識界直接介入，成為這場運動的主體，甚至領導者，我認為會對運動的發展有好處。」

當然這是我個人觀點，在學生領袖內部，比如包括柴玲，柴玲就一直很強調學生運動的純潔性，特別強調。柴玲個人情緒上是挺反感知識分子的介入。我多次說過，不要被知識分子利用，我們也不要被政府利

用,我們就保持學生運動的純潔性,觀於這個問題,可以留待歷史公論;但是從我的角度來講,看到曉波他們終於介入進來,我一方面感到很欣慰,一方面我覺得是不是有點太晚了。當然,我也還是不知道效果怎麼樣,還是抱著這個期待。這是曉波他們絕食的一個重大意義。

按照原來的計畫,曉波等4人要絕食72個小時,他們6月2號開始絕食,應該是5號結束,5號結束之應該有另一批知識分子上去絕食。可是大家都知道後來發生了什麼事——6月3號深夜就開始鎮壓了。

這裏穿插一個純屬我個人的猜測,沒有根據,時隔35年再回顧,我都認為知識分子一波一波上去絕食,或許是個相當好的策略,可能會帶動社會其他階層的進入,我覺得當局那個時候已經在聯席會議與各個組織中大量安插了他們的線人,我們的這個想法肯定已彙報到相關決策當局,可能當局也確實覺得,如果讓我們「得逞」了,那麼當局可能更難下手,所以決定在6月3號提前動手。這完全是我個人的猜測,也許6月3號動手不是因為這個原因,但我覺得好像跟這個原因有一定的關係。這個歷史,個人從不同的角度都可以作出判斷。

記得在曉波他們宣布結束之後,我就回了北大。當時首都各界愛國維憲聯席會議原本一直是在社科院的不是在政治研究所會議室,就是在馬列研究所會議室召開。可是今天之後,尤其鮑彤等這些人被抓之後,當局的體制內這些人造反,管控越來越嚴,所以我們在社科院越來越難開會了……故5月底的時候,首都各界愛國維憲聯席會議就挪到了北京大學。北大當時有湯一介先生辦的中國文化書院,於是我們轉到了中國文化書院去開會,不大的一個房間,張倫等都有參加,我印象很深。前兩天我在法國見到人高馬大的張倫,想起他那時跟個大孩子似的,頭上戴著「絕食」的標誌,累得不得了,每回我們開會,他到了之後就喊累,我們一邊開會,他一邊四仰八叉地躺在地上就睡著了。當時這是個普遍的狀況,他那時大概也是如此。

那天後來具體再有什麼事情,我不太記得了。這天主要就是曉波絕

第七階段：抗爭

食。利用這個機會，我再向大家介紹一下戒嚴部隊。這是整個這部八九民運史中很重要的一個部分。我當然不瞭解戒嚴部隊的具體調動，因此還是推薦大家讀一讀吳仁華老師的書，他對戒嚴部隊做了非常詳細的介紹。

但是我在這裡要介紹的是另外一篇文章，簡要的介紹一下，讓大家對戒嚴部隊的調動有一些瞭解，讓大家對整個運動的全貌有一些瞭解。這篇文章是香港有名的記者劉銳紹寫的，他當時在北京是有些內線關係的，他寫的戒嚴部隊調動的內情，大家可以瞭解一下，他說：

中共這次動殺機，最早可以追溯到4月24號北京市委的報告。當時市委書記李錫銘向中央打報告，指學生鬧事背景複雜，但是說：「如果中央給我政策，我們是有辦法解決的。」局內人就稱之為「請戰報告」，也是最早把學運定性為動亂的一份報告。

這個報告雖然沒有說派兵入城，但已經隱藏殺機。以後北京市以保護中央及重點地方為由，先調動了北京衛戍區的部分兵力進駐中南海和人民大會堂等地。對照我過去講的，根本不需要通過長安街殺人，部分兵力已經進駐到了中南海和人民大會堂，就是地下通道走過來的。當時中南海內已經有2000士兵，其中1000人集中於新華門內，在新華門後頭，另外1000人分守西門和北門。其後經過衝擊新華門，胡耀邦舉辦追悼會當天發生衝突，以及聚集天安門廣場的學生越來越多。北京市委認為情況已趨惡劣，而當時北京衛戍區的兵力只有3萬人，所以他們請求中央採取措施。這裏注意，這是北京市委市政府向中央請求派兵。

這裡有個跟地方政府很大的區別。朱鎔基當時是上海市長，朱鎔基就沒有向中央請兵，李瑞環近在天津，也沒有向中央請兵。然而北京不一樣，北京向中央請兵，想來必然是陳希同的主意。中央後來從保定調來38軍的若干個師，駐守中南海的軍隊還接到命令，說凡衝入中南海者，一律當場槍殺。這都是很早前的事了。

六四日誌：從4月15到6月4日

不過直到5月18日之前，軍隊沒有採取強硬的行動，主要原因有兩個。一個是當時趙紫陽仍未完全失勢，他力主對話。加上當時主要負責學生對話的統戰部長閻明復和國家教委主任李鐵映也反對動武（這裡稍微有出入，其實李鐵映很早也就支持動武），所以在四二七和五四兩次大遊行時，學生很容易就衝過了軍警的防線。

當時趙紫陽已經安排了對話的一線、二線。所謂一線就是李錫記、陳希同等北京市委。二線就是閻明復和李鐵映。那麼李鵬和趙紫陽本人則是三線，分成三個梯隊處理這個學潮。當時在北京的兵力不足，若發生事情，狀況非常難以控制，所以其他領導層成員也暫且同意不使用武力。不過隨著趙紫陽失去權力，強硬路線逐漸抬頭。5月19日晚上（這個我講過，就不細說了），便決定戒嚴。

劉銳紹的這篇內部調查文章說明了戒嚴部隊的調度內情：李鵬於5月20日頒布戒嚴令。

其實在此之前他們已做了相應的調兵部署。首先他們從38軍增調兵力，再由內蒙和瀋陽調來新軍。這些安排都是在頒布戒嚴令之前兩星期就已經部署的。直到5月19日出兵天安門當晚，外來的兵力已經聚集於北京郊區，總數大概5萬人，但是都沒有攜帶炊具和武器。李鵬楊尚昆集團當時聲稱軍隊不是針對學生，但是軍隊入城後，我們知道後來發生了什麼事，軍隊遭到了堵軍車。

5月20日，頤和園北面青龍橋地區的309醫院附近，出現了一批由內蒙古調來的軍隊。還有40多輛運兵的大卡車，上面有30多輛裝甲車和坦克。在場的軍警和一些農業大學的學生發生了衝突，後來還用警棍打傷了6名學生。這是北京市民第一次發現，官方竟然真的出動了坦克。

同樣是5月20日，戒嚴令頒布第一天，上午11點，北京市西南約20分鐘車程的六里橋，又發生軍警毆打群眾事件。據一名剛在現場的

醫生說,他看見軍警向人們的後腦、臉部和腰部猛擊,群眾以玻璃瓶和磚頭對抗,又有 40 多人受傷。

另外 5 月 22 日晚上 10 點半,軍警在豐台地區與師範學院的學生和市民發生衝突,40 多人受傷。雖然如此,學生和市民還是成功地阻擋了軍隊進城。

劉銳紹是個非常優秀的調查記者,他做了大量的調查,據他所說,從 5 月 20 日到 27 日,他在北京採訪的過程中,發現軍方的調動有以下的特點和過程:

首先是人越來越多,根據可靠消息,5 月 20 日,到達北京近郊的軍隊有 5 萬人,24 日增至 10 多萬,包括來自北京軍區的 63 軍、64 軍、65 軍、38 軍、27 軍、28 軍、24 軍,蘭州軍區的 20 軍、南京軍區的 12 軍、濟南軍區的 54 軍,以及瀋陽的 39 軍和空軍的 15 軍(這個情況我們以前介紹過)。

另外,有關方面還從上述各個軍中抽調了若干師到北京,在北京範圍形成了兩個大的包圍圈,第一個包圍圈是近郊距北京市中心大概一個小時的路程,第二個包圍圈是遠郊,距市中心大概兩個小時的路程。

後來有來自美國大使館的消息說,當時美國的軍事衛星已經監測到了中國的軍隊和戰車的交通情況。

到了 26 號下午 3 點,劉銳紹的消息來源告訴他:「當時圍城的兵力已經達到 20 萬,約占全國正規軍的 15 分之一,這是 26 號,27 號兵力繼續增加。若按照軍隊的番號統計的話,已經有 20 個軍派出若干個師的士兵抵達北京外圍,北京軍區的 8 個軍全部都有調動。」

另外,劉銳紹還披露說:「這次戒嚴行動出動的裝備和武器,遠遠超過了鎮壓群眾的需要。」5 月 20 號凌晨,強行入城的軍隊本來是沒有攜帶武器的,但是當天下午,劉銳紹去了郊區採訪,他發現當局這次

六四日誌：從 4 月 15 到 6 月 4 日

出動的是野戰集團軍。在長辛店，劉銳紹看見 70 多輛裝甲運兵車剛剛從石家莊抵達北京。在宛平縣，他統計有 16 輛法國戴高樂式運兵車，其餘的補給軍備，都是長期野戰使用的。

哪有一個政府會動用野戰集團軍來對付手無寸鐵的自己的人民？這完全是打一場正規戰爭才會有的規格。所以有人說，世界上唯一的一個政府──中國政府──會自己侵略自己的國土。

21 號，劉銳紹到了頤和園，他在農業大學附近發現了帶有重機關槍的裝甲車，以及裝上了重炮的坦克車，一共 21 輛，他都數過了。到了 24 號，情況更令人難以置信，抵達北京郊區的兵種就包括有空降兵、裝甲兵、炮兵、防化兵和陸軍。你說對北京市民和學生至於要這個樣子嗎？你要防化兵、炮兵、裝甲兵幹什麼？直升機連日盤旋我們都知道了。

此外，軍隊內部的緊張氣氛，劉銳紹說：「完全不是因為群眾攔截造成的，而是軍方高層刻意製造的。」這一點非常重要。劉銳紹在他的採訪中披露，軍隊內部當局有意製造緊張氣氛，讓軍隊準備殺人。他說，軍隊最初調到北京之前的兩個星期，都要集中起來，不准看電視、不准看報紙、不准聽廣播，集中學習四‧二六社論和操練。

當時部隊還以為是一般的政治學習，後來進城的時候，從上級口中才知道這次入城的原因，是要搞一次保衛北京的軍事演習，又說什麼北京發生雨災，需要搶救，到北京趕建某些工程，迎接 40 週年國慶。甚至有軍官跟士兵講，說這次進京就是旅遊⋯⋯種種的欺騙士兵。所以最初兵臨城下的時候，氣氛不是那麼緊張，我前幾天給大家介紹過，官兵互動還挺良好的；但就在 5 月底 6 月初這幾天，軍隊的氣氛突然緊張起來。

首先是士兵接獲通知，要做好在北京屯兵半年的準備，事後證明果然如此。其次，子彈和其他裝備直接發到士兵手中，從 5 月底就開始發

了，之前都沒有，每人最少 10 發實彈、5 發橡皮子彈，沒有橡皮子彈可以得到 15 發實彈，鋼盔、大頭鞋、壓縮餅乾已經發給士兵了。另外，保持了軍事訓練，包括射擊訓練；其次，加強思想教育。中共高層調度軍隊進城，其步驟可謂深思熟慮。劉銳紹說，早在 5 月 19 號，部分士兵就已經對主要的傳播機關和大單位進行了軍管，包括中央人民廣播電臺、中央電視臺、《人民日報》、《新華社》、首都機場、電報大樓、電力公司、發電站等等，其實都已經被解放軍佔領了。

後來有人說：「當初你們學生那麼笨，你們應該去佔領中央電視臺，佔領輿論制高地。」你想想，這都是不瞭解當時情況的臆想。早在 5 月 19 號戒嚴令下達的時候，包括中央人民廣播電臺、中央電視臺等這些關鍵單位，早就被戒嚴部隊佔據了，根本奪不下來。那麼 20 號政府也發布禁令，禁止中外記者採訪等等。

27 號的時候，由首都機場前往市區的公路上，也發現了軍隊把守。這個發現相當敏感，為什麼在去機場的高速公路上軍隊把守？劉銳紹分析說：「因為如果有事發生的話，空路是逃走的最快途徑。」顯示鄧小平這些人也怕出事，也已經準備好，到時候搭飛機跑。

軍隊把守通往機場之路，其實有一些特殊的含義，我們現在還不是非常清楚，為什麼當局內部那麼緊張。5 月 23 號廣州民航接到了國務院的通知，專門調出 9 架大型客機先飛往北京，後面待發，以至於廣州停售國內機票。這個調動與軍隊把守機場的情況，過去很少有人講過，其實大家可以想一想，我對這個情況很重視。為什麼？廣州這邊調了 9 架大型客機飛到北京待命，這個客機當然不是給學生準備的，軍隊還把守了機場，這說明當時鄧小平、李鵬這些高層是準備好了後路想跑的，說明他們對鎮壓沒有把握，能不能鎮壓得成還不一定。

劉銳紹說的非常令人猜疑，答案至今仍是個謎；雖然是個謎，我們還是可以猜測一下 6 月 2 大概的情況。這個時候情況局勢已經越來越危急了，不管是在廣場還是在北大校園內，我能感受到周圍的情緒和氣

氛越來越緊張，因為各種各樣的消息都傳了出來，什麼鮑彤被捕啊、趙紫陽被軟禁啊、沈銀漢等等被捕；我們心裡隱隱約約都覺得情況大概已經非常危險，大事不妙了！但是什麼時候政府會動手，此時我們還不知道。

　　明天的情況我們明天介紹。

第八階段：屠殺（6月3日—6月4日）

六月三日、六月四日

各位大家好，我們繼續介紹1989年民主運動和六四鎮壓的情況。

現在時間已經來到了6月3號。3號深夜，中共開始血腥屠殺抗議的民眾，一直持續到4號。所以我們把6月3號和4號放在一起做一個簡單的介紹，作為我這一次系列六四口述回憶的最終章。

那麼6月3號這一天，在天安門廣場還是有數萬名大學生在堅持。這一天比較重要的一件事情，就是上午堅持在天安門廣場靜坐的群眾正式宣布成立民主大學。要是我們想長期駐守在廣場上，總要在廣場上找一些事情做，所以準備成立一個叫作民主大學的機構，邀請學者來向在廣場堅守的學生宣講民主的道理；這是一個構想。而這個民主大學的校長，就是後來也被列入通緝令上21個名單、現居洛杉磯的張伯笠牧師擔任；名譽校長是嚴家祺。

這一天上午，在天安門廣場召開了民主大學的開幕典禮。在開幕典禮上，嚴家祺老師做了一個非常重要的演講，那時我也在現場。我是大概2點多離開廣場的。我要說明一下，5月底以後，基本上我已經離開了廣場的絕食指揮部，轉而每日主持首都各界愛國維憲聯席會議。這個聯席會議原來在社科院召開，離天安門廣場比較近，我開完會便回到廣場。可是從5月底到6月初，這個聯繫會議的會址由社科院轉到了北大，我便需每天在北大主持這個會議。北大離天安門廣場比較遠，這就是為什麼5月底到6月初，我沒有怎麼在天安門廣場的原因，但我每天還是會去一下，同時我還要趕回北大去主持這個聯繫會議。

這天的大概2點多，我離開了廣場。在我離開前，我在天安門廣場聽見紀念碑上指揮部同學的廣播，我聽到最後一項，是向全市的學生發

六四日誌：從4月15到6月4日

出通告，禁止擅自持有武器，撿到武器要上繳等等。因為這時各地堵軍車已經出現了一些狀況，居民之間有些小的摩擦和衝突，我認為其中也可能有蓄意製造國會縱火案的意圖在裡頭，比如有輛滿載武器的軍車，在大約六部口附近被群眾圍住，軍車上的人全都跑掉，留下一車武器，我都覺得這是故意栽贓，想讓群眾拿起武器，然後再說學生和群眾是暴動。

當然大部分的學生運動負責人也是擔心這一點，所以在我離開之際，大家決定通過廣播向全市民眾通告，凡是撿到戒嚴部隊的任何的物資，尤其是槍支，要立即集中到天安門廣場，由天安門廣場指揮部送到廣場旁邊的公安局全部上繳。所以你說後來政府指控我們是暴動啊等等，如果我們真的打算暴動，那麼這些武器我們就會留下來，大家意圖擁有武器，那才是所謂的暴動。

然而我們學生到了最後一刻，好像在流血衝突前的幾個小時，我們還在把收繳到的這些武器送交公安部，我們還看著一隊同學抬著好多軍車上的物資送回公安部，我覺得這是我作為歷史見證人可以親自說明的一件事情，根本就不存在什麼要進行暴亂這樣的事情。這一天政府開始準備鎮壓，這是個大問題，我不可能不在這裡詳細解釋。

大概晚上6點半的時候，北京電視臺的新聞節目播出了北京市政府和戒嚴部隊發出的一個緊急通告，這個通告要求全體市民提高警惕，「從現在起請你們不要上街去，不要去天安門廣場。廣大職工要堅守崗位，市民要留在家裡，以保證你們的生命安全。」

這個通告發出來，我想原來很多不相信政府會開槍鎮壓的人，其實這時大概心裡也都有個數了，政府恐怕是要採取進一步的措施了，因為話已經說得很清楚了，顯然軍隊要採取行動了，所以才會說：「你們不要出來，留在家裡，以保證你的生命安全。」

但即使在這種情況下，還是有很多人不相信政府真的會朝市民開

第八階段：屠殺

槍，還是以為軍隊會通過各種手段，包括吸取四五運動的經驗，可能用大棒打開人潮，搶佔天安門廣場。根據記者的報導，在這個通告發布之後，上百萬的北京市民放下碗筷（這時很多人正吃晚飯呢！），湧上街頭，前去保衛天安門廣場、保護學生，就是因為聽到了這個通告。

在這個通告之後，政府的鎮壓開始了。

所謂六四大屠殺，是從 6 月 3 號深夜就開始了，一直持續到 6 月 4 號的早上。我必須要說，整個的屠殺過程發生的同時，我人已經在北京大學了。我們海淀區離天安門廣場很遠，所以沒聽到槍聲。但我記得在宿舍裡，我們都睡不著覺。大概從 9 點半 10 點左右開始，我們北大宿舍樓下面的傳達室，就不斷地有電話打進來，找我去接聽，分別有一些我認識的朋友和同學，從廣場或長安街附近的地方打電話來跟我說：「開槍了！」

我記得還有一個同系的同學哭著跟我說：「我手上是別人的腦漿！」那完全是泣不成聲。那個時候我們才知道，真的發生了！當時我們還試圖組織自行車隊趕到天安門廣場聲援。但是先頭出發的同學回來告訴我們，根本不可能過去了，騎不了多遠，整個路都被堵住了。然後軍車、坦克都在海淀區密佈。

當時還有傳言，政府除了在長安街的天安門廣場血腥屠殺之外，大批的解嚴部隊正朝北京大學和人民大學、清華大學等幾個主要院校開進，要血洗校園，但後來這個消息證實不是實情，並不是真的。但當時情況非常混亂，我們也分析認為，北大幾個校園一定會被軍管，所以那個時我們決定堅守校園；既然長安街已經堵住了，我們去不了廣場，就堅守校園。

這時已經到了 3 號深夜 12 點的時候，我記得我大概 11 點多還想去廣場，還去我們北大的廣播站講話，呼籲同學堅守校園，以靜待變，如果戒嚴部隊衝進來，我們強調「打不還手，罵不還口」等等。但後來軍

隊沒有衝進校園。至於說廣場上的情況，相關資料汗牛充棟，我也不可能把整個六四大屠殺的所有細節全部概括清楚，因為我本人也不在天安門廣場，只能說一些歷史資料。

在這給大家簡單的介紹一下周良霄和顧菊英的一本書，這兩位是我們北大歷史系的前輩，他們花了很多功夫收集史料，根據這本書中的一篇文章〈清場之夜〉，讓大家對六四大屠殺的狀況有個基本的瞭解，我不可能全部引用，只能大概引述一下：

晚上 6:30 分，北京市和戒嚴部隊指揮部發出緊急通告，到了晚上 8 點，長安街上華燈初上，天安門廣場已經人山人海。到了晚上 8 點半左右，根據戒嚴部隊指揮部的命令，戒嚴部隊的軍用直升飛機在東西長安街和天安門廣場上空開始進行空中偵查，為戒嚴部隊的開進做最後的準備。晚上 9 點多，中央電視臺也播出了新聞聯播通告，要市民晚上不要上街，有些市民回家了，廣場上的人不如以前多。到了晚上 10 點，根據戒嚴部隊指揮部的命令，奉命向城內開進的各路戒嚴部隊先後進入市區，但是在各個路口同樣受到了市民和學生的嚴重阻攔。

真正的慘案由此開始發生。從晚上 10 點起，天安門廣場及長安街上的情勢劇變。晚上 10 點半左右，很多學生和市民聚集在紀念碑周圍，說是從首蓿地剛剛運下來被部隊開槍打傷的傷患。場內不時聽到人們喊說：「又有傷患送來了。」北京急救中心的救護車再次出現在廣場內，救護車拉上傷患往廣場西南方向開，連鳴笛都來不及。

這時候長安街被路燈和火光照得一片通明，周圍的街道一片黑沉沉。在新華門前，有 7、80 名頭戴鋼盔的士兵，手中橫著一根金屬的棍棒，排成人牆擋在新華門前。11 點半左右，第一輛裝甲車由西長安街進入天安門廣場，車速非常快，一些市民和學生用廣場旁邊的護欄試圖阻擋它，也有人向裝甲車投擲燃燒瓶，裝甲車被護欄終於給頂住了，在原地轟鳴，人們趁機向它扔擲了好幾個燃燒瓶，還有人把一床燃燒的棉被給塞上去。裝甲車後來開足馬力，從護欄上輾了過去，掉頭再往西邊

第八階段：屠殺

方向駛去，車上還是燃著火光。

到6月4號凌晨1點多，大批的士兵從人民大會堂湧出來，湧出來的第一排士兵一梭子子彈先把廣播站上很大的燈光打掉，廣場陷入一片黑暗，戒嚴部隊潮水一般的湧進天安門廣場。到了凌晨1點30分，北京市政府和戒嚴部隊指揮部再次發出緊急通告，說首都今晚發生了嚴重的反革命暴亂，要求在廣場的公民和學生立即離開，保證戒嚴部隊執行任務，一直在那裡不斷地高音廣播。廣場上的同學後來在劉曉波、侯德健等人的協助下，撤離廣場。

劉曉波、侯德健當時也去了戒嚴部隊指揮部，劉曉波親自出面，跟戒嚴部隊前線指揮部的人說：「你們只要放開一條生路，我負責勸學生撤離廣場。我們都不需要留太多血。」這個時候你就看出，當時我們安排知識分子開始進行絕食的深遠的意義。

就在這個時候，學生情緒都非常非常激動，但是像曉波這樣的老師相對冷靜一點，大家應該記得一個著名的畫面，那就是劉曉波拿著一把步槍朝欄杆上砸。這個情況大概是：雖然我們已經發布通告，凡是撿到槍支，須送到公安局，但是到了晚上的時候，有些人在各地跟戒嚴部隊的衝突中撿到了一些槍支，便拿到了天安門廣場。但當時學生的情緒大家可以想像，其實是非常非常的激動，很多同學決定，今天晚上就是死拼了，寧可用武器還擊，跟戒嚴部隊死拼，就是戰死，也寧可戰死在天安門廣場。曉波在現場，根據我後來瞭解的情況，他一把就把槍奪過來說：「我們不能朝戒嚴部隊還手，我們一旦朝戒嚴部隊開了槍，戒嚴部隊更有理由把我們全部給屠殺掉。為了留住我們最後的火種，我們不能朝戒嚴部隊開第一槍。」曉波講完之後，就是那個著名的畫面：他把槍托使勁的在漢白玉欄杆上砸掉。

這個時候我覺得，曉波這個舉動是非常非常明智的，而且以曉波當時在學生中的影響力，確實產生了很大的影響，後來廣場指揮部柴玲、封從德等主持留在現場的學生表決是不是撤出廣場。在這種危急的情況

六四日誌：從 4 月 15 到 6 月 4 日

下，最終學生們還是決定撤出廣場。我要強調，包括柴玲、封從德、李祿等都在現場，都是最後撤出廣場的，包括吳仁華老師等很多人，都是最後撤出廣場的。

根據這個報導，大概在 4 點整的時候，戒嚴部隊基本上就把整個廣場都給佔領了。到了凌晨的時候，撤出來的學生沿著長安街往學校撤。這個時候我們都知道發生了什麼事情。現在舊金山的方政先生，當然還有其他的一些學生，遇到坦克從天安門廣場朝著六部口的方向開。儘管學生已經是在撤退的途中，坦克卻直接從背後壓過來，方政當時身邊走著一個女同學，他一把過去把這個女同學推開，但是自己卻沒來得及逃開，被坦克活生生地從身上壓了過去……我們知道，方政先生現在雙腿截肢，雙腿完全被壓斷了。

當然，現場不止是方政一個人，我們都看到了照片，地上有被坦克碾過的一坨肉泥，但是一個完整的人形，這實在是非常非常令人髮指的法西斯行為！都說是學生逼著政府被迫開槍鎮壓，但這時學生已經從天安門廣場撤離，背朝著天安門廣場，開始向學校走，都已經走到了西單，坦克還從後面追上來，從背後把人給軋過去，把人往死裡軋，這是必要的嗎？戒嚴部隊和戒嚴令，不就是要讓大家回去，然後佔領廣場嗎？你有什麼必要從背後衝過來軋人？所以我再次強調，這是一次大屠殺！這是一次有組織、有預謀的大屠殺！目的就是要殺人！這個最簡單的目的，以後我有機會還會再講，他們為什麼要作這樣的決定。

但是僅僅從這樣的一個動作看，有人拿什麼坦克人說事，說坦克人在那兒擋著，說這個坦克就是繞過了這個坦克人云云。可是大家要想想看，那個坦克人在長安街上擋住軍隊的時候，旁邊就是北京飯店，雲集了各國的記者、香港記者，所有的長短鏡頭都對著那一幕——坦克人擋住坦克。在這種情況下，如果是這個畫面：坦克駛過去把坦克人軋倒的話，全世界馬上傳播，那個震撼效果，我想連鄧小平也不敢承受，戒嚴部隊指揮部也不敢承受。所以那就是坦克暫時停下的原因。

第八階段：屠殺

　　很多人現在說，你看那個政府其實還是很和平的，都沒有軋坦克人。這是胡說！你怎麼不說說方政從背後被坦克軋倒，軋斷雙腿？你怎麼不說這件事情呢？那只是因為當局在眾多攝影機下，不願意或者不敢公開把人給碾死，可是在沒那麼多記者關注的長安街、西單、首蓓地，那裏死傷慘重！關於六四大屠殺的這些具體詳情，我還是推薦大家看吳仁華老師寫的相關研究，比我做的更細緻，我不可能在這裡全講。

　　但我要強調的是，這是政府動用野戰軍打的一場小型常規戰役，重武器都用上了！這真是人類歷史上少見的一個政府！用自己的國防軍軍事力量，在自己的首都鎮壓手無寸鐵的人民！當時的北京市民都氣瘋了，一度都高喊「打倒法西斯」等等。

　　當時也有市民奮起反抗，後來很多照片說市民暴力襲擊警察，還說有幾個軍人被吊死……但是你想想看，整個鎮壓是誰開的頭？是政府用這種完全不成比例的武力來屠殺學生和市民，在這種情況下，學生和市民可憐巴巴地只能從地上搬來一些磚頭，或者找到一些什麼竹竿、土塊，朝戒嚴部隊砸過去。在這種情況下，還說是學生發生暴亂？！任何情況下，人民的生命遭到政府的鎮壓，在遭遇生命危險時，這是非常非常正當合法的自衛反擊。就是今天有人闖進你家裡，要搶你的東西，讓你感覺到危險，要是在美國，你是可以開槍打死這個人的。這是反抗！中共政府顛倒黑白，他們先鎮壓學生的事他們不提，然後去攝取一些鏡頭畫面，說戒嚴部隊受到襲擊，這是完全的抹黑事實！詳情我就不繼續講了。

　　這時到了 6 月 4 號上午，大概 10 點左右，天安門廣場完全被戒嚴部隊給封鎖了。後面發生的事情我們都知道了，中共當局展開大逮捕、大清洗，發布通緝令，我們 21 個學生、7 名知識分子，被全國通緝，工自聯韓東方等一些人被全國通緝，各個單位參與了運動的人都要寫檢查報告。我特別要強調的是北京市民被抓了很多，判刑非常非常的重，這些市民才是真正的英雄！普通的百姓是真正的無名英雄！沒有他們的

307

六四日誌：從 4 月 15 到 6 月 4 日

支持和勇敢，這場運動可能早就被瓦解分化，或是消散下去了。

同時我要強調，六四之後，在 6 月 5 號、6 號，上海、成都、廣州各地都爆發了大遊行。北京的六四被鎮壓下去了，但是外地的這種聲援和抗議，一直延續到了 6 號，至少到 6 月 10 號左右，全國的抗議才慢慢地被壓下去⋯⋯那時候全世界當然都已經炸了鍋，包括美國總統、法國總統都出來講話譴責，接著就是全世界對中國進行經濟制裁。

我是 7 月 2 號被抓到的，詳細的情況就不講了。

我在這裡也謝謝各位。這一個多月來，我遇到不少朋友，都說有在聽我講每日的過程，但是很奇怪，不知道為什麼觀看的次數永遠顯示在 1100 多、1200 多，一直都沒有超過 2000；可我自己遇到的人跟我講，都有在看的，都已經超過 50、60 個人這麼說了，我不曉得到底什麼狀況。但是從 4 月 15 號開始，每天一期，到今天 6 月 3 號，我想我這個逐日的回顧到此就告一個段落。因為今天的視頻是預錄的，現在的時間是 6 月 2 號，接下來我將又會非常匆忙，恐怕 72 小時之內都沒法休息了，連軸轉的參與各地的六四 35 週年紀念活動，大家以後會在新聞上看到相關的活動——現在應該都已經在新聞上有看到了——我就沒有時間再做更詳細的介紹了。

希望我從 4 月 15 號到 6 月 4 號的這一段的口述回憶，能夠是我作為一個見證人，為死難的同學所做的一件事情！也希望大家不要忘記 1989 年，那麼多的青年學生和北京市民，傾城一戰！希望為中國爭取光榮，為中國爭取一個自由和民主的前景！很多人因此付出了代價，包括我本人在內，都付出了沉重的代價。但凡有一點基本道德和良知的人，都不應該忘記天安門的死難者！不應該忘記天安門母親的悲痛！我們應該永不忘記！

我在這裡也想喊話我們八九同學：當年我們曾經在那裡宣誓，為了中國的民主化不達目的，誓不甘休。我不知道你們還記不記得你們的誓

言?我希望你們現在能重拾誓言,讓我們——永不忘記!永不放棄!

我 4 月 15 號到 6 月 4 號的口述,就此結束。

後記

　　首先要感謝本書的整理者 Baoyang Li 和 Jiacheng Li。是整理者最先建議，把我的每天的視頻整理成文字出版成書；沒有他們的建議、推動、辛勤工作和熱情，就不會有這本書的存在。

　　其次需要向讀者說明的是，本書是基於視頻內容整理成文字，屬於口述性質．在我做視頻的時候，口語化在所難免。在整理過程中，我們盡量保持視頻原有內容。因此，從文字上看，會比較不夠嚴謹。考慮到這本來就是口述作品，還請讀者海涵。

　　再次需要說明的是，在我的視頻節目中，我出示了一些圖片。按理說，應當把這些文中涉及到的圖片一一附在書中，但因為涉及到版權問題，實在無力一一去進行相關處理，故決定不羅列圖片。如果讀者對本書中提到的圖片有興趣，可以去 YouTube 上搜尋「王丹學堂」，也就是我的個人頻道；所有 50 集原來的視頻都還保存在那裡，視頻中可見到所有的圖片。

　　最後還要說明：八九民運已經過去 36 年了，種種記憶即使在我這樣的當事人中，也是逐漸依稀模糊。本書所述都是我個人的回憶，我不敢擔保百分之百的準確度；對於那一段歷史有興趣深入了解的讀者，我強烈建議你比對其他相關史料，做出你自己的判斷。我們作為歷史的見證人，把自己的記憶寫出來，這是我們的責任；其他的，就交給各位讀者了。

　　是為後記。

王丹

2025.5.13.

國家圖書館出版品預行編目 (CIP) 資料

六四日誌：從 4 月 15 到 6 月 4 日
天安門運動 35 週年王丹口述回憶 /
王丹口述 ; Baoyang Li, Jiacheng Li 整理. -- 初版. -- [臺北市]：
匠心文化創意行銷有限公司, 2025.04   面； 公分
ISBN 978-626-99081-7-2(平裝)
1.CST: 天安門事件 2.CST: 口述歷史
628.766   114005067

渠成文化　王丹自選集 (10)
六四日誌：從 4 月 15 到 6 月 4 日
作者　王丹口述 ; Baoyang Li, Jiacheng Li 整理

圖書策畫　匠心文創
發　行　人　陳錦德
出版總監　柯延婷
專案主編　王丹
專案企劃　謝政均
美術設計　顏柯夫
內頁設計　顏柯夫
編輯校對　蔡青容
E-mail　cxwc0801@gmail.com
網址　https://www.facebook.com/CXWC0801
出版日期　2025 年 6 月 4 日，初版一刷
總代理　旭昇圖書有限公司
地址　新北市中和區中山路二段 352 號 2 樓電話 02-2245-1480(代表號)
印製　安隆印刷
定價　新臺幣 450 元

ISBN　978-626-99081-7-2
版權所有・翻印必究
Printed in Taiwan

【企製好書匠心獨具・暢銷創富水到渠成】